21世紀
会計・監査・ガバナンス
事 典

八田進二 [編]
Shinji Hatta

Accounting, Auditing, and Corporate Governance

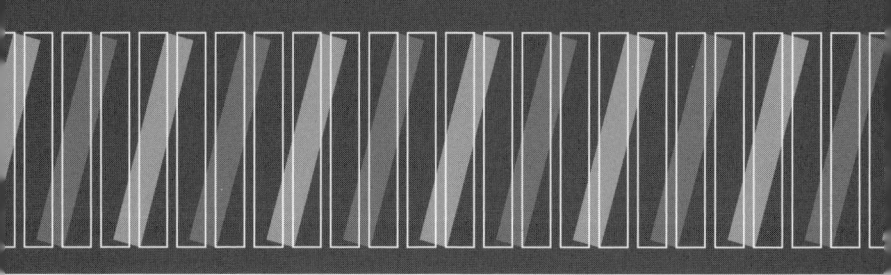

東京 白桃書房 神田

はしがき

　21世紀の幕開けは、米国における2001年9月11日の同時多発テロ事件による政治不安の増幅と、12月2日のエンロン社の破綻を契機に、その後の会計不正事件の続発もあり、社会のあらゆる側面で秩序ないしは規律の見直しが余儀なくされることとなったのである。とりわけ、今日の資本・証券市場のインフラとも解されるディスクロージャー制度の信頼性の向上に向けた取り組みは、2002年7月、米国にて制定のサーベインズ=オクスリー法（SOX法、わが国では、「企業改革法」と俗称されている）の規定内容に端的に読み取ることができるのである。

　かかる取組みでは、まず第1に、企業活動の実態を忠実に描写するための会計処理基準のあり様を中心に、当時の米国の会計基準をめぐる設定主体の位置づけから、規則主義とも揶揄された米国の一連の会計基準について原則主義に方向転換を図るための施策等について、全面的に見直すべきことが示唆されている。まさに、「会計改革」の始まりである。

　第2には、監査基準の設定および会計プロフェッションないしは会計事務所の監視強化を目指した新たな非政府組織の監視機関（PCAOB、公開会社会計監視委員会）の創設と、監査人の独立性強化に向けた規定を盛ることで、監査業務の質のより一層の向上を図ろうとしている。これこそ「監査改革」の始まりである。

　さらに、第3には、市場の主人公である企業ないしは企業経営者自身の規律づけと責任の明確化を図るために、いわゆる決算書の真正性を確認したことを示す宣誓書の提出と、財務報告に係る内部統制の有効性を評価した結果の内部統制報告書の提出等を義務づけるとともに、経営者に対する法的責任の強化を図ったのである。これは、市場での出来事の「後追い」となりがちな「会計改革」および「監査改革」に加えての、まさに市場の主人公に関わる「ガバナンス改革」であると解されるのである。

　このような視点に立って、資本・証券市場のインフラであるディスクロージャー制度を捉えるならば、21世紀の課題は、「会計・監査およびガバナン

ス」の三位一体の継続的な改革こそが不可欠であるということが強く理解できるのである。本書編纂の究極的な問題意識は，まさにここにあるといえる。

　本書の編纂に際しては，編集委員として，橋本　尚，町田祥弘，弥永真生の各氏に参加いただき，用語の選定から提出原稿のレビュー等について多大な助力を得ることができた。また，幸いにも，わが国を代表する気鋭の研究者および公認会計士・弁護士等の実務家50名の賛同を得て，「会計」「監査」そして「ガバナンス」に関わる，事例を含む100項目にわたる用語等について，それぞれに極めてコンパクトな解説ないしは説明をお願いしている。いずれもが，こうした趣旨を正しく理解して，読者の視点に立った大変読み易い記述を行ってくれている。ここに改めて執筆者各位に感謝申し上げるしだいである。

　なお，当初の予定を大幅に遅れての刊行になったものの，本書の企画の段階から刊行に至るすべての期間にわたって，暖かく作業を見守っていただいた田村和弘氏に，心よりお礼申し上げたい。同氏の新たな門出をお祈りするものである。

　本書が，会計，監査およびガバナンスの継続的な改革を通じて，わが国のディスクロージャー制度の更なる発展に向け，何らかの貢献ができるのであれば，これに勝る喜びはない。

　2009年 4 月

会計・監査・ガバナンス三位一体の改革を願いつつ

編　者　八　田　進　二

目　　次

はしがき　i

● 会 計 編

1　概念フレームワーク……………………………………………2
2　財務諸表の表示…………………………………………………4
3　キャッシュ・フロー計算書……………………………………6
4　公正価値測定……………………………………………………8
5　金融商品会計……………………………………………………10
6　デリバティブ会計………………………………………………12
7　無形資産…………………………………………………………14
8　排出権取引(排出量取引) ………………………………………16
9　退職給付会計……………………………………………………18
10　資産除去債務……………………………………………………20
11　負債と資本の区分………………………………………………22
12　新株予約権と新株予約権付社債………………………………24
13　収益認識…………………………………………………………26
14　包括利益…………………………………………………………28
15　減損会計…………………………………………………………30
16　研究開発費会計…………………………………………………32
17　工事契約の会計…………………………………………………34
18　企業結合会計……………………………………………………36
19　事業分離会計……………………………………………………38
20　連結財務諸表……………………………………………………40

21	ジョイント・ベンチャー	42
22	セグメント情報	44
23	関連当事者の開示	46
24	リース会計	48
25	四半期報告	50
26	会計基準の国際的コンバージェンス	52
27	XBRL	54
28	中小企業の会計基準	56
29	事業報告の向上(EBR)	58
30	定性的情報	60

● 監 査 編

1	職業倫理	64
2	職業専門家としての懐疑心	66
3	監査人の独立性	68
4	公認会計士試験制度と会計専門職大学院	70
5	監査人の責任	72
6	監査法人の特質と有限責任組合形態	74
7	監査の品質管理	76
8	監査のモニタリング体制	78
9	自主規制と登録会計事務所	80
10	監査契約と監査人の交代	82
11	監査人のローテーション	84
12	監査の実施	86
13	監査人による実質的判断	88
14	事業上のリスク等を重視したリスク・アプローチ	90

15	内部統制(内部統制報告制度を除く)	92
16	監査証拠	94
17	重要性と合理的な保証の水準	96
18	見積り項目に対する監査	98
19	監査人による不正への対応	100
20	ゴーイング・コンサーン監査	102
21	経営者確認書	104
22	監査意見	106
23	不適正意見と意見不表明	108
24	追記情報	110
25	四半期レビュー	112
26	保証業務	114
27	内部監査	116
28	国際監査基準	118
29	監査の国際対応(ネットワークファーム)	120
30	監査報酬	122

● ガバナンス編

1	CSR	126
2	コーポレート・ガバナンス原則	128
3	会社法	130
4	社外役員(取締役・監査役)	132
5	監査役(会)制度	134
6	委員会設置会社	136
7	監査委員会	138
8	会計参与	140

9	経営者報酬	142
10	ストック・オプション	144
11	敵対的買収防衛策	146
12	機関投資家	148
13	株主代表訴訟	150
14	企業集団(親会社・子会社等)	152
15	持ち株会社	154
16	企業再編	156
17	三角合併	158
18	金融商品取引法	160
19	内部統制報告制度	162
20	サーベインズ＝オクスリー法（SOX法）	164
21	公開買付制度	166
22	大量保有報告制度	168
23	上場規制	170
24	新規株式公開(IPO)	172
25	インサイダー取引規制	174
26	課徴金	176
27	外国会社・外国業者	178
28	SEC(日本版も含む)	180
29	IOSCO	182
30	公認会計士法	184

● 事 例

1	Enron	188
2	WorldCom	191

3	Parmalat	194
4	Royal Ahold	197
5	ダスキン(大肉まん訴訟)	200
6	足利銀行	203
7	西武鉄道	206
8	カネボウ	209
9	ライブドア	212
10	日興コーディアルグループ	215

凡例　　218

索引　　223

執筆者（所属，イニシャル）　　230

●会計編

　21世紀の会計は，2000年5月のIOSCOによるIASの支持表明，同年6月のECによるIASの2005年までの域内企業への義務づけ，2001年4月のIASCからIASBへの組織変更をもって「会計改革」の幕を開けた。その後，今日に至るまで，会計制度に関する改革の議論は，国際社会はもとより，日本においても，IAS又はIFRSへの対応という文脈の中で進められてきたといえる。

　ただし，国際社会においては，IAS (IFRS) の議論は，かつての相互承認ないしは調和化といった段階から大きく様相を変えて，21世紀ではIFRSへの各国基準のコンバージェンス（収斂），さらには，IFRSのアドプション（採用）の議論へと推移してきている。それに対して，日本においては，IFRSとの差異を抱える自国基準を墨守しつつ，2001年4月発足のASBJを通じて，IASBとの交渉ないし譲歩に多くの時間を費やしてきている。

　長年にわたり，自国の会計基準の優位性を主張し続けてきた米国においてさえ，現在では，IFRSの採用を見据えた対応を講じている状況を踏まえるならば，理論的ないし学問的にはともかく，日本の場合，21世紀幕開け後，今日に至るまでの約10年間こそ，会計領域における「失われた10年」と捉えられるべきものであろう。今後は，日本の国家戦略として，会計領域における改革の遅れを取り戻すとともに，より積極的に，国際的な会計の議論の場に「参加」して，健全な会計基準の制定等にイニシアチブを発揮することが不可欠であるといえる。

　本編で取り上げた用語は，特定の会計領域に偏りのないよう，網羅的かつ包括的な視点で抽出されたものであるが，各用語の解説内容においては，時代の要請にも合致すべく，少なからず，国際会計の議論が中心的な論点に据えられている点に特徴がある。その他，近時のディスクロージャー制度改革の一環として導入された四半期報告やXBRL等の新たな開示規制も取り上げている。本編を通じて，国際的にも，また，国内的にも，まさに，会計のインフラが歴史的な大変革期を迎えつつあることを実感できるものと思われる。

1 概念フレームワーク

【関連する用語】
●質的特性　●構成要素　●認識と測定　●報告企業

　概念フレームワーク（conceptual framework）とは，一般に，物事の考え方の枠組みを抽象的にまとめたものを指している。概念フレームワークという用語は，会計学において，財務会計の概念フレームワーク，監査の概念フレームワーク，内部統制の概念フレームワークなどのように利用されている。本項では，以下，これらの中でも最も研究と実践の歴史を有する財務会計の概念フレームワークについて説明する。

　財務会計の概念フレームワークは，広い意味では古くから財務会計論の研究対象として取り上げられてきた。例えば，20世紀前半において財務会計論の文献では，会計公準論，会計原則論などとして取り上げられてきた研究の領域も含まれるであろう。しかし，財務会計の概念フレームワークとして一般に認知されている最初の成果物は，米国の会計基準設定主体であるFASBが1978年に第1号を公表した一連の財務会計概念書SFACである。

- SFAC第1号「営利企業による財務報告の目的」(Objectives of Financial Reporting by Business Enterprises)，1978年11月
- SFAC第2号「会計情報の**質的特性**」(Qualitative Characteristics of Accounting Information)，1980年5月
- SFAC第3号「財務諸表の**構成要素**」(Elements of Financial Statements of Business Enterprises)，1980年12月。第6号により差し替え。
- SFAC第4号「非営利組織体による財務報告の目的」(Objectives of Financial Reporting by Nonbusiness Organizations)，1980年12月。
- SFAC第5号「営利企業の財務諸表における**認識と測定**」(Recognition and Measurement in Financial Statements of Business Enterprises)，1984年12月。
- SFAC第6号「財務諸表の構成要素——SFAC第3号の改訂（SFAC第2号の改訂を含む）」(Elements of Financial Statements — a replacement

of FASB Concepts Statement No. 3 (incorporating an amendment of FASB Concepts Statement No. 2)), 1985年12月。
● SFAC 第7号「会計測定におけるキャッシュ・フロー情報と現在価値の利用」(Using Cash Flow Information and Present Value in Accounting Measurements), 2000年2月。

また, IASC からは, 1989年7月に「財務諸表の作成表示に関するフレームワーク」(Framework for the Preparation and Presentation of Financial Statements) が公表され, 2001年4月に IASC を引き継いだ IASB によって採択され, 現在に至っている。その後も, 世界各国において概念フレームワークを開発する作業が進められ, 英国, カナダ, オーストラリア, 韓国などでも同等の文書が公表されている。

わが国では, 2003年1月から ASBJ が基本概念ワーキング・グループを組織し, 概念フレームワークに関する検討を委託した。その成果は, 2004年7月に「財務会計の概念フレームワーク」と題する討議資料として公表された(同年9月にアップデート)。さらに, ASBJ は, この討議資料について検討を重ね, 同委員会としての討議資料「財務会計の概念フレームワーク」を, 2006年12月に公表するに至っている。

ASBJ の討議資料は,「財務報告の目的」,「会計情報の質的特性」,「財務諸表の構成要素」, および「財務諸表における認識と測定」の4章によって構成されている。

2008年9月現在, IASB と FASB は, 共同で概念フレームワークを改訂する作業を進めている。財務諸表の目的, 質的特性, 構成要素, 認識と測定に加えて, **報告企業** (実体), 表示と開示の問題なども検討の対象とされている。報告企業の問題は, 連結の範囲の問題に代表されるように, 財務報告を行うべき主体の定義に関する問題である。また, 表示と開示の問題は, 財務諸表において構成要素をどのように表示するかという問題と財務諸表に対する注記その他の手段においてどのような情報を開示するかという問題を取り扱っている。 (YKa)

2 財務諸表の表示

【関連する用語】
●財政状態計算書　●包括利益計算書
●資本（株主持分）変動計算書　●キャッシュ・フロー計算書
●財務諸表の一体性の原則

　IASBは，2007年9月にIAS第1号「財務諸表の表示」を改訂した。そもそもこの改訂は，損益計算書に表示される情報の有用性を高めることを目的として，2001年9月にIASBの議題に加えられた業績報告プロジェクトの一部として展開されたものである。IASBに限らず，FASBも2001年10月に業績報告プロジェクトを審議会議題に加え，検討を行ってきた。しかし，IASBとFASBがそれぞれ開発した収益と費用を報告するための新しいモデル案は，互いに相違していることに市場関係者から懸念が示された。これを受けて2004年4月に，両審議会は損益計算書の表示に加えて，完全な1組の財務諸表を構成するその他の計算書の表示をも取り扱う業績報告に関する共同プロジェクトとして作業することを決定した。この共同プロジェクトは，IASBとFASBに加えて，ASBJからもスタッフが参画している。2007年9月のIAS第1号の改訂は，この共同プロジェクトの成果である。

　業績報告共同プロジェクトは，セグメントA（フェーズA）とセグメントB（フェーズB）の2つに分割して取り組まれてきた。セグメントAは，完全な1組の財務諸表を構成する計算書と，それらの表示が要求される会計期間の数について取り扱っている。IASBとFASBは2005年12月にセグメントAの討議を完了しており，IAS第1号の改訂はセグメントAの完成を意味する。

　セグメントAのもとで，まず財務諸表は，(1)**財政状態計算書**，(2)**包括利益計算書**，(3)**資本（株主持分）変動計算書**，(4)**キャッシュ・フロー計算書**，(5)重要な会計方針の要約とその他の説明情報を伴う注記および(6)会計方針の任意変更の遡及適用，財務諸表項目の遡及再表示または財務諸表項目の表示区分変更を行った場合の期首財政状態計算書から構成されるとした。包括利益計算書は従来の損益計算書に代わるもので，株主との取引以外から生じる持

分変動（包括利益）を，①1計算書方式（小計の当期純利益と末尾の包括利益を表示する包括利益計算書）と②2計算書方式（損益項目を表示する損益計算書とその他包括利益項目を表示する包括利益計算書）の選択適用を認めている。また，比較財務諸表に最低限の表示が要求される会計期間は，2年間とされた。

セグメントBは完成に向けて検討が行われている。たとえば，各財務諸表で区分して情報を表示するための首尾一貫した原則に対する取組みは，**財務諸表の一体性の原則**を構築する試みである。財政状態計算書，キャッシュ・フロー計算書および包括利益計算書をそれぞれ事業活動と財務活動に区分表示し，いわば横断的に財務諸表の連携を図ることを目的としている。つまり，財政状態計算書を①事業（営業資産および営業負債，投資資産および投資負債），②財務（財務資産，財務負債），③法人所得税，④廃止事業および⑤資本に，キャッシュ・フロー計算書を①事業（営業キャッシュ・フロー，投資キャッシュ・フロー），②財務（財務資産キャッシュ・フロー，財務負債キャッシュ・フロー），③法人所得税，④廃止事業および⑤資本に，また包括利益計算書を①事業（営業損益，投資損益），②財務（財務資産収益，財務負債費用），③法人所得税（事業と財務関連），④税引後総額による廃止事業および⑤税引後純額によるその他包括利益にそれぞれ区分表示するのである。また，キャッシュ・フロー計算書の表示に関して，直接法または間接法のいずれがより有用な情報を提供するかの検討も，当該セグメントでの根本的な論点である。

IASBとFASBが2006年2月に締結したMOUは，会計基準の収れんに関するロードマップが2007年までであったため，新たに2008年に見直されたMOUも財務諸表の表示のあり方に影響を及ぼしている。

なお，財務諸表の表示（業績報告）は，ASBJとIASBとの「東京合意」（2007年8月8日）に基づいて公表されたプロジェクト計画表（2007年12月）において，「IASB/FASBのMOUに関連するプロジェクト項目（中長期）」の1つに掲げられており，具体的な取組みを計画している。　　　　　　　　　(TS)

3 キャッシュ・フロー計算書

【関連する用語】
●キャッシュの定義　●キャッシュ・フロー計算書の区分
●直接法　●間接法　●注記事項

　キャッシュ・フロー計算書の作成目的は，1会計期間におけるキャッシュ・フローの状況を営業活動，投資活動および財務活動の3つの活動区分別に報告することである。投資者，債権者，経営者およびその他の利害関係者は，(1)会社の将来キャッシュ・フローを生み出す能力を評価，(2)会社の債務返済能力，配当金支払能力，そして外部資金調達の必要性を評価，(3)現金取引と発生主義取引の差異を評価，(4)当該会計期間中における非資金（現金）取引の会社の財政状態への影響について評価するために，また(5)業績報告の会社間の比較可能性を高めるために，キャッシュ・フロー計算書を利用する。

　キャッシュ・フロー計算書における**キャッシュの定義**は，「現金及び現金同等物」である。現金には手許現金に加え要求払預金も含まれる。現金は債務の支払いのために直ちに利用できるもので，支払手段として何らかの制約を受けないものに限られ，制約を受けるものは現金以外の流動資産あるいは固定資産に分類される。満期日が3カ月以上の定期預金および同種の預金，ならびに高い利子率を期待する短期証券は，現金ではなく一時的投資として分類される。一方，現金同等物は短期の高度に流動的な投資であり，①容易に一定の現金に転換可能であり，②満期日が非常に短く，利子率の変動による価額変動の危険がほとんどない短期投資である。通常，有価証券については満期日が3カ月以内の投資だけを現金同等物に分類する。その他にはコマーシャル・ペーパーや公社債投資信託等があるが，その信用リスクが問題となる。

　キャッシュ・フロー計算書の区分は，営業活動，投資活動および財務活動である。営業活動区分では，営業損益計算の対象となった取引に係るキャッシュ・フロー，ならびに災害による保険金収入や損害賠償金の支払い等の投資活動および財務活動以外の取引に係るキャッシュ・フローを，その内容を示す名称を付した科目で記載する。営業損益取引には，(1)財貨および役務の

販売による収入と購入による支出，(2)従業員の報酬に対する支出，(3)前受金収入や前払金支出等がある。これらに，(4)利息収入と利息支出，(5)配当金の受取りによる収入，(6)税金支出等が営業活動区分に加わる。ただし，利息収入は投資活動に，利息支出は財務活動に，そして配当金収入は投資活動に表示することも認められ，それは選択適用できるが継続適用を要する。

投資活動区分では，(1)有価証券（現金同等物を除く）の取得による支出と売却による収入，(2)有形・無形固定資産の取得による支出と売却による収入，(3)投資有価証券の取得による支出と売却による収入，(4)貸付による支出と回収による収入，(5)連結範囲の変更を伴う子会社株式の取得による支出と売却による収入等の資金運用活動に係るものを記載する。財務活動区分では，(1)短期・長期の借入れによる収入と返済による支出，(2)社債の発行による収入と償還による支出，(3)株式の発行による収入，(4)配当金の支払いによる支出，(5)少数株主の増資引受けに伴う払込による収入，(6)自己株式の取得による支出等の資金調達活動に係るものを記載する。

営業活動区分の表示方法には，**直接法**と**間接法**の選択適用が可能である。直接法は，営業活動によるキャッシュ・フローを，売上収入，仕入支出，人件費支出，税金支出等の項目に分類して示し，これらの合計額である1期間の営業活動によるキャッシュ・フローを計算する方法である。一方，間接法では「税金等調整前当期純利益」に次の4つの調整項目を加減し，1期間の営業活動によるキャッシュ・フローを計算する方法である。税金控除前の当期純利益から始める理由は，当期に支払った税の金額を営業活動区分に表示するためである。その調整項目は，(1)非資金損益，(2)営業用資産および負債の増減，(3)投資活動によるキャッシュ・フローおよび財務活動によるキャッシュ・フローへ移さなければならない損益，(4)投資活動によるキャッシュ・フローおよび財務活動によるキャッシュ・フロー以外の取引から生じた項目である。

キャッシュ・フローの変動を伴わない財政状態の変動，すなわち非資金取引は，他の財務諸表で示されているため，原則的に表示しない代わりに**注記事項**としてキャッシュ・フロー計算書に表示しなければならない。それらは翌期以降に長期にわたりキャッシュ・フローに影響を与えることがあるため，経営活動全体を理解するために必要である。例えば，新株予約権付社債の普通株式への転換は，将来の社債利息の支払いや新株予約権付社債の元本の償還額を減少させる一方で，将来の配当金の支払いを増加させる。 (NK)

4 公正価値測定

【関連する用語】
●公正価値の定義　●公正価値測定の原則　●市場
●現在出口価値　●3つのヒエラルキー

　2006年9月にFASBはSFAS第157号「公正価値測定」を公表した。当該基準書は，公正価値を定義し，一般に認められた会計原則としての公正価値測定に係るフレームワークを構築し，公正価値測定情報の開示を拡充することを目的としている。**公正価値の定義**は，以前の公正価値の定義における交換価格概念を引き継いでおり，次のように表現されている。公正価値は測定日における市場参加者間での秩序ある取引によって資産を売却するために受領するかまたは負債を移転するために支払う価格である。

　SFAS第157号では，公正価値による測定を行うために**公正価値測定の原則**が掲げられている。その原則とは，当該測定を行うための条件と理解されるもので，(1)主要な**市場**・最も有利となる市場，(2)市場参加者，(3)秩序ある取引が指摘されている。すなわち，公正価値測定は，主要な市場や最も有利となる市場における市場参加者による秩序ある取引を前提としている。

　主要な市場とは，企業が資産の売却または負債の移転を行うときに当該資産と負債にとって最大のボリュームとレベルの活動が伴うような市場である。また，最も有利となる市場とは，企業が資産の売却または負債の移転を行うときに，資産市場または負債市場での取引コスト考慮して，資産については受領する金額を最大化するような価格で取引が行われ，負債については支払う金額を最小化するような価格で取引が行われるような市場のことをいう。

　市場における市場参加者とは，資産または負債の主要な市場または最も有利となる市場における次の条件を満たす買い手と売り手を意味している。

(1)　企業から独立していること。関連当事者でないこと。
(2)　知識を有していること。利用可能なすべての情報に基づいて資産または負債および取引について合理的に理解していること。利用可能な情報には，通常のそして習慣的な相当の努力を払って取得する情報が含まれ

ていること。
(3) 資産または負債の取引を行う能力があること。
(4) 資産または負債について取引する意思があること。

公正価値測定は，上記の市場における市場参加者が行う秩序ある取引に基づいて行われる。秩序ある取引とは，資産または負債が関わる取引が通常のかつ慣習的なマーケティング活動を可能にするために測定日以前の期間において市場にさらされていることを仮定した取引である。それは，強制的な清算や投売りなどの強制的取引を想定していない。したがって，その公正価値の定義は，資産を売却したときに受領する価格または資産を移転したときに支払う価格（**現在出口価値**）に焦点を当てている。

さらに，SFAS第157号では，公正価値の**3つのヒエラルキー**を提示している。それは公正価値の信頼性の階層構造を意味しており，レベル1からレベル3までである。レベル1が信頼性の程度が最も高く，活発な市場における同一の資産または負債の相場がそれに相当する。レベル3が信頼性の程度が最も低く，資産または負債について観察できない見積数値であるエンティティインプットが該当する。

レベル2はそれら以外の中程度の信頼性を表し，(1)活発でない市場における同一の資産または負債の相場や(2)すべての市場における類似の資産または負債の相場，(3)資産または負債について観察できる相場以外の市場インプット，(4)資産または負債について観察できないがその他の市場データを相関やその他の手段によって確証される市場インプットなどがある。また，資産または負債の公正価値を測定するために使用される評価技法は，マーケット・アプローチ，インカム・アプローチ，コスト・アプローチの3つの方法に準拠したものでなければならない。

(NU)

5 金融商品会計

【関連する用語】
●金融商品会計 ●金融商品 ●発生の認識 ●消滅の認識
●金融商品の評価 ●ヘッジ会計 ●金融商品の表示

金融商品会計とは，金融商品に分類される契約の締結と履行等さらには同契約上の権利・義務の売買等を扱う会計領域である。会計理論上は金融商品一般に通用する会計処理のあり方を求めることになるが，会計制度上は各国の会計基準の体系に依存して，他の基準が適用される一部の金融商品を除き，他方で一部の非金融商品を加えて，金融商品会計基準の適用範囲を限定した上で，会計処理を定めるのが普通である。

日本では1999年に金融商品に係る包括的基準が制定され，その後3度の改正が行われ，最新の改正である2008年3月改正で現行基準となっている。日本の金融商品会計基準は，金融商品の抽象的な定義に基づいて基準の適用範囲を定める方法を採らず，基準の適用対象となる金融資産および金融負債につき，現金預金，金銭債権債務，有価証券，デリバティブ取引により生じる正味の債権債務など具体的に列挙する方法で適用範囲を定めている。一方，金融商品会計に関する実務指針は「**金融商品**とは，一方の企業に金融資産を生じさせ他の企業に金融負債を生じさせる契約及び一方の企業に持分の請求権を生じさせ他の企業にこれに対する義務を生じさせる契約」（3項）という具合に契約とその当事者に注目して抽象的な定義をも示している。

金融商品の認識については，**発生の認識**と**消滅の認識**が論点となる。金融資産および金融負債はその発生時点で認識を開始し，その消滅時点で認識を中止する。両時点の間に決算が到来すれば，認識中の金融資産および金融負債が貸借対照表に記載されることになる。

金融資産の契約上の権利または金融負債の契約上の義務を生じさせる契約を締結したときは，原則として，当該金融資産および金融負債の発生を認識しなければならない。ただし，商品等の売買または役務の提供の対価に係る金銭債権債務は，原則として，当該商品等の受渡しまたは役務提供の完了に

よりその発生を認識する。一方，金融資産の契約上の権利を行使したとき，権利を喪失したときまたは権利に対する支配が他に移転したときは，当該金融資産の消滅を認識しなければならない。同じく，金融負債の契約上の義務を履行したとき，義務が消滅したときまたは第一次債務者の地位から免責されたときは，当該負債の消滅を認識しなければならない。

金融商品の評価に関して，決算時に認識中の金融資産および金融負債に付される貸借対照表価額は，主なものを示すと以下による。債権については，取得価額または償却原価法に基づいて算定された金額から貸倒見積高に基づいて算定された貸倒引当金を控除した金額とする。有価証券については，(1)売買目的有価証券は時価，(2)満期保有目的の債券は取得原価または償却原価法に基づいて算定された価額，(3)子会社株式および関連会社株式は取得原価，(4)その他有価証券は時価とする。デリバティブ取引により生じる正味の債権および債務については，時価とする。金銭債務については，債務額または償却原価法に基づいて算定された価額とする。

金融資産および金融負債はリスクを伴うためこれを回避する目的でデリバティブ等の金融商品を手段として利用する場合がある。これをヘッジというが，現行の認識基準や測定基準を前提とすると，ヘッジ対象に係る損益とヘッジ手段に係る損益が同一の会計期間に認識されない場合がある。そこで損益計算上もヘッジの効果が反映されるためには，ヘッジ対象とヘッジ手段の両方の損益を同一の会計期間に反映させるための特殊な会計処理が必要となる。これを**ヘッジ会計**という。会計基準は，原則として，時価評価されているヘッジ手段に係る損益または評価差額をヘッジ対象に係る損益が認識されるまで純資産の部において繰り延べる方法によることを求めている。

金融商品の表示に関して，貸借対照表に金融資産および金融負債を資産および負債の区分に独立した区分を設けて表示するという制度的要請はない。しかしながら，金融商品に関連するリスクに関しては知りえないことも多い。そこで金融商品会計基準は，金融商品に係る次の事項の注記を求めている。すなわち，(1)金融商品の状況に関する事項：①金融商品に対する取組方針，②金融商品の内容およびそのリスク，③金融商品に係るリスク管理体制，④金融商品の時価等に関する事項についての補足説明，ならびに(2)金融商品の時価等に関する事項，である。

(KS)

6 デリバティブ会計

【関連する用語】
●金融派生商品　●先物取引・先渡取引の会計処理
●オプション取引の会計処理　●ヘッジ会計
●デリバティブ会計の将来

　一般的にデリバティブ取引とは，株式，債券，通貨等の金融商品（原資産）から派生して発生した商品（**金融派生商品**）を対象とする取引をいう。デリバティブは，リスクヘッジがその主要な機能ではあるが，投機対象・裁定取引としての機能も有している。現在の日本におけるデリバティブ取引の会計処理は，「金融商品に関する会計基準」，「金融商品会計に関する実務指針」等（以下，「会計基準等」）に基づいて行われている。具体的には，原則として時価評価を行い，評価差額を当期の損益に計上することとなるが，公正な評価額の算定が極めて困難なデリバティブ取引については，取得原価で評価する。上場デリバティブ取引の時価は，貸借対照表日における取引所の最終価格を用い，非上場デリバティブ取引については，合理的に算定された価額を用いる。

　デリバティブ取引の典型的なものとしては，先物取引・先渡取引，オプション取引，ヘッジ取引があげられる。以下では，個別項目の会計処理等について概観する。

(1) 先物取引・先渡取引の会計処理

　先物取引とは，将来の特定の日に，債券，通貨，金利，株価指数等に基づいて計算される金銭を，予め定められた価格で売買することを約する取引をいう。先物取引は，取引所で行われ取引を行う前に証拠金を差し入れることが必要となり，差金決済の方法により行われる。先物取引の会計処理については，証拠金差入時には差入証拠金を資産として処理する必要があり，期末日においては，先物取引の時価評価を行うこととなる。

　先渡取引とは，将来の特定の日に，通貨，金利，為替等に基づいて計算される金銭を，予め定められた金額で授受する取引をいう。現物決済の方法により行われるのが原則であるが，金利先渡取引（FRA），為替先渡取引

(FXA) については，差金決済の方法により行われることになる。先渡取引は，先物取引と異なり店頭取引により行われ，取引に際して証拠金も不要である。先渡取引の会計処理については，期末日において合理的に算定された価額を用いて評価することとなる。

(2) オプション取引の会計処理

オプション取引とは，株式，債券等特定の資産を，将来の一定時点または一定期間内に，予め定められた価格で購入または売却する権利を取得（付与）する契約に基づく取引をいう。上場オプション取引については，取引所価格を時価として評価するが，非上場オプション取引については，通常客観的な時価を入手することが困難であることから，二項モデル，ブラック・ショールズ・モデル等の価格算定モデルを用いて評価することとなる。

(3) ヘッジ会計

ヘッジ会計とは，ヘッジ取引のうち一定の要件を満たすものについて，ヘッジ対象に係る損益とヘッジ手段に係る損益を同一の会計期間に認識し，ヘッジの効果を会計に反映させるための特殊な会計処理をいう。

ヘッジ取引は，その目的から，相場変動を相殺することを目的とした公正価値ヘッジ，キャッシュ・フローの固定化を目的としたキャッシュ・フロー・ヘッジの2つに区分することができる。また，ヘッジ会計の方法は，繰延ヘッジ，時価ヘッジの2つである。繰延ヘッジとは，ヘッジ対象の損益が認識されるまで，ヘッジ手段であるデリバティブ取引の損益認識を遅らせ，ヘッジ手段（デリバティブ取引）の発生時には損益を認識しない方法であり，会計基準上の原則的な方法である。一方，時価ヘッジとは，ヘッジ対象である資産（負債）に係る相場変動等を損益に反映させ，ヘッジ手段に係る損益とヘッジ対象に係る損益とを同じ会計期間に反映させる方法をいう。なお，ヘッジ会計の適用に際しては，ヘッジ取引開始時の要件と，ヘッジ取引時以降の要件とを充足することが必要となる。

デリバティブ会計の将来においては，次々と開発される複雑な金融商品に対し，その経済実態を適正に反映しうる会計処理を考察し続けなければならないといった課題が，今後もつきまとうものと考えられる。 (TKa)

7 無形資産

【関連する用語】
●認識　●測定　●内部創出のれん　●開示

　無形資産（intangible assets; intangibles）とは，一般に，有形資産（tangible assets）に対する概念であり，物的実体を有さない資産である。無形資産のうち，伝統的に財務諸表における認識の対象となるものには，(1)特許権，商標権，意匠権，実用新案権，著作権，ソフトウェア等の知的所有権，(2)借地権，地上権，鉱業権，漁業権，入漁権等の商業上の権利，(3)のれんが含まれる。例えば，財務諸表等規則第27条において無形固定資産として表示される資産の各項目が例示されている。

　財務諸表における**認識**の対象とされる無形資産は，一般に，有償で取得されたものに限定されている。有形資産とは異なり，無形資産は識別可能性が低いと考えられる一方，有償で取得されたものであれば一定程度の識別可能性が認められるからである。無形資産の**測定**は，その取得のために支出した対価の額，すなわち取得原価をもってするのが原則である。原始認識後は，有形資産と同様，取得原価を利用期間にわたって配分する。この手続は，有形資産の場合の減価償却（depreciation）と区別して，たんに償却（amortization）とよばれることが多い。また，無形固定資産の収益性が低下した場合には，減損会計の適用があり，一定の要件を満たすものについては回収可能価額まで帳簿価額を減額する処理が行われる。以上の会計処理の裏返しとして，一般に，内部創出の無形資産（**内部創出のれんを含む**）は財務諸表において認識されない。

　無形資産については，さらに，企業結合により他の企業を取得した場合において議論となる。他の企業を取得した場合，取得の対価の一部は無形資産の取得のために支払われたものと解することができるからである。この場合に認識の対象とされる無形資産は，識別可能性と測定可能性が備わったものとされ，その測定は，有形資産と同様，企業結合時における当該資産の時価（公正価値）による。このように無形資産を含めた資産と負債についてそれ

ぞれの時価を合計し，両者の差額として時価純資産を求め，さらにこの時価純資産と取得の対価（被取得企業の取得原価）との差額がのれんとして認識される。時価純資産よりも取得の対価が大きい場合には，正ののれんが，逆に時価純資産よりも取得の対価が小さい場合には負ののれんが認識される。

正ののれんについては，一般に，未認識の無形資産が含まれているとか，他の平均的な企業に対する当該企業の超過収益力を表すとか，個別の資産と資産または取得企業と被取得企業との間のシナジーの価値を表すなどといった解釈が行われている。これらの価値は，時間の経過とともに，あるいは企業間の競争による収益力の低下により，減じていくものと考えられ，伝統的には，のれんの効果が及ぶ期間にわたって償却をする会計処理がとられてきた。しかし近年では，米国会計基準や国際会計基準にみられるように，のれんの価値は企業が行う追加投資により良好に維持されるので，一律に償却を行うことは適当ではなく，その価値を実際に減じたときに減損処理を行うことが適当であるとする考え方が台頭してきている。

負ののれんについては，識別された資産の価値の測定誤差であるとか，低廉取得益であるとか，将来の営業損失のストック価値（いわゆるリストラ引当金）であるとか，マイナスのシナジーであるなどの解釈が行われている。正ののれんと対照的に，負ののれんを負債として認識したうえでこれを償却して利益に振り替えていく考え方もある一方で，負ののれんの負債性を認めず，企業取得時の一時の収益として認識する考え方もある。

以上のような財務諸表における**開示**の対象となる無形資産の議論のほかにも，財務諸表における開示にとらわれず，その他の手段において無形資産に関する情報を提供しようとする試みが行われている。この議論は，1990年代後半における「ニューエコノミー論」を背景に台頭してきた議論である。すなわち，現代の企業活動の価値は，有形資産よりも無形資産をその源泉としている一方で，財務諸表においてほとんどの無形資産が認識の対象とされていないことに問題の所在があるとする。投資家の関心も，有形資産よりも無形資産にあるのだから，無形資産に関する情報を積極的に提供していくべきであるとする。現在のところ，無形資産の価値を推定するモデルや統一的な情報開示の枠組みに関してさまざまな提案が行われているところである。

(YKa)

8 排出権取引(排出量取引)

【関連する用語】
●排出権　●排出クレジット　●キャップ・アンド・トレード
●無形資産　●排出負債

　1997年に採択された京都議定書では，先進国における温室効果ガスの排出量について，具体的な数値をあげて削減を求めている。温室効果ガスの排出を削減するための方法としては，政府による法規制などの直接規制と，市場メカニズムを活用した間接規制（経済的手段）が考えられているが，排出権取引は経済的手段の1つとして京都議定書で規定された。

　排出権取引は，温室効果ガスを排出することのできる枠を企業等が取引することを意味する。**排出権**は温室効果ガスを排出する上限を表し，通常の「権利」とは意味合いが異なるため，最近では「排出枠取引」もしくは「排出量取引」と呼ばれることが多くなった。また排出権取引についてASBJが2004年に公表し，2006年に改訂した実務対応報告第15号「排出量取引の会計処理に関する当面の取扱い」（以下，「第15号」）では**排出クレジット**としている。

　排出権および排出権取引が導入されると，企業等は，各自の保有する排出枠の範囲までは温室効果ガスを排出することができるが，この枠を超える場合には，市場から排出権を購入しなければならない。一方，排出削減措置を講じたことで排出した温室効果ガスが排出権よりも少なくなり排出権が余った企業等は，排出権を売却することができる。

　排出権を超える可能性のある企業等は，排出権を購入するか，もしくは自社の温室効果ガスの排出を削減するための措置に資金を投入しなければならない。したがって，排出権購入に資金を投じるか，自らの排出削減措置に資金を投じるかの選択にあたり，企業等は価格の低い方を選ぶであろう。そこで，排出削減措置に資金を投じる企業等が少なければ排出枠の購入を求める企業等が増え，そのため排出権の価格が上昇する。排出権の価格が上昇し，相対的に自ら排出削減措置を講ずる方が安上がりとなれば，排出削減措置を

講じる企業等が増えることになる。また，余った排出権を売却した企業等は売却したことで得た資金を，自社における追加的な排出削減措置に投じ，市場に売却できる排出権をさらに生み出すことも考えられる。前述したように，排出権の市場相場が自社の排出削減措置を講じるコストよりも高いのであれば，こうした企業等はさらに排出削減措置に資金を投じてさらに売却できる排出権を生み出すのである。このような仕組みから，排出権取引の導入によって，最も経済的に安価な方法で温室効果ガスの削減が推進されるといわれているのである。

排出権取引の前提として，各企業等に排出権の枠（キャップ）を設ける必要がある。こうして配分された排出権を使って市場で取引（トレード）を行う。この仕組みを**キャップ・アンド・トレード**という。一方，日本ではEUと異なり強制参加型の排出権取引が制度化されておらず排出権の枠を各企業に設定していないため，現状では，排出削減措置の実施によって，実施しなかった場合と比較して削減できた排出量を排出権として，自主参加型の市場で売却できるという「ベースライン・アンド・クレジット」という方法で行われている。日本において将来，排出権取引を制度化するにあたっては，「キャップ・アンド・トレード」を中心に，「ベースライン・アンド・クレジット」は補完的な扱いとなるであろう。また，排出権の枠を設定する際には，過去の排出量の実績に基づいて無償で配分するというグランドファザリング方式や，排出権の枠を競売で入手するオークション方式などが考えられている。

一方，実務対応報告第15号では排出クレジットについて，無形の財産的価値があることから，**無形資産**に近い性格を有すると述べている。そして，クレジットの取得目的に応じて，販売する場合と，自社使用のための場合とに分けて会計処理を規定している。前者では棚卸資産と同様の会計処理を取得時，各期末（強制評価減を適用）および販売時に行い，また後者では無形固定資産または「投資その他の資産」とほぼ同様の会計処理を取得時，各期末（減損会計は適用するが減価償却は行わない）および使用時（「販売費及び一般管理費」に計上）に行う。このように実務対応報告第15号では排出クレジットに関する会計処理のみを規定しているが，将来的には温室効果ガスの**排出負債**とその会計処理などについても議論の対象となる可能性がある。

(EH)

9 退職給付会計

【関連する用語】
- 年金に関連する費用や資産および負債の表示と開示
- 確定拠出型および確定給付型契約の定義
- キャッシュ・バランス・プラン（CBプラン）の会計処理
- 未認識および遅延認識の仕組みの廃止
- 年金の清算と縮小の取扱い

　現在の日本における退職給付に係る会計処理は，「退職給付に係る会計基準」，「退職給付会計に関する実務指針（中間報告）」等に基づいて行われており，将来の退職給付のうち当期の負担に属する額を，当期の費用として引当金に繰り入れ，当該引当金の残高を貸借対照表の負債の部に計上する，といった基本的な考え方に基づいている。当期の負担に属する額の計算方法としては，退職時に見込まれる退職給付の総額について，合理的な方法により各期の発生額を見積り，一定の割引率と予想される退職時から現在までの期間に基づき，現在価値に割り引く方法を採用している。各期の発生額の見積方法としては，勤務期間基準が採用されている。また，過去勤務債務および数理計算上の差異の処理については，回廊（コリドー）アプローチによらず，基礎率等に重要な変動が生じない場合には計算基礎を変更しない等，計算基礎の決定に際して合理的な範囲で重要性による判断を求めるといった重要性アプローチによることとされており，国際比較上特徴的であるといえる。

　IFRSの採用が各国において進んでいる中，わが国のASBJは，IFRSとのコンバージェンス作業を行っている。米国においても，2002年のノーウォーク合意に基づき，2008年11月には，検討事項の達成状況を勘案したうえで，2014年より米国企業に対して段階的にIFRSに基づく財務諸表の開示を義務づけることの是非について，2011年に決定する，というロードマップ案が公表されている。そのような中，IASBにおいて，退職後給付会計についても全面的に見直すプロジェクトが進捗している。当プロジェクトの第1フェーズでは，2010年までに，IAS第19号の大幅な見直しを行うことが予定されており，主な項目の概要は下記のとおりである。なお，2008年3月には，

IASBから，企業間の比較可能性を確保するために，確定給付制度における保険数理差損益の遅延認識の選択肢を取り除くべきである等，予備的見解が出されている。

(1) 年金に関連する費用や資産および負債の表示と開示

退職後給付債務および年金資産に関連して当期に生じた変動は，すべて当期において認識し，すべての変動を包括利益として報告することとして，暫定的に合意されている。

(2) 確定拠出型および確定給付型契約の定義

確定拠出型契約とは，企業とは別個のファンドに一度確定拠出額が支払われた場合，事業主が当期および支払後の過去の期に対しては何らの債務を負わない契約をいい，確定給付型契約とは，確定拠出型契約以外の給付契約をいう。IASBの見直しプロジェクトにおいては，従業員に対する事業主の退職後給付を「給付約定」と認識したうえ，拠出ベース約定，確定給付約定という新たな分類方法を採用することが，予備的な見解とされている。

(3) キャッシュ・バランス・プラン（CBプラン）の会計処理

CBプランは，給付額が将来の市場金利に連動する仕組みを有しており，確定給付型と確定拠出型の両者の性質を併せ持った制度で，ハイブリッド型とも呼ばれている。IAS第19号では，CBプランは給付建制度に分類されるため，日本の処理と同様に債務および費用の測定に際して保険数理上の仮定を必要とする会計処理を行うこととなる。なお，見直しプロジェクトにおいて，CBプランは拠出ベース約定として分類されている。

(4) 未認識および遅延認識の仕組みの廃止

未認識処理や遅延認識等の会計処理の妥当性について検討が加えられ，すべての数理計算上の差異および権利未確定の過去勤務債務は，その発生時に即時に認識すべきであると，暫定的に合意されている。

(5) 年金の清算と縮小の取扱い

清算および縮小に伴って発生する利得（損失）は，清算または縮小が発生したときに認識し，縮小によって生じる利得（損失）は，勤務費用に対する調整と考えて勤務費用として取り扱い，清算によって生じる利得（損失）は，勤務費用ではなく，財務上の仮定の変動と考え利益として取り扱うことと，暫定的に合意されている。

(TKa)

10 資産除去債務

【関連する用語】
●割引前の将来キャッシュ・フロー ●割引率
●資産除去債務に対応する除去費用
●資産除去債務の見積りの変更 ●除去費用の費用配分額
●時の経過による資産除去債務の調整額 ●注記事項

資産除去債務は，IFRSや米国会計基準の考え方を導入したものである。資産除去債務とは，「有形固定資産の取得，建設，開発又は通常の使用によって生じ，当該有形固定資産の除去に関して法令又は契約で要求される法律上の義務及びそれに準ずるものをいう」と定義される。この定義には，有形固定資産を除去する義務のほか，有形固定資産を除去する際に当該有形固定資産に使用されている有害物質等を法律等の要求による特別の方法で除去する義務も含まれる。一方，有形固定資産の除去とは，「有形固定資産を用役提供から除外することをいう（一時的に除外する場合を除く）」と定義され，売却，廃棄，リサイクルその他の方法による処分等が含まれるが，転用や用途変更は含まれないとされている。また，遊休状態になる場合は除去に該当しない。

資産除去債務の会計処理の特徴は，資産除去債務が発生した時点で，将来支出しなければならない将来キャッシュ・フローの割引現在価値で負債を認識し，同額を有形固定資産の帳簿価額に加算して，両者を同時に認識することにある（資産除去債務が発生時点で有形固定資産と両建てで認識される）。いったん認識された資産除去債務は，時の経過とともに金利相当額が増額され，当該増加額は，その発生時の費用として認識される。一方，有形固定資産に含まれる資産除去債務相当額（除去費用）は，その後，減価償却を通じて，当該有形固定資産が除去されるまでの期間にわたって費用配分される。

資産除去債務は，「有形固定資産の取得，建設，開発又は通常の使用によって発生したときに負債として計上」される。資産除去債務は，有形固定資産の除去に要する**割引前の将来キャッシュ・フロー**を見積り，割引後の金額（割引価値）で算定される。割引前の将来キャッシュ・フローは，「合理的で

説明可能な仮定及び予測に基づく自己の支出見積りを基に，最頻値（生起する可能性の最も高い単一金額）又は期待値（生起し得る将来キャッシュ・フローを発生確率で加重平均した金額）」として算定される。**割引率**は，貨幣の時間的価値を反映した無リスクの税引前利率が用いられる。時の経過による資産除去債務の調整額は，その発生時の費用として処理される。

一方，**資産除去債務に対応する除去費用**は，資産除去債務を負債として計上した時に，当該負債計上額と同額を，関連する有形固定資産の帳簿価額に加算する。当該資産計上額は，その後，減価償却を通じて，当該有形固定資産の残存耐用年数にわたり，各期に費用配分される。

割引前将来キャッシュ・フローに重要な見積りの変更（**資産除去債務の見積りの変更**）が生じた場合には，変更による調整額は，資産除去債務の帳簿価額および関連する有形固定資産の帳簿価額に加減して処理される。資産除去債務が法令の改正等により新たに発生した場合も，見積りの変更と同様に取り扱われる。変更による調整額を算定する際の割引率は，割引前の将来キャッシュ・フローが増加する場合にはその時点の割引率を適用し，割引前の将来キャッシュ・フローが減少する場合には，負債計上時の割引率を適用する。

資産除去債務は，貸借対照表では，貸借対照表日後1年以内に履行が見込まれる場合を除き，固定負債の区分に表示され，1年以内に履行が見込まれる場合は流動負債の区分に表示される。一方，損益計算書では，有形固定資産の帳簿価額に含まれる**除去費用の費用配分額**は，当該有形固定資産の減価償却費と同じ区分に含めて計上される。また，時の経過による**資産除去債務の調整額**は，当該有形固定資産の減価償却費と同じ区分に含めて計上される。また，資産除去債務の履行時に認識される資産除去債務残高と資産除去債務の決済のために実際に支払われた額との差額は，原則として，当該資産除去債務に対応する除去費用に係る費用配分額と同じ区分に含めて計上される。

資産除去債務の会計処理に関連して，**注記事項**として，(1)資産除去債務の内容についての簡潔な説明，(2)支出までの見込期間，適用した割引率等の前提条件，(3)資産除去債務の総額の期中における増減内容，(4)見積りの変更をした時には，その変更の概要および影響額，ならびに(5)資産除去債務は発生しているが，その債務を合理的に見積ることができないため，貸借対照表に資産除去債務を計上していない場合には，当該資産除去債務の概要，合理的に見積ることができない旨およびその理由の開示が求められている。　　(TY)

11 負債と資本の区分

【関連する用語】
●負債　●資本　●基本的所有アプローチ　●所有決済アプローチ
●期待結果再評価アプローチ

　2005年会社法の施行前は，貸借対照表は，資産の部，**負債**の部および**資本**の部に区分するものとされ，さらに資本の部は，会計上，株主の払込資本と利益の留保額とに区分されていた。2005年2月にASBJから公表された企業会計基準第5号「貸借対照表の純資産の部の表示に関する会計基準」では，それまでの「資本の部」に代えて「純資産の部」の表記を用いることとされ，純資産の部は，株主資本の部と株主資本以外の各項目（評価・換算差額等，新株予約権および少数株主持分）に区分される。この株主資本という概念は，株主に帰属するものをより強調する観点によるものとされている。純資産の部の株主資本以外の各項目には，株主への帰属が確定しないもの以外に，資産性や負債性を有しない項目があわせて含まれることになった。

　わが国では，負債や資本の概念について定義した正式な文書は公表されていないが，一般に，負債は，過去の取引または事象の結果として，報告主体の資産やサービス等の経済的資源を放棄したり引き渡したりする義務という特徴を有すると理解されている。このような考え方は，米国の会計基準や国際財務報告基準にみられるものであるが，負債に該当しない残余の差額部分が資本とされてきた。

　このような負債を優先して確定させる考え方は，比較的単純な金融商品については対応できるが，結果として法形式を重視することになり，金融商品が複雑化することにより，形式と経済的実態が乖離する事例が生じてきた。例えば，現金で決済される売建コール・オプションは負債に分類されるが，発行者が現金による決済を意図している場合でも，発行者が現金と株式から決済手段を選ぶことができる場合には，資本に分類することが可能になるような場合がある。このような，負債と資本の区分の問題は，FASBでは，1986年からプロジェクトを行ってきたが，2007年11月に予備的見解「資本の

特徴を有する金融商品」を公表し，2006年のMOUに沿ってIASBでも，2008年2月にディスカッション・ペーパーを公表している。

これらの文書では，区分のためのアプローチとして，**基本的所有アプローチ，所有決済アプローチ，期待結果再評価アプローチ**の3つを示している。基本的所有アプローチでは，最後の残余に対する請求権を資本に分類する。この種類の金融商品の保有者を企業の所有者とみなし，企業の所有者の残余純資産を減少（増大）させる請求権は負債（資産）に分類する。所有決済アプローチでは，企業はリターンと決済条件の内容に基づき金融商品を分類する。決済条件がない金融商品は資本に分類される。期待結果再評価アプローチは，金融商品を分解し分類するために，確率により加重平均した金融商品の結果を使用する。所有決済アプローチと同様に，分類は相手方のリターンの性質により決定されるが，結果は報告日ごとに見直される。このアプローチでは，公正価値の変動が基本的所有商品の公正価値と同じか逆方向に変動する金融商品が資本（または資本控除）となる。

FASBとIASBでは，これらのうち，基本的所有アプローチを支持する方向にある。それは，このアプローチが他のアプローチと比べ簡素で，実務に適用しやすいためであるとされている。基本的所有アプローチによると，例えば，永久優先株式，売建コール・オプション，ワラント，従業員ストック・オプションといった金融商品は負債に分類されることになる。このアプローチが採用されると，資本の範囲は現行の実務に比して狭まるものと想定される。

負債と資本の区分は，自己資本比率のような財務指標に影響を与えるが，この区分が重要なのは，企業の純利益の決定への影響である。負債に分類される金融商品の所有者への分配は「利息」として損益計算書に計上されるが，資本に分類される金融商品の所有者への分配は「利益の配当」である。また，このような金融商品の価値変動を認識する場合には，負債については純利益に影響するが，資本については純利益に影響しない点に留意する必要がある。

(SK)

12 新株予約権と新株予約権付社債

【関連する用語】
●新株予約権　●新株予約権付社債　●新株予約権の表示
●新株予約権の会計処理　●新株予約権付社債の会計処理
●ストック・オプションの会計処理
●ストック・オプションの費用認識の論拠

新株予約権とは，株式会社に対して行使することにより当該株式会社の株式の交付を受けることができる権利をいい，**新株予約権付社債**とは，新株予約権を付した社債をいう（会社法第2条第21号，第22号）。かつて新株に対する予約権が未整備であり引受権と一体のものとして概念構成されていたが，2001年改正商法により予約権の概念整理が図られる一方，引受権の概念（用語）は使用されなくなった。これに伴い，従来の転換社債と新株引受権付社債が新株予約権付社債に統一され，特に転換社債に対応する社債は転換社債型新株予約権付社債と呼ばれるようになった。

新株予約権は新株に対するコール・オプションの性格を有しており，株価が上昇すると権利行使により利益を実現できることから，新株予約権を多様な目的のために利用できるようになった。主要な目的として，資金調達目的，従業員等への報酬付与目的などが考えられる。こうした経済的目的に利用可能な新株予約権は，金融商品取引法によると有価証券として定義された（第2条）。そこで，経済的利用目的に考慮しつつも，新株予約権の法的性質に依拠しつつ発行者の会計と取得者の会計に分けて理解する必要がある。

新株予約権の発行者としては，(1)募集新株予約権の発行により資金調達を行う場合，(2)新株予約権付社債の発行により資金調達を行う場合，(3)ストック・オプションの方法として付与する場合などの会計処理が問題になる。他方，新株予約権の取得者としては，(1)新株予約権を取得した場合，(2)新株予約権付社債を取得した場合などの会計処理が問題となる。以上の**新株予約権の表示**については，発行者側では純資産の部に新株予約権として記載され，取得者側では資産の部に有価証券として保有目的に応じて記載される。

発行者側の**新株予約権の会計処理**に関して，新株予約権を発行したときは

その払込金額を純資産の部に新株予約権として計上する。新株予約権が行使され新株を発行する場合にあっては新株予約権の払込金額と新株予約権の行使による払込金額を資本金または資本金および資本準備金に振り替え，同じく自己株式を処分する場合にあっては自己株式処分差額の会計処理を行う。また新株予約権の失効時には失効に対応する払込金額を失効のあった会計期間の利益として処理する。

発行者側の**新株予約権付社債の会計処理**に関して，転換社債型新株予約権付社債を発行したときは払込金額を社債の対価部分と新株予約権の対価部分とに区分せず普通社債の発行に準じて処理するか，転換社債型新株予約権付社債以外の新株予約権付社債に準じて処理する。転換社債型新株予約権付社債以外の新株予約権付社債を発行したときは，社債の対価部分は普通社債の発行に準じて処理し，新株予約権の対価部分は純資産の部に計上し，権利が行使され新株を発行したときは資本金または資本金および資本準備金に振り替え，権利が行使されずに権利行使期間が満了したときは利益として処理する。

発行者側の**ストック・オプションの会計処理**に関して，新株予約権を付与したときは従業員等によるサービスの消費に対応する発生費用と純資産の部に新株予約権を計上する。**ストック・オプションの費用認識の論拠**については，企業に帰属している財貨を消費したときに費用認識するのと企業に帰属するサービスの消費による費用認識に本質的差はないとの考えによる。

次に，取得者側の新株予約権の会計処理に関して，新株予約権を取得したときはその払込金額を資産の部に有価証券として計上する。それゆえ取得時には時価をもって計上しその保有目的に応じて会計処理する。新株予約権を行使しその保有目的別の評価額で株式に振り替える。また，新株予約権の失効時にはその期間の損失として処理する。

取得者側の新株予約権付社債の会計処理に関して，転換社債型新株予約権付社債を取得したときは取得価額を社債の対価部分と新株予約権の対価部分とに区分せず普通社債の取得に準じて処理し，権利を行使したときは株式に振り替える。転換社債型新株予約権付社債以外の新株予約権付社債を取得したときは，社債の対価部分は普通社債の取得に準じて処理し，新株予約権の対価部分は有価証券の取得として処理し，権利を行使したときは株式に振り替え，権利を行使せずに権利行使期間が満了したときは損失として処理する。

(KS)

13 収益認識

【関連する用語】
●実現・稼得過程アプローチ
●包括的で首尾一貫した収益認識基準　●資産・負債アプローチ
●現在出口価格モデル　●顧客対価額モデル

　従来，収益認識基準としては，原則として，実現主義が適用されてきた。「企業会計原則」第二・一・Aには，「売上高は，実現主義の原則に従い，商品等の販売又は役務の給付によって実現したものに限る」と規定されている。ここに実現とは，外部との取引，すなわち，市場取引を前提に，財貨・用役の引渡しと同時にその対価として（流動性ある）貨幣資産（現金および現金等価物）を受領することを意味する。このような**実現・稼得過程アプローチ**と呼ばれる収益認識基準は，収益獲得過程における決定的事象の充足や販売という事実にも着目しながら，広義に解釈されたり，狭義に解釈されたりと変遷を遂げてきた。

　近年，**包括的で首尾一貫した収益認識基準**がないこと，概念フレームワーク間に矛盾があること，繰延収益など資産・負債の定義を満たさない項目が貸借対照表に計上される場合があること，複数要素取引に関する十分な指針がないこと，収益の過大計上や早期計上といった不適切な事例が見られることなどの問題が提起されたことを契機に，収益認識プロジェクトがIASBとFASBの共同プロジェクトとして，2002年6月に開始された。本プロジェクトは，**資産・負債アプローチ**による包括的かつ一義的な収益認識基準の設定を目指して，現在，MOU項目の1つとして進行中であり，2010年上半期には公開草案が公表され，2011年6月までには確定基準が公表される予定である。

　実現・稼得過程アプローチでは，業界または業種が異なると利益稼得過程にも違いが生じることがあり，このため，同一の履行義務が業種の違いによって異なるタイミングで認識されたり，測定値が異なったりすることがありうる。資産・負債アプローチが採用された背景には，このような経営者の意図に左右されるといった問題を回避しようとの意図がある。

資産・負債アプローチの下では，履行義務の測定に関して，企業が契約によって引き受ける履行義務を現在出口価格で測定する**現在出口価格モデル**と顧客対価額（販売価格）で測定する**顧客対価額モデル**の2つがある。

現在出口価格モデルでは，履行義務は，契約締結時および契約締結後に現在出口価格で測定（再測定）される。そのため，契約締結時に収益（契約時収益）が認識されることがある。確かに，契約締結には多大の労力を要するが，こうした収益の早期認識に対しては批判もある。また，同モデルに対しては，現在出口価格の測定可能性や信頼性の問題も指摘されている。

顧客対価額モデルでは，収益は，契約によって生じた履行義務が消滅した時点で認識され，履行義務の測定は，契約締結時は，顧客と契約した金額（顧客対価額）で行われ，当該金額が，契約を構成する個別の履行義務に配分される。契約締結時には契約に含まれる権利と履行義務が同額となるように測定され，現在出口価格モデルのように契約時収益が認識されることはない。また，契約締結後も，履行義務契約（顧客対価額）は不利となる場合を除き再測定されない。

本プロジェクトでは，現行の収益認識実務と大きな差異はないと考えられる顧客対価額モデルによる一義的な収益認識基準の開発の方向性が打ち出されている。すなわち，収益は，履行義務が消滅した（履行された）時点（契約で約束された経済的資源が顧客に移転された時点）で認識される。財の引渡しの場合は，当該財に対する強制力のある権利またはアクセスが顧客に移転された時点が履行義務の履行時点となる。また，サービスの場合は，サービスまたはサービスに対するアクセスが提供された時点が履行義務の履行時点となる。このような原則にしたがって，履行義務の消滅時点（収益の認識時点）が一義的に決定される。

顧客対価額モデルに対しては，資産・負債アプローチとの整合性の問題や当初，資産・負債アプローチによる収益認識基準の設定目的とされていた経営者の恣意性を完全に排除できるのかといった問題も提起されている。

本プロジェクトをめぐっては，「欧州における事前の会計活動（PAAinE）」から討議資料が公表されているほか，ASBJも2008年1月に収益認識専門委員会を設置して検討を開始しており，IASB・FASBのディスカッション・ペーパーの公表を受けて対応を進めている。　　　　　　　　(THt)

14 包括利益

【関連する用語】
●包括利益計算書 ●当期純利益の表示の是非
●その他の包括利益 ●リサイクリング ●事業と財務

　包括利益とは，一会計期間における純資産の変動額のうち，株主等の企業所有者との直接的な取引によらない部分である。すなわち期首と期末の貸借対照表の純資産額を比較して算定される変動額のうち，追加出資や配当などの資本取引によらずして生じた金額をいう。

　日本の財務諸表において，当期の業績として損益計算書の最後に導出されるのは当期純利益である。しかしIAS第1号「財務諸表の表示」は，書面の最終行において当期純利益を算定・表示する伝統的な損益計算書に代えて，最終的に包括利益を算定・表示する**包括利益計算書**を正規の財務諸表として作成し報告することを要求している。

　当期純利益に代えて包括利益を重視する考え方は，次の根拠による。第1に，株主等と企業との直接的な取引を除いた場合に，期首から期末への純資産の変動額と合致するのは，当期純利益ではなく包括利益である。第2に，未実現の利益または損失をもった資産の売却時期を意図的に変えることにより，当期純利益は経営者による操作が可能であるのに対し，包括利益はそのような操作の影響を受けないことである。

　これらの論点も含めて，包括利益を当期純利益と対比するため，次の仮設例を考えよう。下記の期首貸借対照表に掲載された有価証券は120で時価評価されており，純資産に20の評価差額が含まれているから，取得原価は100である。この企業が，①期首に有価証券の半分を60で売却して現金を得るとともに，②当期中の営業活動で売上収益180を獲得し，費用140を負担して，現金で決済を行い，また③期末に保有する有価証券の時価が75になったとしよう。このとき期末の貸借対照表は次のとおりであり，当期中に純資産額は120から175へと55だけ増加している。

期首の貸借対照表		期末の貸借対照表	
有価証券 120	資 本 金 100	現　　金 100	資 本 金 100
	評価差額 20	有価証券 75	利益剰余金 50
			評価差額 25

この企業の当期純利益と包括利益は次のように計算される。

(A) 損益計算書

売 上 収 益　180
営 業 費 用　140
証 券 売 却 益　 10
当 期 純 利 益　 50

(B) 包括利益計算書

売 上 収 益　180
営 業 費 用　140
事 業 の 利 益　 40
評価差額の増加　 15
包 括 利 益　 55

(C) 包括利益計算書

売 上 収 益　180
営 業 費 用　140
証 券 売 却 益　 10
当 期 純 利 益　 50
評価差額の増加　 15
評価差額の振替　 10
その他の包括利益　 5
包 括 利 益　 55

(A)は伝統的な損益計算書であるが，当期純利益額は貸借対照表の純資産の増加額と一致しない。一致するのは(B)で算定された包括利益であるが，この様式では当期純利益は算定されていない。**当期純利益の表示の是非**については，前述のような操作可能性を根拠とする表示否定説と，企業評価の実務に定着している事実を根拠とする表示肯定説がある。(C)は表示肯定説に立脚した包括利益計算書であり，包括利益を当期純利益と**その他の包括利益**に区分して表示している。日本の会計基準のもとで，「その他の包括利益」を構成する項目には，その他有価証券評価差額金，繰延ヘッジ損益，土地再評価差額金，為替換算調整勘定の4項目がある。

様式(C)の包括利益計算書を作成するには，その他の包括利益を生じた資産や負債が，売却等によりその未実現損益を実現させたときに，「その他の包括利益」の計算区分から除いて，当期純利益の計算に含める必要がある。このような振替手続を，実現したその他の包括利益の**リサイクリング**という。

様式(C)の包括利益計算書は，包括利益を当期純利益とその他の包括利益に2区分しているだけであるが，この区分に加えて**事業と財務**に2区分すれば，2×2により企業活動を4区分した包括利益計算書を作成することができる。生産・販売など事業活動と，資金の調達と運用などの金融活動を区分することにより，業績をより良く表示する様式として導入が検討されている。(HS)

15 減損会計

【関連する用語】
●減損の兆候　●減損損失の認識　●減損損失の測定
●共用資産とのれんの減損の取扱い　●減損損失の戻入れ

　収益性が低下して，投下資金の完全な回収が見込めなくなった固定資産について，その帳簿価額を回収可能額まで切り下げて，減額分を特別損失に計上する会計処理を減損会計という。

　固定資産への投資は，その事業から回収される金額が投資額を十分に上回ることを期待して実施されたものであるが，その後の技術革新や市場環境変化などによって，収益性が急速に低下することがある。そのような状況が生じた場合は，固定資産からの回収可能価額の低下を反映させるために，帳簿価額を減額する減損会計を行わなければならない。

　固定資産の減損会計は，企業会計審議会が2002年に制定し，2005年4月以降に開始する年度から強制適用されている「固定資産の減損に係る会計基準」に準拠して実施される。その概要は次のとおりである。

　まずはじめに，企業が保有する固定資産を，他の固定資産からおおむね独立したキャッシュ・フローを生み出すか否かを基準として，減損の判定単位へとできるだけ細かく区分する。その判定単位は，単独の資産からなることがあれば，多数の資産を含む資産グループのこともある。

　このようにして区分された個別資産または資産グループごとに，最初に減損の兆候の有無を検討する。ここに**減損の兆候**とは，減損が生じている可能性を示す事象をいい，その資産を使用する事業に関して，次のいずれかの事象が生じていれば，減損の兆候があると判定される。すなわち，(1)損益計算書において継続的に営業損失が計上されたり，キャッシュ・フロー計算書において営業活動からのキャッシュ・フローが継続的にマイナスである場合，(2)リストラクチャリングと呼ばれるような事業再編が実施されている場合，(3)経営環境の著しい悪化が生じている場合，および(4)その資産の市場価格が著しく下落している場合がそれである。

そのような減損の兆候がある場合は,その資産から生み出される割引前の将来キャッシュ・フローの合計額を見積り,その額が帳簿価額を下回る場合には,減損損失を認識しなければならない。割引後の金額ではなく,割引前のキャッシュ・フローと比較するのは,測定が主観的になりがちな減損の発生が相当程度に確実な場合にだけ,それが計上されるようにするための工夫である。**減損損失の認識**は,その資産の帳簿価額を回収可能価額まで減額するとともに,減額分を当期の特別損失に計上することによって行われる。**減損損失の測定**は次の順序で行う。はじめに回収可能価額を見積るが,固定資産への投資額の回収には資産の売却と継続使用の2方法があり,企業はいずれか有利な方を選択するはずである。したがって回収可能価額は,①売却による回収額としての正味売却価額(売却時価から処分費用見込額を控除した額)と,②継続使用による回収額としての使用価値(将来キャッシュ・フローの割引現在価値)のうち,いずれか大きい方である。このようにして見積った回収可能価額を,資産の帳簿価額から控除した残額が,減損損失の計上額となる。複数の資産から構成される資産グループについて測定された減損損失の金額は,構成資産の帳簿価額などの合理的な基準によって配分し,各資産の帳簿価額を減額する。

なお,**共用資産とのれんの減損の取扱い**については,特別な配慮を要する。共用資産(全社で共同利用するコンピュータや従業員用の厚生施設など)は複数の資産グループにまたがってキャッシュ・フローの生成に寄与し,のれん(合併等で取得した純資産額を超過して支払った対価額)は,他の固定資産と関連づけない限り,それ自体のキャッシュ・フローを把握することはできない。したがってこれらの資産については複数の資産グループを合体させて,より大きな判定単位を形成して減損の認識と測定を行うのが原則であるが,のれんや共用資産の帳簿価額を各資産グループに配分してもよい。また,減損損失を認識する資産グループにのれんが含まれているときは,減損損失の金額はのれんに優先的に配分する。減損の発生はのれんの根拠であった超過収益力の喪失を意味するからである。

いったん減損処理を実施した減価償却資産は,減損後の新しい帳簿価額を基礎として,その後の減価償却を規則的に実施する。減損処理の実施後に回収可能価額が回復しても,**減損損失の戻入れ**は行わない。　　　　　　(HS)

16 研究開発費会計

【関連する用語】
●研究と開発の定義 ●研究開発費の範囲 ●仕掛研究開発
●全額費用処理 ●一部資産計上の要件

　日本における研究開発費の会計基準としては，1998年に企業会計審議会が公表した「研究開発費等に係る会計基準」(以下,「会計基準」)がある。ここの**研究と開発の定義**によると，研究とは「新しい知識の発見を目的とした計画的な調査及び探究」を指し，開発とは「新しい製品・サービス・生産方法(以下,「製品等」)についての計画若しくは設計又は既存の製品等を著しく改良するための計画若しくは設計として，研究の成果その他の知識を具体化すること」であると定義しており，研究開発活動を研究活動と開発活動とに分けて考えている。従来，日本では研究開発費に類似した概念として，旧商法および「企業会計原則」などにおける試験研究費および開発費があったが，そこに示されていた概念および会計処理は海外の会計基準とは大きく異なっていた。一方，「会計基準」の規定による前述の分類および定義は，米国のFASBが1974年に公表したSFAS第2号やIASBが1998年に作成(当時はIASC)し，後に2000年と2004年に改訂されたIAS第38号といった会計基準とほぼ共通しているということができる。

　研究開発費の範囲であるが，「会計基準」によると，研究開発費には，研究開発のために費消されたすべての原価が含まれる。これには人件費，原材料費，固定資産の減価償却費，特定の研究開発目的にのみ使用され他の目的に使用できない機械装置や特許権等も該当する。ただしソフトウェアの制作費については「会計基準」では研究開発に該当する部分のみを研究開発費として扱い，その他のソフトウェア制作費については用途に応じた別建ての会計処理を規定している。また2008年12月には，企業結合の会計基準との整合性からASBJは企業会計基準第23号により「会計基準」を改訂し，被取得企業における研究開発の途中段階の成果(**仕掛研究開発**)については「会計基準」を適用せず例外的に企業結合の会計基準を優先して適用することに決め

た。このため仕掛研究開発は（他の研究開発費とは異なり）企業結合により被取得企業から受け入れた資産として扱われることとなった。

研究開発費の会計処理方法としては，各国の規定を分類すると，大きく2つに分けられる。第1は研究開発費を計上した際に，即時に**全額費用処理**する方法（即時費用処理法）である。第2は，開発費のうち一定の基準を満たしたものについては資産として計上し，残りの開発費，ならびに研究費についてはすべて費用として処理する方法（一部資産計上法）である。

日本の「会計基準」のもう1つの特徴は，それまで任意で認められてきた試験研究費と開発費の繰延資産への計上を禁止し，研究開発費の会計処理方法として，即時費用処理法を求めている点にある。同様に研究開発費の即時費用処理を求めた会計基準としては他に米国のSFAS第2号がある。こうした会計処理を行う根拠としては，研究開発費には資産性があると理論的には考えられるものの，将来における収益の獲得が不確実であること，さらに資産計上にあたって合理的な規準を設定するのが不可能といった点にある。

一方，IAS第38号では，以下の**一部資産計上の要件**を6つすべて満たした開発費については，これを無形資産として計上しなければならないと述べている。すなわち，(1)利用または販売するために無形資産を完成する，技術的な実行可能性。(2)無形資産を完成し，利用または販売する意図。(3)無形資産を利用または販売できる可能性。(4)無形資産が将来の経済的便益をもたらすこと。特に無形資産による産出物または無形資産自体が流通する市場が存在すること。内部で利用する場合には，企業への無形資産の有用性。(5)開発を完了させ，無形資産を利用または販売するために十分な技術的財務的資源が調達できること。(6)無形資産に帰属する支出の，信頼ある測定可能性。一部資産計上法の根拠としてIAS第38号では，外部から取得した無形資産と，内部の開発活動から生じた無形資産については取扱いに差異を設けるべきではないためであるとしている。

このように，2008年現在ではIAS第38号と，米国のSFAS第2号および日本の「会計基準」との間にはまだ差異が存在する。ただし，米国では国内企業に国際会計基準の採用を認める動きがあり，また日本も国際会計基準のフル・アドプションという世界的な動きを無視することはできないため，近い将来には一部資産計上法に各国の会計処理が統合される可能性がある。

(EH)

17 工事契約の会計

【関連する用語】
●工事進行基準 ●工事完成基準 ●工事進捗度
●工事契約から損失が見込まれる場合の取扱い ●注記事項
●受注制作ソフトウェアの会計処理

2007年12月に公表された企業会計基準第15号「工事契約に関する会計基準」は,工事契約に係る収益及びその原価に関し,施工者における会計処理及び開示について定めている(IAS第11号へのコンバージェンスは終了)。工事契約とは,仕事の完成に対して対価が支払われる請負契約のうち,土木,建築,造船や一定の機械装置の製造等の基本的な仕様や作業内容を顧客の指図に基づいて行うものである。請負契約とは,顧客からの求めに応じて行う製造・生産であり,注文を受けた段階で(見積り)工事収益総額が決まっている。

工事契約に係る収益とその原価の認識基準,すなわち工事収益と工事原価を認識するための基準には,**工事進行基準**と**工事完成基準**がある。工事の進行途上,その進捗部分について成果の確実性が認められる場合には工事進行基準を適用し,この要件を満たさない場合には工事完成基準を適用する。

工事進行基準とは,工事契約に関して,工事収益総額,工事原価総額および決算日における**工事進捗度**を合理的に見積り,これに応じて当期の工事収益および工事原価を認識する方法をいう。つまり,請負契約の場合には受注の段階で工事収益総額と工事原価総額がわかっているので,各会計期間に発生した工事原価が工事原価総額に占める割合をもって工事進捗度を計算する原価比例法を用いれば,それに従って工事収益総額を適切に工事期間,すなわち各会計期間に配分できる。工事の進行途上において計上される未収入額については,金銭債権として取り扱う。

工事完成基準とは,請負契約であっても工事の途中でその進捗部分についての成果が確実と認められない場合には,工事が完成し目的物の引渡しを行った時点で工事収益および工事原価を損益計算書に計上する方法をいう。完成・引渡しまでに発生した工事原価は,未成工事支出金等の適切な科目をもって貸借対照表に計上する。

成果の確実性が認められるには，工事収益総額，工事原価総額および工事進捗度について，信頼性をもった見積りが必要である。工事収益総額は工事契約において定められた施工者が受け取る対価の総額であり，信頼性をもってその見積りを行うための前提条件としては工事の完成見込みの確実性がある。それには，施工者は当該工事を完成させるのに十分な能力があり，かつ，完成を妨げる環境要因がないことが必要である。工事原価総額は，当該施工者の義務を果たすための支出の総額であり，原価計算基準に従って適正に計算する必要がある。工事進行基準を適用する場合に，工事収益総額，工事原価総額および決算日における工事進捗度の見積りの変更が行われたときには，その見積りの変更が行われた期に影響額を損益として処理する。

　工事原価総額（販売直接経費がある場合にはその見積額を含めた額）が工事収益総額を超過する可能性が高く，かつその金額を合理的に見積ることができる場合がある。つまり**工事契約から損失が見込まれる場合の取扱い**は，その超過すると見込まれる額，すなわち工事損失のうち，当該工事契約に関して既に計上された損益の額を控除した残額を工事損失が見込まれた期の損失として処理し，工事損失引当金を計上する。これは，どちらの工事契約に係る認識基準でも，あるいは工事の進捗の程度にかかわらず適用される。

　工事損失引当金の繰入額は売上原価に含め，工事損失引当金の残高は貸借対照表に流動負債として計上する。なお，同一の工事契約に関する棚卸資産と工事損失引当金をともに計上する場合には，貸借対照表の表示上，相殺して表示することができ，その旨および相殺表示した棚卸資産の額を注記する。他方，相殺せずに両建てで表示した場合には，その旨および当該棚卸資産の額のうち工事損失引当金に対応する額を注記する。他の**注記事項**には，(1)工事契約に係る認識基準，(2)工事進捗度を見積るために用いた方法（原価比例法等の適用の場合にはその旨を説明），(3)当期の工事損失引当金繰入額もある。

　受注制作のソフトフェア取引は，特定のユーザー向けにソフトウェアを制作し提供することであり，市場販売目的のソフトウェア取引ではない。この取引は基本的に受注生産であり，その仕様は確定していないため，通常，顧客の側で契約内容に応じて成果物がその一定の機能を有することについての検収等の確認により成果物の提供が完了したと考えて収益を認識する。したがって，**受注制作ソフトウェアの会計処理**にも本会計基準は適用され，その認識基準としては完成基準と進行基準の選択適用が可能である。　　　　　　(NK)

18 企業結合会計

【関連する用語】
●パーチェス法　●段階取得の会計処理　●のれん　●負ののれん
●フレッシュ・スタート法

　昨今,企業は合併,買収等を繰り返して,グローバルな視点から競争力強化や事業拡大などを進めている。日本のASBJによると,企業結合とは,ある企業またはある企業を構成する事業と他の企業または他の企業を構成する事業とが,1つの報告単位に統合されることと定義される。この定義は,連結会計基準にいう他の企業の支配の獲得も含んでいる。

　企業結合には「取得」と「持分の結合」という2つの異なった経済的実態がある。「取得」は,ある企業が他の企業または事業部門に対する支配力を獲得することである。「取得」と判断された場合の企業結合には,**パーチェス法**が適切な会計処理である。パーチェス法は,取得に要した支出額を取得原価として,取得原価をそれと交換に被取得企業から受け入れた資産および引き受けた負債の時価評価後の金額に配分する会計処理方法である。

　「持分の結合」とは,いずれの企業の株主も他の企業を支配したとは認められず,結合後,企業のリスクや便益を引き続き相互に共有することを達成するため,それぞれの事業のすべてまたは事実上のすべてを統合して,1つの報告単位になることをいう。「持分の結合」と判断された場合の企業結合には,持分プーリング法が適切な会計処理である。持分プーリング法は,結合当時企業の資産および負債を帳簿価格で引き継ぐ会計処理である。

　持分の継続,非継続は相対的な概念で,「取得」と「持分の結合」という異なった経済的実態の判断はきわめて困難である。これは,企業結合会計処理の選択に経営者等の裁量が介入したり,会計処理方法の選択を認めることで財務諸表の比較が困難になるといった問題を生じさせた。その結果,IASBは,企業結合をすべて「取得」として取得法(日本ではパーチェス法)だけを規定して,持分プーリング法を廃止した。

　それに対して,日本が企業結合の会計処理として持分プーリング法を残し

ていることは，IASB の会計基準との差異として強く批判された。その結果，ASBJ は会計基準のコンバージェンスを推進する観点から，2008年に持分プーリング法を廃止する企業結合会計基準を公表した。

2008年の企業結合会計基準は，共同支配企業の形成および共通支配下の取引以外の企業結合を「取得」として，「取得」とされた企業結合にパーチェス法の適用を要求している。取得が複数段階により達成された場合には，支配を獲得した時点での被取得企業の時価により取得の原価は算定され，支配を獲得するまでの個々の取引原価の合計額との差額は，損益として処理する（**段階取得の会計処理**）。

取得の原価が，受け入れた資産および引き受けた負債の純額を上回る場合には，その超過額は**のれん**として処理する。逆に，取得の原価が，資産および負債の純額を下回る場合には，その不足額は**負ののれん**として処理する。のれんは，無形資産に計上し，20年以内のその効果の及ぶ期間にわたって，定額法により規則的に償却する。負ののれんが生じると見込まれた場合には，被取得企業のすべての識別可能な資産および負債の見直しを行う。見直しを行った上で，負ののれんが生じる場合には，負ののれんが生じた年度の利益として処理する。のれんの会計処理では，IASB は償却を認めず，減損処理だけを規定している。日本は，のれんの減損処理も規定しているが，依然として償却を認めている点で，IASB の会計基準との相違を残している。

パーチェス法と持分プーリング法以外に，企業結合の会計処理方法として**フレッシュ・スタート法**が検討されてきた。これは，新設合併のように，結合当時企業が企業結合によりいったん解散され，新たな企業が設立されると考える処理方法である。フレッシュ・スタート法は，すべての結合当時企業の資産および負債を，企業結合時の時価で評価替えして合算する方法である。これは，諸外国においても議論されているが，諸外国の状況をみながら検討することになっている。 (IM)

19 事業分離会計

【関連する用語】
●事業分離の意義　●分離元企業の会計処理（現金等受領）
●分離元企業の会計処理（株式保有）
●結合当事企業の株主に係る会計処理　●注記

　事業分離の意義は，ある企業を構成する事業を他の企業に移転することである。事業分離において，当該企業を構成する事業を移転する企業を「分離元企業」といい，分離元企業からその事業を受け入れる企業を「分離先企業」という。事業分離は，会社分割や事業譲渡，現物出資等の形式をとり，分離元企業がその事業を分離先企業に移転し対価を受け取る。事業分離においては，主として，分離元企業が移転損益を認識するかといったことや，結合当事企業の株主が交換損益を認識するかといったことが，会計上の問題となる。

　2002年12月にASBJから公表された「事業分離等に関する会計基準」と「企業結合会計基準及び事業分離等会計基準に関する適用指針」では，このような取引に関する会計処理と開示を取り扱っている。企業結合会計基準では，「持分の継続・非継続」という概念を用いて，企業結合の経済的実態を「持分の結合」と「取得」に区分して会計処理を示している。事業分離においても，「持分の継続・非継続」の基礎になっている考え方，すなわち，一般に事業の成果をとらえる際の投資の継続・清算という概念によって整理し，分離元企業や結合当事企業の株主もあわせた企業再編（組織再編）の会計処理を統一的に行うという考え方が根底にある。

　このような考え方に沿うと，分離元企業の会計処理および結合当事企業の株主の会計処理の考え方は，(1)売却や異種資産の交換の会計処理に見られるように，いったん投資を清算したとみて移転損益や交換損益を認識するとともに，改めて時価で投資を行ったとみる場合と，(2)同種資産の交換の会計処理に見られるように，これまでの投資がそのまま継続しているとみて，移転損益や交換損益を認識しない場合とがある。

　分離元企業の会計処理（現金等受領）においては，現金等の移転した事業

とは明らかに異なる資産を対価として受け取ることにより，投資が清算されたとみなされるため，事業分離後においても分離元企業の継続的な関与が重要な場合（すなわち，移転事業の成果の変動性を従来と同様に負う場合）を除き，移転損益が認識される。ただし，分離先企業が子会社の場合には，受け取った現金等の財産は移転前に付された適正な帳簿価額により引き継いだものとして，移転損益を計算することになる。また，分離先企業が子会社または関連会社の場合には，連結財務諸表上，移転損益は，未実現損益の消去に準じて処理されることになる。

分離元企業の会計処理（株式保有）においては，受取対価が株式のみであっても，その後の分離元企業と分離先企業の関係がどのようになるかによって会計処理が異なることになる。分離先企業が子会社または関連会社となる場合には，投資が継続しているとみて，個別財務諸表上は，移転損益を認識しない。ただし，連結財務諸表上は，事業分離により分離先企業に対する持分の変動が生ずるため，これに関する会計処理を行う。分離先企業が子会社や関連会社以外となる場合には，移転損益が認識される。

結合当事企業の株主に係る会計処理は，被結合企業の株主については，投資が継続しているかどうかにより，分離元企業と同様な交換損益の処理を行う。なお，結合の前後でともに子会社や関連会社に該当しない企業への投資については，投資の性格が同じであるため，交換損益は認識されない。また，結合企業の株式を保有している株主は，企業結合によっても当該結合企業の株式を直接引き換えないが，持分の変動に伴う有価証券の保有区分の変更や持分変動に相当する連結財務諸表上の処理を行うことになる。

事業分離に関する**注記**として，例えば，子会社を結合当事企業とする株主（親会社）は，結合当事企業（子会社）の企業結合により子会社に該当しないことになった場合には，連結財務諸表に，(1)企業結合の概要，(2)実施した会計処理の概要，(3)当該結合企業が含まれていた事業区分の名称，(4)当期の損益計算書に計上されている結合当事企業に係る損益の概算額，(5)継続的関与の概要といった事項がある。

(SK)

20 連結財務諸表

【関連する用語】
●連結の範囲　●親会社説　●経済的単一体説　●会計方針の統一
●資本連結手続　●購入のれん　●全部のれん

　企業活動の多角化・国際化の進展,証券市場への海外投資家の増加等により,企業側では連結経営の重視,投資者側では連結情報へのニーズが高まってきた。それに伴い企業が作成・公表する財務諸表は,法的実体を重視した(個別)財務諸表から,経済的実体を重視した連結財務諸表へと変化した。

　連結財務諸表は,支配従属関係にある2つ以上の企業からなる集団(企業集団)を単一の組織体とみなして,親会社が当該企業集団の財政状態,経営成績およびキャッシュ・フローの状況を総合的に報告するために作成されるものである。親会社は,原則としてすべての子会社を連結の範囲に含める。

　連結の範囲は,支配力基準により決定される。支配力基準では,親会社は,他の企業の財務および営業または事業の方針を決定する機関(意思決定機関)を支配している企業であり,子会社は,当該他の企業をいう。

　連結財務諸表は,誰にどのような情報を報告するかという会計主体観の捉え方から異なったものになる。連結会計主体観には,大別して,資本主説(資本主理論),親会社説および経済的単一体説(実体説・実体理論)がある。

　資本主説は,企業を株主あるいは出資者と分離することのできない実体と捉える。資本主説に基づいた財務報告は,株主に帰属する資産,株主が負う負債およびその差額である正味残余株主持分だけを報告する。資本主説に基づいて連結財務諸表を作成する場合には,比例連結が適切となる。

　資本主説を実践的に連結会計へ展開したものが親会社説である。親会社説では,親会社が子会社の純資産に対する分割できない持分をもっていると考える。連結財務諸表は,基本的に親会社株主のために作成されるが,全部連結法により企業集団の資産,負債および純資産の全体像を表示する。

　経済的単一体説は,企業を出資者から独立した実体と捉える。企業の資産および負債は,株主の資産および負債でなく,連結実体に帰属すると考える。

したがって，連結財務諸表は，企業集団の資産，負債および純資産を連結実体のものとして捉えて，全部連結法により全体像を表示する。

現在の日本の連結会計基準は，親会社説を踏襲している。一方で，2008年に公表されたIASBの連結会計基準は，経済的単一体説に基づいている。会計主体観の相違は，子会社の資産および負債の評価，のれんの処理ならびに少数株主持分の処理の相違となって表れる。

子会社の資産および負債の評価方法には，部分時価評価法と全面時価評価法とがある。部分時価評価法は，公正価値により評価する資産および負債の範囲を親会社持分に相当する部分に限定する。これは，親会社が株式を取得したときの親会社持分を重視することから，親会社説に基づいた評価方法である。全面時価評価法は，少数株主持分に相当する部分を含めて，子会社の資産および負債全体を公正価値で評価する。これは，親会社が子会社を支配した結果，子会社が企業集団に含まれることになった事実を重視することから，経済的単一体説に基づいた評価方法である。

伝統的に，連結会計基準は，全面時価評価法と部分時価評価法の選択適用を認めてきた。しかし，現在，日本の連結会計基準をはじめ，IASBの連結会計基準においても，全面時価評価法だけが規定されている。

連結財務諸表の作成では，同一環境下で行われた同一の性質の取引等について，親会社および子会社が採用する会計処理の原則および手続は，原則として統一しなければならない（**会計方針の統一**）。その上で，親会社の各子会社に対する投資とこれに対応する子会社の資本を相殺消去する**資本連結手続**が行われる。資本連結手続の結果生じる差額がのれん（または負ののれん）である。子会社の資本のうち親会社に帰属しない部分は，少数株主持分である。少数株主持分は，識別可能資産および負債の再評価額のうち親会社に帰属しない部分とする方法と，少数株主持分自体を公正価値で評価する方法がある。少数株主持分を公正価値で評価した場合，少数株主持分と識別可能資産および負債の再評価額のうち少数株主持分割合との差額は，少数株主持分ののれんになる。

ここからのれんには，親会社持分に帰属する部分だけを計算する**購入のれん**と，少数株主持分ののれんまで含めて計算する**全部のれん**の2つがある。日本は，全部のれんを認めず，購入のれんの計上を規定している。一方で，IASBは，購入のれんと全部のれんのいずれかの選択を容認している。　(IM)

21 ジョイント・ベンチャー

【関連する用語】
●共同支配　●比例連結　●持分法　●共同事業契約
●意思決定権の共有

　今日，多くの分野で，複数の事業主体による共同事業が展開されている。共同事業には多様な形態がある。例えば共同生産の場合，共同事業目的の新会社を設立することが多い。他方，商製品・技術の相互提供や建設業の共同請負工事等では別会社を設立せずに共同事業を展開するのが一般的である。

　ジョイント・ベンチャー（以下，JV）という用語は，狭義には，前者の形態を指すこともあれば，後者の形態を指すこともある。それに対して，財務会計領域において取り扱われるJVには，別会社を用いているかどうかなど，組織形態にとらわれず，共同事業全般を含むのが通例である。

　会計基準の国際的統合が進展する中，われわれはIASBの基準に注目していく必要があるが，JVに関しては，IAS第31号「JVに対する持分の財務報告」(1990年)が現在の基準である。

　同基準では，**共同支配**を規定した契約が，当事者によって締結されているということをJVの要件としている。ここで共同支配とは，重要な意思決定については当事者全員の合意を必要とするなど，経済活動に対する支配が当事者全員によって共有されていることを指している。その上で，当該JVをさらに次の3つに識別し，各形態別に会計処理方法を指示しているのである。

(1) 共同支配の事業：商製品・技術の相互提供等，別会社を用いずに，共同事業を遂行すること。
(2) 共同支配の資産：石油・ガスのパイプライン等，特定の資産を，複数企業の共同名義で所有すること。
(3) 共同支配の事業体：共同事業の遂行を目的とする共同出資企業（別会社）を設立し，そこを拠点として共同事業を遂行すること。

　これらのうち，(1)および(2)は共同出資企業（別会社）を設立しているわけではないため，会計処理に関して，特段，難しい点はない。すなわち，共同

事業および共同資産所有に伴って生じた資産，負債，収益および費用等のうち，各社が所有，受領または負担すべき分を，契約に従い，各社の個別財務諸表に計上すればよい。

一方，(3)は，共同事業参加企業とは別に，共同出資会社という別会社を設立しているため，各社の個別財務諸表上の処理の対象にはならず，当該共同出資会社を，各社の連結財務諸表において，いかに会計処理すべきか，ということが問題となってくる。IAS第31号は，(3)について，**比例連結**を標準処理とし，**持分法**を代替処理として認める立場をとる。比例連結を適用すると，共同出資会社の資産，負債，収益および費用を各出資割合に比例して連結することになる。一方，持分法を適用すると，資産および負債等は計上されないものの，比例連結を適用した場合と同様の情報を注記において表示する。

IAS第31号において，このような枠組みが示されたのは1990年のことであるが，その後，会計基準の国際的統合が進展していく過程で，上記のうち，とくに③に関して比例連結を標準処理としている点が批判の対象となっている。たとえば，出資割合にかかわらず，各社が債務保証を付していることがあり，そのような場合，出資割合に比例して負債を連結する方法は実態に即しておらず，ミスリーディングであると指摘されている。

IASBは当該問題を含めて検討を重ね，2007年，公開草案第9号「**共同事業契約**（Joint Arrangements）」を公表した。本公開草案の主眼は2つである。

第1は，概念構成を再編成した点である。すなわち共同事業全般を，共同事業契約という上位概念で括り，前述の(1)〜(3)を，各々，(1)共同事業，(2)共同資産，(3) JV と呼び直しているのである。共同事業契約の要件は，当事者による**意思決定権の共有**が確保されていることであり，契約書によっていなくとも，会議録等で実質的に裏づけがとれればよい。

第2は，上記(3)について，比例連結の適用を取り止め，資産，負債，収益および費用に対する権利・義務関係が特定できる場合には，各社の個別財務諸表に計上することとし，一方，かかる特定が不可能であり，当事者間で権利・義務を共有しているにすぎない場合には，各社の連結財務諸表上，持分法を適用するとのあり方を示している。

ただし公開草案に対しては反対意見も寄せられており，最終基準が本提案どおりに決着するかどうかは不明である。今後の展開が注目される。　（TN）

22 セグメント情報

【関連する用語】
●マネジメント・アプローチ ●量的基準 ●報告セグメント
●セグメント情報の開示項目 ●関連情報の開示

　セグメント情報は，企業経営の多角化，国際化等の進展を背景に，連結財務諸表の注記事項として開示が義務づけられてきた。しかしながら，現行制度においては，セグメントの区分が不十分など適切な情報開示となっていないなどの意見によって，今般，セグメント情報の開示のさらなる充実を図るために，見直しが行われた結果，「セグメント情報等の開示に関する会計基準」および「同・適用指針」(2008年3月21日　企業会計基準委員会，以下「新会計基準等」という。)が公表され，2010年4月1日以後開始する連結会計年度および事業年度から適用されることになった。なお，早期適用も可能である。

　新会計基準等では基本原則が設けられ，セグメント情報の開示は，財務諸表の利用者が企業の過去の業績を理解し，将来のキャッシュ・フローの予測を適切に評価できるように，企業の様々な事業活動の内容およびこれを行う経営環境に関して適切な情報を提供するものでなければならないとしている。

　また，新会計基準等では，**マネジメント・アプローチ**という新しい考え方が導入されている。マネジメント・アプローチでは，セグメントの区分方法あるいは測定方法が特定の方法に限定されておらず，経営者の意思決定や業績評価に使用されている情報に基づく1組のセグメント情報を開示することを求めている。この方法は，財務諸表利用者が経営者の視点で企業を見ることによって，経営者の行動を予測することがある程度可能になる等の利点があるが，一方，従来に比べ，同業他社間や同一企業の年度間の比較が困難になる等の指摘も見受けられる。

　新会計基準等では，まず，「事業セグメント」を識別する。事業セグメントとは，企業の構成単位で，(1)収益の稼得や費用の発生を伴う事業活動に関わり，(2)企業の最高意思決定機関が，その構成単位に配分すべき資源の意思

決定を行い，また，その業績を評価するため，その経営成績を定期的に検討し，さらに(3)構成単位ごとに分離された財務情報を入手できるものをいう。

　識別された複数の事業セグメントは，「集約基準」によって１つの事業セグメントに集約することができる。「集約基準」には３つの要件があり，(1)集約することが前述の基本原則と整合し，(2)経済的特徴が類似しており，(3)製品，サービスの内容や製造方法などすべての要素が類似していることである。「集約基準」を満たさない事業セグメントについては，次に，**量的基準**に照らして，これを満たす場合には**報告セグメント**として開示することになる。

　「量的基準」は，(1)売上高（事業セグメント間の内部売上高または振替高を含む。），(2)利益または損失の絶対値の額，および(3)資産の３つの基準に照らして，これらのうちいずれかが，それぞれの合計額の10％以上に該当すれば，報告セグメントとして開示することになる。なお，報告セグメントの外部顧客への売上高の合計額が連結（または個別）損益計算書の売上高の75％未満である場合には，75％以上が報告セグメントに含まれるまで，報告セグメントとする事業セグメントを追加しなければならない。

　セグメント情報の開示項目としては，(1)報告セグメントの概要，(2)報告セグメントの利益（または損失），資産，負債およびその他の重要な項目の額ならびにその測定方法に関する事項，および(3)開示項目の合計額と財務諸表計上額との間の差異調整に関する事項がある。(1)については，報告セグメントの決定方法や製品およびサービスの種類を開示する。(2)の測定方法については，報告セグメント間の取引価格や振替価格の決定方法，会計処理方法の違いによる差異調整の内容等を開示する。なお，(3)については，重要な調整事項がある場合には，当該事項を個別に記載しなければならない。

　セグメント情報の**関連情報の開示**として，(1)製品およびサービスに関する情報，(2)地域に関する情報，ならびに(3)主要な顧客に関する情報を開示する。(1)については，製品またはサービス，製造方法，販売市場等の類似性に基づいて同種・同系列のグループごとに外部顧客への売上高を開示する。それが困難な場合には，その旨およびその理由を開示する。(2)の地域については，外部顧客への売上高を国内と海外に分類して開示する。また，有形固定資産の額についても，国内の所在と海外の所在に分けて開示する。(3)の主要な顧客については，その旨，名称，売上高，関連する主な報告セグメント等を開示する。

(HK)

23 関連当事者の開示

【関連する用語】
●関連当事者との取引　●関連当事者の存在　●注記
●関連当事者の範囲　●関連当事者の判定

　関連当事者の開示とは，(1)**関連当事者との取引**および(2)**関連当事者の存在**，という2つの項目を，財務諸表の**注記**において開示する，というものである。

　関連当事者とは，自社が支配していたり，自社が重要な影響力を有している者，逆に自社を支配していたり，自社に対して重要な影響力を有している者のことであり，一言でいえば，自社と密接不可分な関係にある企業や個人のことを指している。したがって，**関連当事者の範囲**には，(1)主要株主，(2)役員，(3)子会社（自社が支配下に置く会社），(4)関連会社（自社が重要な影響力を有している会社），および(5)親会社（自社を支配下に置く会社）等が含まれる。

　関連当事者の判定に際しては，形式的基準に従い機械的に判定するのではなく，実質的に判定すべきことが要請されている。たとえば，役員の職位に就いていなくとも，創業者一族が歴然たる影響力を有しているとき，役員に準ずると実質的に判断し，関連当事者の範囲に含めるのである。

　関連当事者の開示を行うべき理由は，関連当事者との取引が通常の独立第三者間取引とは異なる条件に基づいていたり，あるいは，関連当事者の存在自体が自社の業績および財務状況に影響を及ぼす可能性があるためである。

　たとえば，特定の役員に対して，自社製品を著しい低価格で大量販売しているとすれば，売上高が，一定程度，利益率の低い取引によって占められることとなり，業績に悪影響を及ぼすことになる。また，特定の役員に対して，多額の貸付を行っているとすれば，株主および債権者から調達してきた資金を，本来の事業活動のために用いていないということになる。

　一方，グループ経営が進展する今日，自社を支配下に置く親会社が財務的困難に陥れば，資金を吸い上げられるなど，親会社という存在自体が，自社に影響を及ぼす。また関連会社の業績は，持分法損益を通じて連結純利益に

反映されるため,関連会社もまた自社の業績に直結する存在である。

これらの関連当事者との取引および関連当事者の存在は,投資家にとって,把握しておくべき重要な項目であるが,財務諸表本体からはほとんど把握できないことから,注記において,別途,切り分けて開示するのである。

開示項目については次のとおりである。

まず,関連当事者との取引に関しては,金額的に重要な取引のみを開示対象とする。その上で,各関連当事者別に,(1)関連当事者の概要,(2)会社と関連当事者との関係,(3)取引内容,(4)取引種類ごとの取引金額,(5)取引条件およびその決定方針ならびに(6)取引により発生した債権債務の期末残高等を開示する。

一方,関連当事者の存在に関しては,親会社または重要な関連会社が存在する場合に,(1)親会社の名称等,ならびに,(2)関連会社の名称および要約財務情報を開示する。上述のとおり,重要な関連会社に関しては,持分法損益を通じて連結純損益に影響を及ぼすことから,貸借対照表および損益計算書等の要約財務情報の開示を要求している。

なお,連結財務諸表作成企業の場合,連結財務諸表の注記において開示すればよく,親会社個別財務諸表における開示を行う必要はない。

以上の日本の開示規定は,企業会計基準第11号「関連当事者の開示に関する会計基準」および同適用指針第13号「関連当事者の開示に関する会計基準の適用指針」(2006年公表)によるものであり,2008年4月1日以後に開始する事業年度より適用されている。同基準および適用指針は,国際的統合を念頭に置いて策定されたものであり,国際的水準から見ても遜色のないものになっている。

歴史的に見ると,日本では,必ずしも十分な開示が行われてきたとはいえず,少しずつ制度の充実が図られてきたといえる。当初,関連当事者の開示が問題視されたのは1990年の日米構造協議であり,同協議では,日本の商取引慣行が閉鎖的であるという点が批判の対象となり,その打開策の一環として,関連当事者の開示の拡充が実施されたのである。その後,財務諸表の注記として位置づけ,監査対象とするなどの施策が講じられ,最終的に,2006年,上記の基準および適用指針が規定されるに至っている。

同基準および適用指針の下,有用な情報が提供されることが期待されている。

(TN)

24 リース会計

【関連する用語】
●ファイナンス・リース取引　●オペレーティング・リース取引
●リース料総額　●利息相当額
●ファイナンス・リース取引とオペレーティング・リース取引の区分の撤廃

　リース取引とは、特定の物件の所有者たる貸手（レッサー）が、当該物件の借手（レッシー）に対し、合意された期間（リース期間）にわたりこれを使用収益する権利を与え、借手は、合意された使用料（リース料）を貸手に支払う取引をいう。リース取引は、ファイナンス・リース取引とオペレーティング・リース取引の2つに分類される。

　ファイナンス・リース取引とは、ノン・キャンセラブル（リース契約に基づくリース期間の中途において当該契約を解除することができないリース取引またはこれに準ずるリース取引）およびフルペイアウト（借手が、当該契約に基づき使用する物件（リース物件）からもたらされる経済的利益を実質的に享受することができ、かつ、当該リース物件の使用に伴って生じるコストを実質的に負担することとなるリース取引）の2要件をいずれも満たす取引をいう。

　オペレーティング・リース取引とは、ファイナンス・リース取引以外のリース取引をいう。

　ファイナンス・リース取引には、リース契約の諸条件に照らしてリース物件の所有権が借手に移転すると認められるもの（所有権移転ファイナンス・リース取引）以外の取引（所有権移転外ファイナンス・リース取引）もあり、購入取引と法形式は異なるものの、実質的に解約不能であり、当該物件から経済的利益を享受できるなど経済的実質は異ならない。そこで、ファイナンス・リース取引については、実質優先思考に立って、通常の売買取引に係る方法に準じて会計処理が行われる。従来、わが国では、所有権移転外ファイナンス・リース取引に関して、一定の注記を条件として、通常の賃貸借取引に係る方法に準じた会計処理を行う例外処理が認められていたが、企業会計

基準第13号「リース取引に関する会計基準」により当該処理は廃止された。

借手は，リース取引開始日に，通常の売買取引に係る方法に準じた会計処理により，リース物件とこれに係る債務をリース資産およびリース債務として計上する。リース取引開始日におけるリース資産とリース債務の計上額は，**リース料総額**の現在価値と貸手の購入価額等（貸手の購入価額等が明らかでない場合は借手の見積現金購入価額）とのいずれか低い額からこれらに含まれている**利息相当額**の合理的な見積額を控除する方法による。当該利息相当額の総額は，リース期間にわたり利息法により配分するが，所有権移転外ファイナンス・リース取引については，リース資産総額に重要性が乏しいと認められる場合は，次のいずれかの方法を採用することができる。

(1) リース料総額から利息相当額の合理的な見積額を控除しない方法。この場合，リース資産およびリース債務は，リース料総額で計上され，支払利息は計上されず，減価償却費のみが計上される。

(2) 利息相当額の総額をリース期間にわたり定額法で配分する方法

所有権移転ファイナンス・リース取引に係るリース資産の減価償却費は，自己所有の固定資産に適用する減価償却方法と同一の方法により算定する。この場合の耐用年数は，経済的使用可能予測期間とする。また，所有権移転外ファイナンス・リース取引に係るリース資産の減価償却費は，原則として，リース期間を耐用年数とし，残存価額をゼロとして算定する。償却方法については自己所有の固定資産に適用する減価償却方法と同一である必要はなく，企業の実態に応じたものを選択する。

オペレーティング・リース取引については，通常の賃貸借取引に係る方法に準じて会計処理が行われる。

また，所有権移転外ファイナンス・リース取引についても，リース契約1件当たりのリース料総額が300万円以下のリース取引など少額のリース資産や，リース期間が1年以内のリース取引については，簡便的に，オペレーティング・リース取引の会計処理に準じて，通常の賃貸借取引に係る方法に準じた会計処理を行うことができる。

リースは，IASBとFASBのMOU項目の1つでもあり，**ファイナンス・リース取引とオペレーティング・リース取引の区分の撤廃**と，同一のアプローチをすべてのリース取引に適用することなどが検討されている。　　　(THt)

25 四半期報告

【関連する用語】
●四半期財務諸表の範囲　●期首からの累計会計期間の情報
●四半期株主資本等変動計算書の取扱い　●四半期会計期間の情報
●四半期特有の会計処理

　上場会社等については，事業年度が3カ月を超える場合に，3カ月ごとに区分した各会計期間（事業年度が1年の場合には最後の3カ月を除く。）について，公認会計士または監査法人のレビュー手続を経たうえで，各期間終了後45日以内に四半期報告書（四半期財務諸表を含んだ報告書）の提出が義務づけられている。四半期財務諸表は，原則として，四半期連結財務諸表による開示のみが求められ，**四半期財務諸表の範囲**は，四半期貸借対照表，四半期損益計算書および四半期キャッシュ・フロー計算書が含まれる。四半期連結財務諸表を作成するに当たり，子会社の四半期決算日が四半期連結決算日と異なる場合，その差異が3カ月を超えないときは，子会社の四半期決算を基礎として四半期連結決算を行うことができる。なお，銀行等の特定事業会社の第2四半期報告書については，四半期連結財務諸表の記載に代えて，中間連結財務諸表と中間個別財務諸表等の記載が必要であり，第2四半期会計期間終了後60日以内に提出する。

　四半期財務諸表の性格については，「予測主義」と「実績主義」の2つの考え方がある。わが国の四半期財務諸表は，四半期会計期間を年度と並ぶ1会計期間とみたうえで，原則として年度の財務諸表と同じ会計処理等を適用して作成する「実績主義」の考え方に基づいている。

　四半期財務諸表の開示対象期間は，貸借対照表については，四半期会計期間末日の四半期貸借対照表に加え，前年度末日の要約貸借対照表を開示する。

　四半期損益計算書については，四半期会計期間および期首からの累計会計期間の四半期損益計算書と，前年度におけるそれぞれに対応する期間の四半期損益計算書を開示する。

　キャッシュ・フロー計算書については，四半期キャッシュ・フロー計算書と，前年度における対応する期間の四半期キャッシュ・フロー計算書を開示

するが，これらは**期首からの累計会計期間の情報**のみを開示する。

なお，**四半期株主資本等変動計算書の取扱い**については，開示は特に要請されておらず，株主資本の金額に前年度末と著しい変動があった場合に，主な変動事由を注記することになっている。

四半期報告書を提出した会社は，その有価証券届出書および有価証券報告書の「経理の状況」の「その他」において，第1四半期から第4四半期までの各四半期会計期間に係る売上高，四半期純利益などの**四半期会計期間の情報**を記載しなければならない。

四半期財務諸表の作成に当たっては，簡便的ないくつかの会計処理が認められている。簡便的な会計処理とは，例えば，(1)一般債権の貸倒見積高の算定方法，(2)棚卸資産の収益低下による簿価切下げ，(3)原価差異の配賦方法，(4)合理的な予算に基づく減価償却費の算定，(5)経過勘定項目の処理，(6)税金費用の計算および繰延税金資産の回収可能性の判断，(7)持分プーリング法を適用した企業結合の処理，(8)連結会社相互間の取引の相殺消去などである。

また，年度の財務諸表の作成とは異なる，次に掲げる**四半期特有の会計処理**が認められている。(1)原価差異が操業度等の季節的な変動に起因して発生したものであり，かつ，原価計算期末までにほぼ解消が見込まれるときは，継続適用を条件として，当該原価差異を流動資産または流動負債として繰り延べることができる。(2)親会社および連結子会社の法人税等は，四半期会計期間を含む年度の法人税等の計算に適用される税率に基づき年度決算と同様の方法により計算し，繰延税金資産および繰延税金負債については，回収可能性等を検討した上で，四半期貸借対照表に計上する。ただし，税金費用については，四半期会計期間を含む年度の税引前当期純利益に対する税効果会計適用後の実効税率を合理的に見積り，税引前四半期純利益に当該見積実効税率を乗じて計算することができる。この場合には，四半期貸借対照表計上額は未払法人税など適当な科目により流動負債または流動資産として表示し，前期末の繰延税金資産および繰延税金負債については，回収可能性等を検討した上で，四半期貸借対照表に計上する。

(HK)

26 会計基準の国際的コンバージェンス

【関連する用語】
●国際会計基準審議会（IASB）　●ノーウォーク合意　● MOU
●差異調整表の撤廃　●同等性評価

　会計基準の国際的コンバージェンスとは，各国の会計基準が国際的に1つの会計基準に収れんしていくことを意味するが，2001年以降は，各国の会計基準が，IASB が作成する IFRS に収れんしていくプロセスを指して用いられることが多い。IFRS とのコンバージェンスは多様な意味で使われているが，広義および狭義の用法に整理できる。狭義には，自国の会計基準を保持しながら，自国基準と IFRS との差異を縮小することによって IFRS と同様な内容の会計基準を採用するという意味で用いられる。狭義のコンバージェンスに対峙するものとし，アドプション（採用）がある。アドプションには，(1)自国基準を廃止し，これに代えて，IFRS そのものを自国基準として取り入れる方法，または，(2)自国基準を廃止しなくとも，例えば，自国の上場企業にのみ IFRS の適用を強制する場合など対象を限定して IFRS の適用を強制する方法がある。広義に用いられる時には，コンバージェンスは，狭義のコンバージェンスとアドプションを包含した意味で用いられることが多い。投資家が比較可能な財務諸表を作成するには，IASB が作成する IFRS をそのまま用いることがより適切と考えられており，近年，IASB は，アドプションを推奨している。2008年8月現在110か国を超える国が何らかの形で IFRS の採用を認めているといわれているが，狭義のコンバージェンスの方針を明確に採用している主要経済国には，米国，日本および中国がある。

　IASB が活動を開始した2001年当時，IASB は，狭義のコンバージェンスを容認ないし推進しており，各国の会計基準が IFRS と同じ内容となるよう，各国会計基準設定主体との協力関係を構築することを目標としていた。その中心は，米国会計基準であり，IASB は，米国会計基準と IFRS とのコンバージェンスを軸として国際的な会計基準のコンバージェンスを達成することを目指していた。そのため，FASB との間で，会計基準の解釈を含めて，両

者の会計基準を同質化するための努力を共同して行うという包括的合意に達し，これを2002年10月に**ノーウォーク合意**として公表した。

その後も両者のコンバージェンス達成のための努力は続き，2006年2月には，2007年末までに両者の会計基準のコンバージェンスを図るための具体的な対象基準および達成目標を明示した覚書（これを **MOU**（Memorandum of Understanding）という）が公表された。MOU は，米国の SEC が，SEC に登録する外国企業の財務諸表が IFRS に基づいている場合には，米国会計基準に基づいて財務諸表を作成した結果との差異調整表の作成を求めないこととする用意があると表明したことを受けて，これを実現するために，米国会計基準と IFRS とのよりいっそうのコンバージェンスの達成および IFRS 自体の質の向上を目指して始められたものである（ノーウォーク合意をより具体化させたものといえる）。その後，SEC は，MOU の順調な進展を評価し，2007年11月に，外国企業が IFRS を採用した財務諸表を用いている場合には，米国市場での資金調達に際して要求される**差異調整表の撤廃**を決定した。さらに，2008年11月には，SEC は，米国の上場企業に対して，米国会計基準に代えて，2014年から2016年にかけて段階的に IFRS を強制適用（アドプション）することを主な内容とする提案を公表し，意見を求めている。

日本では，ASBJ が，2005年からコンバージェンスへ向けた努力を続けている。1つは，CESR による日本基準と IFRS との**同等性評価**に対応するもので，日本基準と IFRS との主要な差異が2008年末までに解消された。2008年12月には，日本基準が IFRS と同等と評価され，日本基準の財務諸表を欧州の資本市場で引き続き用いることができることとなった。もう1つは，2007年8月に IASB と ASBJ との間で合意された東京合意で，同等性評価対象項目を含め，原則として，2011年6月までに，日本基準と IFRS との間の主要な差異を解消するというものである。東京合意では，日本基準を堅持しながら，IFRS との主要な差異の解消を図るという狭義のコンバージェンスの考え方が採用されている。なお，2009年2月には，わが国の IFRS のアドプションへ向けたロードマップ案が盛られた「我が国における国際会計基準の取扱いについて（中間報告）（案）」が公開草案として公表されている（コメント期限4月6日）。 (TY)

27 XBRL

【関連する用語】
● XBRL ●インスタンス文書 ●タクソノミ文書
● EDINET ● IDEA ● EDGAR

　XBRL は財務情報の開示を標準化するために開発された XML ベースのコンピュータ言語である。XBRL は財務情報の次世代標準言語と呼ばれている。XBRL は，財務データが記述された**インスタンス文書**と，勘定科目の名称や属性，各勘定科目の表示順や計算方法などを定義する**タクソノミ文書**から構成されており，この両者が有機的に結びつくことで財務情報が表示される仕組みとなっている。また，XBRL は使用するソフトウェアやシステム環境に依らずに利用することが可能なオープンスタンダードな言語である。

　ちなみに，各国の会計基準が統一化されていない現状では，各国基準によって勘定科目の概念などに違いがあるため，基準ごとに XBRL 仕様書が作成され，各々の仕様（基準）に準拠したタクソノミが個別に世界中で開発されている。グローバルな財務情報が，統一された仕様による XBRL で開示されるためには，XBRL の仕様の元となる各国の会計基準の統一が必須である。世界中で統一したタクソノミによる財務情報開示が可能となれば，結果財務情報の比較可能性や検証可能性は格段に高まることとなる。なお，わが国の **EDINET**（金融商品取引法に基づく有価証券報告書等の開示書類に関する電子開示システム）開示用には，金融庁が提供する EDINET タクソノミ（財務諸表等規則準拠）を利用することが義務づけられており，提出者側でタクソノミを独自に拡張することは許可されていない。つまりわが国では EDINET タクソノミを全ての企業が利用することにより財務情報の開示様式の標準化が図られている。ただし，現状では業種別にタクソノミが分かれているため，他業種のタクソノミでは対応できないことは注意を要する。これに対し，米国 **IDEA**（旧 **EDGAR**）開示用のタクソノミについては，SEC が提出者側でのタクソノミ拡張を許容していることもあり，結果開示された XBRL 形式の財務情報にエラーが発生する事例が報告されている。

ちなみに金融庁は，2008年4月1日以降に開始する事業年度から，約5,000の全上場企業および約3,000のファンドに対し財務情報を EDINET 上に開示する際には財務諸表部分を XBRL 形式により提出することを義務づけている。また SEC では，米国の一般に認められた会計原則（US GAAP）を採用し，全世界で総額50億ドル以上の浮動株をもつ大企業については，2009年6月15日以降に終了する会計期間に係る報告書から，その他すべての株式公開企業についても2011年6月15日以降に終了する会計期間に係る報告書からXBRL 形式による開示の義務化を確定している。なお IDEA では，基本財務諸表に加え注記についても XBRL 形式で開示することを求めており，多くの情報が集約されたデータベースが XBRL 形式で公開されることとなる。

ちなみに，一般投資家や利害関係者への情報開示を目的とする XBRL 形式の財務情報に対し，企業内で流通する財務情報の利用を促進するため自由に拡張が可能なタクソノミに XBRL GL（GL はかつて General Ledger と呼ばれていたが，現在では Global Ledger と呼ばれている）がある。多国間にまたがるグローバル企業では，企業グループ内部で異なるシステムや異なるアプリケーションによるデータ処理が行われてきた慣習から，連結財務諸表作成のための財務情報の集約には多大な労力が費やされてきた。しかし，世界中の本支店において統一した XBRL GL タクソノミを利用することにより，異なるシステムやアプリケーション上で作成された情報であってもデータ交換が容易となるため，瞬時に本支店間のデータを集約し月次試算表や連結計算書などを作成することが可能となる。

また，XBRL の導入の利点として情報利用者が財務データを容易に分析することが可能となる点があげられる。インスタンス文書内に記述される各数値データにはタグ（名札）が付されており，このタグが各数値の勘定科目名や数値の単位を表している。よって情報利用者は，タグを指定することにより特定の勘定科目だけを抜き出すことができることから，これまでのように財務諸表全体をダウンロードしてから必要なデータを抜き出すという作業は不要となる。 (YS)

28 中小企業の会計基準

【関連する用語】
● NPAE ● SME 会計基準 ● 認識と測定 ● 簡略化
● 中小企業の会計に関する指針 ● 簡素化

完全版の IFRS はすべての企業に適合するか—— IASB が中小企業（中小規模企業）向けの特別な会計基準ないし財務報告基準を別途開発すべきかが問われてきた。

IASB による中小企業の会計基準の開発プロジェクトのなかで，その適用対象である中小企業に対する名称は，これまで2度にわたって改称されている。当初はその適用対象に **NPAE**（財務諸表を当該企業の事業に直接参加しない株主，現在および将来の債権者および信用格付機関などの外部利用者に提供している比較的規模の小さい中小企業者）という用語を用いていたが，そのプロジェクトの展開にあたり，広く知れ渡ったSME という用語が用いられ，2008年6月のIASB 第80回会議では，それが「プライベート企業（Private Entities）」に改められた。従来のSME という用語が，中小企業の会計基準の開発で対象としている企業群を必ずしも適切に示していないというのが理由である。プロジェクトの名称も **SME 会計基準**から「プライベート企業のための国際財務報告基準（IFRS for Private Entities）」に改称されている。

NPAE 会計基準の開発の試み以降，**認識と測定**についてはIFRS よりも**簡略化**された取扱いを容認する方向で一貫して検討された。認識と測定の簡略化にあたっては，簡素化を図る会計処理の対象が問われる。例えば，繰延税金資産の認識（IAS 第2号），リース（IAS 第17号），給付建年金およびその他の退職後給付の負債（IAS 第19号），金融商品：公正価値測定（IAS 第39号）および再測定の頻度（IAS 第40号）などがその対象である。

論点，予備的見解および質問をまとめた討議資料「中小規模企業の会計基準に対する予備的見解」（2004年6月）とそれに対するコメントの検討などを踏まえて，2007年2月にSME 会計基準の公開草案が公表された。公開草

案に寄せられたコメント分析をもとに，暫定合意に達したのは，(1)SME基準を独立した基準とすること，(2)IFRS本体で認められている選択肢のすべて，またはほとんどを原則としてSMEにも適用すること，(3)名称を「プライベート企業のためのIFRS」とすること，(4)公正価値の利用に過度な費用と努力なしという条件は設けないこと，および(5)SME基準の解釈指針は作成しないことなどを含む10項目に及ぶ。

日本の中小企業の会計基準には，中小企業庁の『中小企業の会計に関する研究会報告書』（2002年6月），日本税理士会連合会の「中小会社会計基準」（2002年12月）および日本公認会計士協会の「中小会社の会計のあり方に関する研究報告」（2003年6月）が混在していた。また，会社法によって導入された会計参与が拠るべき会計処理の指針を統一的に策定する必要性も高まった。このような問題に対応すべく，日本税理士会連合会，日本公認会計士協会，日本商工会議所およびASBJが主体となって「『中小企業の会計』の統合に向けた検討委員会」を設置し，(1)中小企業が計算書類を作成するに当たり拠ることが望ましい会計処理や注記等，(2)会計参与設置会社が計算書類を作成するに当たり拠ることが適当な会計処理を示すことを目的として策定・公表したのが，**中小企業の会計に関する指針**（2005年8月）である。

この指針の作成にあたっては，企業規模に関係なく，取引の経済実態をもとに共通の会計処理が一律に適用されるべきであるとの基本方針が貫かれている。しかし，「コスト・ベネフィット」の観点から，会計処理の**簡素化**や法人税法で規定する処理の適用を例外的に認めている。

この指針は，会社法，会社法施行規則や会社計算規則の制定に伴い改正されている。「中小企業の会計に関する指針」は，公認会計士または監査法人の監査を受けるために会計基準に基づいて計算書類（財務諸表）を作成する株式会社以外の株式会社が適用対象であり，加えて特例有限会社，合名会社，合資会社または合同会社にもその適用が推奨されている。 (TS)

29 事業報告の向上(EBR)

【関連する用語】
●ジェンキンズ報告書　●包括的事業報告モデル
●事業報告の向上に関する特別委員会　● EBR コンソーシアム
● XBRL

　1990年代に，米国における事業報告を巡る議論の嚆矢となったものが，**ジェンキンズ報告書**（1994）である。本報告書は，米国が金融経済不況から立ち直りつつある時期に，企業の外部報告のプロセスを根本から見直し，将来の事業報告は如何にあるべきかの画期的なビジョンを提示したものである。そこでは，企業の外部報告書の利用者である株主や債権者を企業情報の顧客とみなし，顧客満足を最大化するという視点から，利用者の情報要求が現状の財務報告によってどの程度満たされているかを実証的に分析し，さらに，情報要求の特定化を含めた意思決定態様の調査分析を行うことで，企業が提供すべき情報内容を規定するアプローチがとられた。

　ジェンキンズ報告書は，そのような作業を経て，企業が情報利用者に提供する情報の拡充化のために，(1)未来化の視点，(2)非財務情報重視の視点，(3)内部管理情報の外部化の視点という3つの方向性を勧告した。さらに，この観点に基づいて，**包括的事業報告モデル**という外部報告のプロトタイプが提案されている。そこでは，コア概念に基づいた表示様式の財務諸表が提案されており，企業のビジネス・トレンドを読みとることができるような工夫がなされている。また，ジェンキンズ報告書は，事業報告に対する監査人の関与に関する勧告も行っており，このビジョンが AICPA・保証業務特別委員会（通称，エリオット委員会）へと引き継がれ，1997年にその成果が公表されている。

　その後，21世紀に入ってエンロン，ワールドコムなどの企業不祥事が発生したことなどを背景に，ディスクロージャーのあり方を見直す機運が高まり，2002年12月に AICPA 理事会により**事業報告の向上に関する特別委員会**が設置された。当該委員会は，意思決定において利用される企業情報の特性と透明性を改善することに目的があり，その手段として EBR という外部報告モ

デルを提案した。その報告モデルにおける基本コンセプトは継続報告と継続監査である。

さらに，上記特別委員会は，EBR の実務での普及をにらんで，規制当局，基準設定機関，企業等が参加する **EBR コンソーシアム**を設立し，包括的事業報告モデルを提案している。EBR では，ミッション・ビジョン・価値に関連した会計処理が行われ，財務情報以外の非財務的測度を中心としたその他の情報が重視されている。EBR の特徴をまとめたものが下表である。

EBR の特徴

		歴史的財務諸表	EBR
①	開示頻度	定期的	オンデマンド
②	情報の時間的特性	歴史的	リアルタイム・将来
③	測定基準	コストベース	価値ベース
④	提供される情報の範囲	財務情報のみ	包括的
⑤	情報提供の様式	財務諸表	カスタムレポート
⑥	情報の対象	過去指向	将来指向

EBR の適時開示とデータの利用可能性を実現する技術が，**XBRL** である。XBRL は，企業がオンラインで，しかも世界中からアクセス可能な情報を提供することを可能にする技術である。これによって，提供される情報は種々のステークホルダー・グループの特別のニーズを満たすためにカスタマイズすることが可能となる。EBR のコンセプトに基づいた包括的事業報告モデルとして Lintun, KNZ A. G., GALILEO, eXchange という仮想企業の事業報告が例示されている。事業報告の向上に関する最新の情報は，EBR360（http://www.ebr360.org/）から入手することができる。　　（NU）

30 定性的情報

【関連する用語】
●定性的情報　●経営方針　●非財務情報　●MD&A
●リスク情報　●財政状態および経営成績

　かつては，企業を評価・分析する際には，財務数値などの定量的情報を用いることが一般的であった。しかし，近年のめまぐるしい制度会計の改正等により，財務数値などの数値情報のみから企業の実態を把握することに限界が生じている。

　AICPAの財務報告に関する特別委員会（Special Committee on Financial Reporting：Jenkins Committee）が1994年5月に公表した勧告の中で，事業報告書のモデルとして例示された内容に，**定性的情報**の開示を企業に求める内容が含まれている。具体的には，企業の過去の情報のみならず将来予測を可能とする情報として，それまで外部に開示することのなかった経営計画やオフバランス情報，不確実性や内在するリスクに関わる内容をも含む内部管理情報を文書で記載することを求めたものである。本勧告は，その後さまざまな方面に影響を与え，現在では定性的情報開示の重要性が認識されるに至っているが，公表当時からその内容が広く受け入れられていたわけではなく，SECやFASBにおいてその必要性や有用性について長年にわたる議論が繰り返された。なお，わが国における定性的情報の開示についても，本特別委員会の勧告が大きな影響を与えたものと考えられる。

　わが国では，東京証券取引所において1999年3月期決算発表から（中間決算については1999年9月期中間決算発表から），上場企業に対して「決算に関する情報」を開示する際の「決算短信」等の添付資料において「定性的情報」（上場会社の経営成績，**経営方針**および財政状態ならびに業績予想情報などについて上場会社自身の見解を記述した文書情報）の記載を求めることとなった。これは，財務諸表によって表示される数値情報だけでは読み取ることに限界のある企業の経営実態について，上場企業自らが企業の状態を分析し，その結果について文章情報として記載することを求めたものである。

このように上場企業自らが事業活動に対する経営方針や，将来の経営成績および財政状態に関する予測といった情報を提供することによって，投資家の合理的な投資判断を促すことが可能となることが期待されている。このような**非財務情報**の積極的な開示は，企業側と投資家もしくは投資家間の情報格差を是正するものとも考えられており，その内容は実態に応じて可能な限り具体的かつ平易に記述するとともに，上場企業が投資家の投資判断に有益と判断する事項は，積極的に適宜開示することが求められている。

また金融庁は，2003年4月1日以降開始する事業年度より，企業内容等の開示に関する内閣府令改正により有価証券報告書等の「企業情報」に，①事業等のリスク，②**MD&A**，③コーポレート・ガバナンスの状況の記載を求めている。これらのうちでも，とくに**リスク情報**やMD&Aの開示は，財務諸表記載の数値がもたらされた背景や企業のおかれている状況に関する説明を経営者自らが提供するものであり，投資家をはじめ企業を取り巻く利害関係者が，当該企業の将来における**財政状態および経営成績**の見通しを評価することができる重要な情報となる。このように，経営に重大な影響を与える要因，資本の源泉や資金流動性に関わる情報等を含む経営者が認識している企業に内在するリスクや不確実性について経営者自らが状況を分析し説明することにより，投資家は経営者の目を通して企業を見ることが可能となるといわれている。

なお，これらの情報は「提出会社の自主的な判断に基づき」できる限り幅広く，かつ具体的に記載することが求められている。また，2008年4月1日以降に開始する事業年度からは，金融商品取引法に基づく四半期報告制度が導入されたことに伴い，四半期会計期間（3カ月）に関する定性的情報の記載も求められることとなった。四半期報告書ではセグメント情報などの注記も多く求められており，また従来は特に規定のなかった継続企業の前提に関する注記は該当事項がない場合も省略は認められず必ず記載することとなるなど，四半期報告書は東京証券取引所が求める四半期財務・業績の概況に比べさらに非財務情報の充実が図られている。 (YS)

●監査編

　21世紀の監査は，2001年12月の米国のエンロン事件をもって世界が変わったといっても過言ではないであろう。エンロン事件とその後の多くの不正な財務報告問題の顕在化を契機として，米国では，投資家の保護と市場の信頼の向上を目途として，2002年7月にSOX法（企業改革法）が制定された。SOX法では，新たな監査基準設定主体として，また，監査人および監査業務等に対する厳格な監視機関であるPCAOBの創設をもたらしたのである。これは，1933年証券法および1934年証券取引所法の制定により成立した，米国における財務諸表監査制度成立以来，脈々と継がれてきた会計プロフェッションの自主規制の終焉を意味するものである。その結果，規制強化ともいえる公的規制の方向に大きく舵取りがなされたのである。つまり，監査制度の領域に関する限り，米国ではSOX法制定の前と後とでは，監査環境は一変したものと解するのが至当である。

　日本においても，国際対応を図るべく10年ぶりになされた2002年の監査基準の全面改訂，および，監査不祥事の払拭とSOX法への対応を図るべく37年ぶりに行われた2003年の公認会計士法の改正により，わが国監査制度は様相を一変することとなった。加えて，2005年のカネボウ事件等により，公認会計士および監査業界も大変革を迫られることとなったのである。

　今や，監査人は，市場の番人として，これまでに経験したことのない程に大きな役割と責任を担うことが期待されているように思われる。近年，日本においても，公認会計士または監査法人に対する金融庁の処分がなされてきていることは，そうした期待の裏返しであるともいえよう。一方，国際的には，国際会計士連盟（IFAC）が国際的な自主規制機関としての役割を担うべく，組織変更を行い，ISAやIAES等の設定を進めてきている。

　本編では，21世紀の新たな監査の役割を踏まえつつ，現在の監査規制や監査制度，さらには，国際的な監査の動向等を考慮して用語の抽出および説明を行っている。

1 職業倫理

【関連する用語】
●倫理規則　●国際会計士連盟（IFAC）の倫理規程
●フレームワーク・アプローチ　●CPE　●国際教育基準

　一般に，倫理とは，善悪に関する判断の規準として捉えられる。主に内面的な原理を扱う「道徳」に対して，倫理は行動規範としての意味を有している点で異なるものである。さらに，職業倫理という場合には，職業における行為についての判断規準を指すこととなる。したがって，会計プロフェッションにおける職業倫理といえば，会計士が，会計専門家としての業務を行うに当たって，従うべき行動規範を意味すると解される。会計プロフェッションは，資本市場を中心とした社会との契約関係にあり，公共の利益に資するべく，高度な職業倫理観を保持することが求められている。

　プロフェッションにおいては，職業倫理が自主規制の中心として位置づけられることが多い。法規等による公的規制に対して，職業倫理の対象は，主として個々人の心の持ち様や専門家としての判断の深層に関わる問題であって，そもそも公的規制には馴染まない領域である。その分，職業倫理の成否がプロフェッションの存立基盤を左右するものとなる。かつて，アメリカでは，会計プロフェッションの自主規制システムの成立要件の一つとして，「業務上の目標として，また，逸脱した業務を判定するための規範として役に立つ技術的基準及び倫理基準」を有することが挙げられていた。しかしながら，現在では，米国では，会計プロフェッションの倫理基準の設定権限は，エンロン事件の監査規制の見直しの中で，AICPAからPCAOBへと移されており，その意味では，米国の会計プロフェッションの自主規制は崩壊してしまったとも解されるのである。

　日本における会計プロフェッションの倫理規程は，日本公認会計士協会が任意団体であった1950年9月に，定款外規則第1号として「規律規則」を制定したことに始まる。その後，規律規則は数度の一部変更を重ねていたが，2000年7月に，自主規制の拡充を図るべく大改正が行われ，名称も「**倫理規**

則」と改められたのである。さらに，2006年12月に，**IFACの倫理規程**（code of ethics）とのコンバージェンスを図るべく，全面的な改正が行われている。これは，IFACが2004年4月に公表した「加盟団体が遵守すべき義務に関するステートメント4号」によって，IFAC加盟団体は，IFACの倫理規程を加盟団体の倫理規程として制定することが求められたことによるものである。したがって，現在の日本公認会計士協会の倫理規則は，IFACの倫理規程に準じるものとなっている。

現在のIFACの倫理規程および日本の倫理規則は，**フレームワーク・アプローチ**を採用している。すなわち，会計プロフェッションとして遵守すべき「基本原則」として，誠実性，公正性，専門能力，正当な注意，守秘義務，および職業的専門家としての行動の6つの原則を示し，その基本原則の遵守に「脅威」となる状況や関係を識別したうえで，そうした「脅威」を除去するかまたは許容可能な水準にまで軽減するための「適切な措置」（セーフガード）を例示しているのである。たとえば，新たな専門業務を受嘱するという状況においては，依頼人の違法行為への関与，不正，問題のある財務報告などにより，誠実性または職業的専門家としての行動の原則に対する脅威が生じる可能性がある。この場合に，倫理規則では，「依頼人，株主，経営者および企業統治と事業活動に責任を負う者に関する情報を収集し内容を確認すること」，あるいは，「依頼人から企業統治又は内部統制の改善に関する確約を取り付けること」といった適切な措置が例示されているのである。

こうした規定の仕方は，たんに規則を守ることを求めるのではなく，基本原則を遵守するために，脅威に対してどのように対処するかを個々の会計プロフェッションがそれぞれの状況に応じて検討し，適宜対応することを求めるものであり，包括的かつ現実的なアプローチであるといえるであろう。

日本公認会計士協会では，職業倫理の重要性に鑑みて，**CPE**において職業倫理に関する研修を必修化しており，公認会計士業務に従事する全会員に対して，年間4単位の取得を義務付けている。しかしながら，IFACの**国際教育基準**では，資格取得前の学生の時期から資格取得後のCPEの時期に至るまでの4つの段階を設けて，キャリアの段階に応じた職業倫理教育の実施を求めている。日本では，大学等における倫理教育の不足等もあって，今後，さらなる対応が必要となる事態予想されるところである。　　　　（YMd）

2 職業専門家としての懐疑心

【関連する用語】
●職業専門家としての懐疑心という用語の起源　●経営者の誠実性
●監査プロセスのすべての局面での懐疑心の保持
●正当な注意義務　●合理的な保証

『監査基準』は,「監査人は,職業的専門家としての正当な注意を払い,懐疑心を保持して監査を行わなければならない。」と規定している(第二 一般基準 3)。この規定は,2002年に行われた『監査基準』の改訂に際して,財務諸表の重要な虚偽の表示の原因となる不正を発見する姿勢を強調するために導入されたものである。

職業専門家としての懐疑心という用語の起源は,1970年代末の米国に遡る。相次いで発生した経営破綻の背後にあった,経営者の不正に対応するために監査の基準に導入されたものである。

当時,米国において,被監査企業における不正発見に対する監査人の役割に対して,監査人自身と財務諸表利用者との間に認識のズレがあることを示す,いわゆる「期待ギャップ」問題の存在が明らかになった。この問題を解消するために,監査人は,それまで自らの役割ではないと主張してきた不正の発見という問題への対応を迫られることになった。すなわち,監査人は,財務諸表の監査を実施するに際して,財務諸表に重要な虚偽の表示をもたらす不正が存在しないかどうかを考慮するよう求められることになったのである。

期待ギャップ問題が発生した背景には,財務諸表の監査が**経営者の誠実性**を前提として実施されていたということがある。経営者が重要な虚偽の表示を行っていることや内部統制を無視していることを示す明確な証拠がない限り,経営者は正直であると仮定することに合理性が認められていた。このため,監査を実施する過程で,監査人が経営者不正に起因する重要な虚偽の表示の存在を想定することはなかったのである。

もちろん,経営者が不誠実であると仮定することは,監査人がこれまで積み重ねて来た経験に反することになる。しかし,逆に,経営者が全く誠実で

あると仮定すべきでもない。経営者は，財務諸表に重要な虚偽の表示を行うことを部下に命令することができる立場にあり，実際に常に誠実に行動していたわけではなかった。このため，監査人は，経営者によって財務諸表に重要な虚偽の表示をもたらす不正が行われる可能性を考慮しながら，入手した監査証拠を客観的に評価することを要求されるようになったのである。

監査人は，監査計画の策定から，監査の実施，監査証拠の評価，意見の形成に至る**監査プロセスのすべての局面での懐疑心の保持**により，財務諸表に重要な虚偽の表示が存在する恐れに常に注意を払わなければならない。職業専門家としての懐疑心の保持は，監査証拠を鵜呑みにせず批判的に評価する姿勢，また，不正による重要な虚偽の表示が存在する可能性に常に配慮することを要求するものである。

職業専門家としての懐疑心を保持することは，監査の社会的役割からも当然のことである。したがって，懐疑心は，本来，監査人が監査を実施し，監査報告を行うに際して行使すべき注意の水準を示す，**正当な注意義務**に包摂されるものである。しかし，敢えて明示的に規定することによって，財務諸表の重要な虚偽の表示の原因となる不正を発見する姿勢が強調されているのである。

財務諸表の監査の目的は，経営者の作成した財務諸表が企業の経営内容を適正に表示しているかどうかについて意見を表明することにある。監査人は，財務諸表に重要な虚偽の表示が含まれていないということについて合理的な保証を得ることを求められている。監査人は，監査計画を策定し，監査手続を実施して監査証拠を入手することになるが，その際，経営者が不誠実だとも全く誠実だとも仮定せず，中立の立場を保持しなければならない。そのうえで，財務諸表に重要な虚偽の表示をもたらすような不正が行われていないかどうかを，監査人が自ら評価する必要がある。

こうして得られる保証は，確証的・絶対的な事実に裏づけられたものではない。それは，監査人が設定し実施した監査手続によって入手された監査証拠に基づく，説得的・合理的な保証に過ぎないのである。すなわち，職業専門家としての懐疑心を保持することによって，監査人は自ら十分な証拠の収集と評価を求められることとなり，これに照らした判断に基づいて意見表明の基礎となる**合理的な保証**を得なければならないのである。

(AK)

3 監査人の独立性

【関連する用語】
●実質的独立性　●外見的独立性　●第2項業務
●非監査業務の同時提供　●ローテーション

　企業の作成・公表する財務諸表は，企業外部の利害関係者による様々な意思決定（証券購入や与信等）や利害関係者間の利害調整に有用な情報を伝達するための手段として利用される。しかし，財務諸表に虚偽の記載や表示が含まれていると，利害関係者の意思決定を誤らせたり，公正な利害調整を損なうことになりかねない。そこで，財務諸表に対しては，企業外部の監査人による監査の実施が社会的に要請されることになる。ただ，監査を担当する監査人については，一定の人的要件を充足することが求められることに留意しなければならない。かかる要件が満たされなければ，財務諸表に一定の保証を付与するという監査の本来の役割は達成できなくなってしまう。こうした要件のうちもっとも重要なものが独立性である。独立性とは，すべての利害関係者との間に何らの特別な利害関係も有さないという状況，そしていかなる特定の人々の利害にも加担することなく，職業専門家としての公平な判断を行いうる状況をいう。

　一般に，この意味での独立性は，**実質的独立性**と**外見的独立性**とからなる。前者は監査人が様々な段階ないし局面において判断を行う際に要請される心の状態をさす。つまり，被監査会社やその他特定の利害関係者の意見や働きかけに惑わされることなく，職業専門家としての自己の信念にもとづいて，客観的かつ公平な判断を行うための心の状態をいう。他方，後者は，監査人に実質的独立性が欠けるという疑いや印象を利害関係者に与えないために，監査人自身が保持すべき外見上の独立性をいう。かかる意味での独立性が監査人に求められるのは，たとえ実質的独立性が保持され，職業会計人としての正当な注意が十分に行使されていたとしても，ひとたび利害関係者が監査人の外見上の独立性に疑念を抱いてしまえば，監査そのものが社会的に信頼されないおそれが生じるからである。公認会計士法や公認会計士法施行令等

は，監査人の外見的独立性を確保するために排除すべき監査人と被監査会社との間の特別な利害関係として，例えば，公認会計士と被監査会社との間の直接的利害関係（役員関係，使用人関係，株主関係，債権債務関係，経済的利害関係等）や公認会計士（またはその配偶者）と被監査会社との間に他の人（または会社）を介在させた間接的利害関係（経済的利益の供与関係，監査を受ける企業と関係会社との役員関係，使用人関係等）をあげている。

しかし，いかに独立性の保持を法令や基準で要請しても，実際には，様々な理由や状況により監査人が独立性を喪失し，結果として大きな社会問題を引き起こすといった事例が後を絶たない。例えば，米国におけるSOX法制定の契機となったエンロン事件にみられるように，監査人が被監査会社に対して監査業務と同時にコンサルタント業務や税務対策等の非監査業務を提供することにより多額の報酬を得ているような場合には，実質的に独立性を保持することは困難であるし，仮に保持していたとしても，外見上は両者の間に特別な利害関係の存在があるとの疑念を惹起することになろう。もちろん，わが国でも，報酬を得て会計帳簿の記帳代行や財務書類の調製に関する業務等の監査以外のサービスを提供することも認められているが（一般に**第2項業務**と呼ばれる），例えば，監査法人において同一の公認会計士が監査業務とコンサルティング業務のような**非監査業務の同時提供**するといったようなことは，独立性の観点から認められないことは当然である。

また，同一の監査人が長期にわたって同一の会社の監査を担当している場合には，次第に人的な結びつきが強まり，監査人の実質的独立性に影響を及ぼす可能性が高まるので，一定期間ごとに監査法人内で担当者を交代させるといった措置が必要になる。かかる措置を**ローテーション**と呼んでいるが，わが国では，大規模監査法人については，公認会計士法によって継続して5会計期間を超えて同一の企業の監査を担当することは禁じられている。なお，これらに関連して，公認会計士は，会社等に対して監査証明業務を行った会計期間の翌会計期間終了までの間は当該会社（連結子会社を含む）等の役員に就任することが禁じられている。これは，役員への就任を約束したり，役員の立場から以前の部下や同僚に圧力をかけることで，公正不偏な判断に悪影響を及ぼすことを回避するためである。

(TI)

監査編

4 公認会計士試験制度と会計専門職大学院

【関連する用語】
●公認会計士の独占的業務　●公認会計士試験
●会計専門職大学院制度　●会計専門職業人

　企業の作成した財務諸表の適正性について評価し，独立の立場から意見を表明するためには，監査人が会計専門家としての高度な知識と実務経験を身につけていることが何よりも必要である。それゆえ，わが国では，他の先進主要国と同様に，財務諸表に対する監査は，制度導入当初より，会計・監査の専門家である**公認会計士の独占的業務**とされてきた。

　ところで，公認会計士の資格については，わが国では金融庁が**公認会計士試験**という国家試験を実施して認定することになっているが，この試験制度は2003年に大改正された。かかる改正がなされた理由のひとつとして，公認会計士の業務の多様化と監査業務の高度化に対応して，専門家としての資質を落とすことなく公認会計士の数を増加させることがあげられる。現在，公認会計士試験は，企業法，管理会計論，監査論および財務会計論の4科目からなる短答式試験と，会計学（財務会計論・管理会計論），監査論，企業法および租税法を必須科目とし，経営学，経済学，民法および統計学のうちから1科目を選択科目とする論文式試験からなっている。このうち，短答式試験に関しては，定められた科目を修得した会計専門職大学院（アカウンティングスクール）修了者については，申請により管理会計論，監査論および財務会計論の3科目が免除されることとなっている（したがって，企業法のみを受験すればよい）。

　また，論文式試験に関しては，合格した科目については，申請により，その科目の試験を免除（2年間）することとなっている。短答式試験と論文式試験に合格した者は，業務補助等（2年間）と実務補修（日本公認会計士協会による修了考査を含む）を経て，公認会計士として登録され，監査業務を行うことができる。また，公認会計士の資格を有する者は，税理士法にもとづき，その申請により税理士登録することができ，したがって税理士として

の業務を行うこともできる。なお、他の先進主要国でも、公認会計士の資格を取得するためには、わが国同様、きわめて難易度の高い試験に合格する必要があるが、米国のように数多くの会計関連科目の単位取得を受験の前提にしている国もあることから、必然的に大学院修了が受験資格になりつつあるといえる。

ところで、公認会計士試験制度との関連で、わが国に**会計専門職大学院制度**が新たに創設されたことに留意する必要がある。もともと専門職大学院は、2002年の学校教育法の改正により、専門的な職業能力を有する人材の養成を目的として2003年4月に新設された大学院であるが、それはこれまでのような研究者養成を目的としたものではなく、企業活動のグローバル化や国際競争の激化の中で、高度な専門知識と優れた問題解決能力等を備えた専門職業人養成に特化した実践的な教育を行うことを目的としたものである。

会計専門職大学院は、こうした専門職大学院のひとつとして創設されたものであって、文字どおり、公認会計士など会計のプロを目指す人材を育成することを目的とした大学院であるが、かかる会計専門職大学院の設立が要請された社会的背景として、上述の企業活動のグローバル化や企業の資金調達の多様化、それに規制緩和を契機とした市場取引の拡大やITの進展といった状況があげられる。こうした状況の進展のもとで、公認会計士に対しては、例えば、国際的に統合されつつある会計基準や監査基準、急速に発展しつつあるITに関する技術を習得することはもとより、**会計専門職業人**としての倫理や社会的使命を身につけることが何よりも必要とされるようになったのである。

ところが、従来の大学や大学院教育においては、こうした人格面を含めた高度かつ実践的な会計専門職業人教育は困難であったし、いわんや資格取得を目的とした専門学校における受験対策のための教育では対応できないことは明らかである。そこで、専門職大学院のひとつとして会計専門職大学院が設立されることとなったのであり、かかる会計専門職大学院において一定のコースワークを満たした修了者に与えられる特権として、公認会計士試験の短答式試験の一部科目免除が認められていることはすでに述べたとおりである。

(TI)

5　監査人の責任

【関連する用語】
●民事責任　●刑事責任　●行政処分　●課徴金

　監査人たる公認会計士または監査法人が負う可能性のある法的責任の形態には，(1)依頼人である被監査会社および投資者等の第三者に対する損害賠償責任としての**民事責任**，(2)司法機関による法規違反者に対する刑事罰としての**刑事責任**，ならびに(3)監督官庁による制裁としての**行政処分**の3つに区分される。これら法的責任の根拠法は，基本法としての民法と刑法に加えて，会社（法）および金商法があり，法定監査に係わる公認会計士または監査法人を規制する法規として公認会計士法がある。

　監査人による法定監査でも他の業務の場合でも，依頼人と監査人の両当事者の義務と責任は基本的には監査契約や約款の規定に従うことになり，もし監査人がこの契約義務の履行を怠り，その結果，依頼人に損害が発生した場合，依頼人は契約違反（債務不履行）を訴因として，その損害を回復するために，監査人に対して損害賠償を請求することができる。この債務不履行の事実が法廷で認められた場合に，民事責任として損害賠償義務が監査人に課せられる。また同様に，有価証券報告書等に含まれる財務書類に対する監査証明において，当該書類に虚偽記載があるにもかかわらず，それを監査報告書上で指摘しなかった監査人は，当該記載に依拠して損害を蒙った投資者に対して，その損害を賠償する責任を負う。

　このうちの依頼人に対する損害賠償責任は，株主全員の同意がある場合や善意かつ重過失のない場合で株主総会の特別決議がある場合には，その一部が免除される。また監査契約の締結時に損害賠償の一部免除契約を締結し，それが会社の定款に記載されている場合にも，監査人の責任は一部免除される。この場合の免除契約は，定款規定の範囲内で会社が予め定めた金額と最低責任限度額（監査報酬の2年分）の何れか高い額が限度となる。

　刑事責任として，監査人たる公認会計士または監査法人が行った故意または相当注意義務を怠った虚偽の証明に関して，内閣総理大臣は，1年以内の

期間を定めて，当該監査人が関与する有価証券届出書または有価証券報告書の一部ないし全部を受理しないことができるとともに，そのうち特に故意の虚偽証明を行った監査人に対して，金商法に基づき10年以下の懲役もしくは1,000万円以下の罰金に処するか，あるいは併科する。また当該公認会計士が所属する監査法人に対しては，その監視義務を怠ったことにより両罰として7億円以下の罰金刑が科される。虚偽証明を行った公認会計士と監査法人の両者を刑事罰の対象とすることについては，行政処分によって対応すべきであり，それに加えて刑事罰を監査法人に科すことは当該監査法人の信用失墜や所属会計士の離散等のリスクがあるという批判はあったものの，監査法人内部の品質管理の徹底によって非違行為を抑止するという目的で導入されている。さらに会社法上，会計監査人が監査報告に虚偽の記載を行った場合には，その故意・過失にかかわりなく100万円以下の過料に処せられる。

公認会計士法は，会計および監査の職業的専門家として業を営む公認会計士の行為を規制し，会計士が守るべき義務を規定するとともに，義務違反に対する行政機関（内閣総理大臣）による懲戒処分を行政処分として規定している。懲戒処分の形態には，(1)戒告，(2)2年以内の業務の停止，(3)登録の抹消が規定されており，処分をすることができる者は内閣総理大臣とされる。実際の虚偽の監査証明に対する処分には，虚偽証明が故意である場合の2年以内の業務停止または登録の抹消，および相当な注意を怠った場合の戒告または2年以内の業務停止がある。また監査法人については，当該虚偽証明に係る業務を執行した社員に対する戒告または2年以内の業務停止となる。さらに，虚偽証明を行った公認会計士または監査法人に対しては，当該証明が故意であった場合には監査報酬相当額の1.5倍，相当注意義務違反の場合には監査報酬相当額の**課徴金**納付が命じられる。

このような課徴金制度が導入された背景には，従来の会社法監査において，行政処分として業務停止処分を受け，その期間を経過していない社員がいる監査法人については，それが会計監査人としての欠格事由に相当したことや，監査法人に対する行政処分に，戒告，1年以内の業務停止，あるいは設立許可の取り消ししかなかったため，監査法人に対する内閣総理大臣の処分が適時に行われなかったという問題があった。

(YMo)

6 監査法人の特質と有限責任組合形態

【関連する用語】
●株式会社　●指定社員制度　●指定証明　●有限責任監査法人
●LLP　●LLC

　監査法人制度は，山陽特殊製鋼やサンウエーブ工業等の粉飾決算を契機にして，個人の公認会計士によるのではなく，監査チームによる組織的監査を導入することで独立性を強化するとともに監査の品質を高めるという視点から，1966年施行の公認会計士法により創設された。監査法人は5人以上の公認会計士の出資により設立される共同組織体であり，これらの公認会計士を社員と称し，監査法人の経営に協働して当たることが求められ，現在の公認会計士法では，公認会計士以外の社員も全体の25％未満であれば認められる。

　もともと職業的専門家からなる共同組織体は，一定の専門業務について社員の全てが相互に監視し，品質を確保しようとするものであるため，その業務に伴って生じる組織体の債務については連帯して無限の責任を負うことが求められる。このため所有と経営の分離が進んだ一般的な法人である**株式会社**のように，大規模の資金調達を可能にすることを主目的に，出資者である社員（株主）の会社債務に対する有限責任を認める法人組織とは形態を異にする。ゆえに，本来，監査法人のような職業的専門家による共同組織体は，相互信頼と相互監視が可能な程度の規模の法人が想定され，そこへの出資者全員が法人経営を担うものとされた。このことは，経営の結果として生じる法人の債務について，出資者兼経営者が連帯して無限責任を負うことを必要とした。

　しかしながら昨今の監査業務の専門化やグローバル化は，社員数が300人を超えるような法人規模の拡大や，諸外国の監査事務所との国際的提携といった事態を招き，制度創設当初に想定された監査法人の規模のもとでの社員相互の信頼と監視を困難なものとした。このような環境では，法人債務について社員全員が連帯して無限責任を負うという態様は，非合理的なものと化したため，特定の監査業務を担当する社員を監査法人内部で指定し，当該指

定社員のみが当該業務を執行する権利と義務を有するとともに，当該業務について監査法人を代表する権限をもつという制度を公認会計士法は2004年に導入した。この**指定社員制度**のもとでは，特定の監査業務（**指定証明**）に関連して監査法人が被監査会社に対して負担することになる法人債務は，当該指定社員のみが法人とともに無限連帯責任を負い，その他の社員は出資額を限度として責任を負うこととされる。会社法監査上の会計監査人として監査法人が指定社員制度を採用した場合には，当該指定社員を会社に通知する義務が生ずる。

指定社員制度が導入されたことによって，被監査会社に対する社員の責任は当該業務に関与する指定社員とそれ以外の関与しない社員との責任の大きさを区別することが可能となったが，投資者等の第三者に対して監査法人が損害賠償義務を負った場合には，指定社員制度は機能しない。このため，特定の監査業務上の失敗に起因して第三者に対する損害賠償義務が生じた場合にも，当該業務に関与していない社員の責任を限定する必要性が指摘された。この結果，当該業務に係わる指定社員を第三者に対しても無限責任を負う者としつつ，関与していない社員については出資額を上限とした責任を限定する制度が2008年公認会計士法により導入された。これを有限責任監査法人制度と称し，第1号登録は新日本有限責任監査法人であり，既に有限責任制度を導入していた諸外国における大手監査事務所の組織形態と整合することとなった。

有限責任監査法人制度は，2005年に成立したLLP契約に関する法律（LLP法）に基づくものであり，(1)出資者の有限責任，(2)定款による利益分配や業務執行権に関する内部自治，(3)出資者に対する直接課税（LLP自体は非課税）という3つの特徴がある。このLLPに類似した制度として会社法が認める**LLC**制度がある。LLCの場合は，LLPと違い会社形態の1つとして法人格が認められる以外は，(3)の構成員課税を除きLLPと同様の特徴が認められる。出資者の責任を限定するという点では両制度は同じであるが，諸外国の監査事務所の多くがLLPを採用していることから，わが国でもLLPに基づいた制度とされた。しかし有限責任監査法人に固有の特徴として，有限責任の導入によって生じる投資者の損害回復機会の喪失を補うという投資者保護の観点から，社員数に応じた最低資本金や供託金の積み立てや，財務書類の公開が義務付けられる。 (YMo)

7 監査の品質管理

【関連する用語】
●監査に関する品質管理基準　●監査事務所の品質管理
●監査チームにおける品質管理　●品質管理と内部統制の相違
●日本における品質管理の特徴

　IFRSの適用に関する国際的な動向が活発になってきているが，会計基準と対を成す監査基準の国際化の活動についても着実な進展が見られる。まず，監査基準については，IFACのIAASBが設定するISAとの調整が進行している。また，監査に関する品質管理については，IAASBは監査事務所レベルでの品質管理に関するISQC1，個々の監査チームレベルの品質管理基準に関するISQC220を公表しているが，わが国の品質管理基準では，これら2つのレベルの品質管理に関する規定を1つの基準に統合している。従来の監査基準においても，品質管理に関する一般規定があったが，公認会計士による監査業務の質を合理的に確保する必要性から，監査基準とは別に**監査に関する品質管理基準**として2005年10月28日に独立の基準として設定された。

　なお，わが国の品質管理基準には，ISQCには規定されていない「監査事務所間の引継」および「共同監査」に関する規定が置かれている。

　品質管理基準が求める具体的な品質管理システムの主な内容としては，(1)品質管理に関する責任，(2)職業倫理および独立性，(3)監査契約の新規の締結および更新，(4)監査実施者の採用，教育・訓練および選任，(5)業務の実施，および(6)品質管理システムの監視の6つである。このうち業務の実施は，監査業務全般に係わるため広範な内容を有しており，①監査業務の実施，②専門的な見解の問合せ，③監査上の判断の相違，および④監査業務に係る審査の4項目を内容としている。また，これらの内容は，監査事務所が遵守すべき品質管理活動と，個々の監査業務を実施すべき監査実施者が遵守すべき品質管理活動の2つに区分されるため，品質管理基準では項目ごとにそれぞれの活動に関連して規定をおいている。前者の**監査事務所の品質管理**としては，監査事務所として適切な品質管理システムを整備・運用し，当初予定したとおりに運用されているか監視するとともに，これらの結果を記録・保存する

ことを求めている。また，後者の**監査チームにおける品質管理**としては，基本的に監査事務所が定める方針及び手続に準拠して業務を遂行することを求めている。**品質管理と内部統制の相違**としては，「内部統制」は，経営者の経営方針を反映させて，ある程度自由にそのレベルを設定することができるのに対し，品質管理基準は監査の質を合理的に確保する観点から作成されていることから，最低限遵守すべき品質管理上のルールとして設定されていることが異なる。

このように品質管理基準は，監査事務所レベルと監査チームレベルという2つの異なるレベルにおける品質管理を統合しており，この基準に関する実務上のガイドラインを提供するため，日本公認会計士協会は品質管理基準委員会報告書第1号「監査事務所における品質管理」，および監査基準委員会報告書第32号「監査業務における品質管理」の2つの実務指針を2006年3月30日に公表し，その後，数回の改正が行われている。

品質管理に関する実効性を担保するため，日本公認会計士協会は自主規制機関として品質管理レビューを実施している。また，当該レビューを基礎として，公認会計士・監査審査会によるモニタリングが実施されている。米国においては，企業不祥事を契機に，公開会社を監査する会計事務所の監査業務の品質を監視する機関として，米国政府機関ではない非営利法人であるPCAOBが設立され，登録監査人に対する検査を実施している。**日本における品質管理の特徴**としては，あくまでも品質管理レビューという自主規制を日本公認会計士協会が担っている。米国では，この機能は米国公認会計士協会からPCAOBに委譲されており，専門家集団としての自らの信頼性を高めるためにも，今後のさらなる充実が求められる。

(YMg)

8 監査のモニタリング体制

【関連する用語】
●品質管理レビュー　●金融庁　●公認会計士・監査審査会
●公開会社会計監視委員会（PCAOB）　●SEC
●監査監督機関国際フォーラム（IFIAR）

　財務諸表監査は，経営者が作成する財務諸表の適正性について意見を表明し，財務諸表の信頼性を合理的に保証することにより，一般投資家を保護することを目的とする。この目的を達成するため，監査事務所は，一定水準以上の監査が実施されるように品質管理システムを構築・運用する責任がある。同時に，一般投資家，広くいえば社会一般から財務諸表監査が信頼されるには，監査事務所が適切な品質管理システムを整備・運用していることについて，社会的な信頼を得なければならない。そのため，監査事務所の品質管理システムを，業界レベル，さらに公的機関が関与して，監視する必要がある。

　我が国において，業界レベルでは，日本公認会計士協会（以下，協会）による**品質管理レビュー**が行われている。このレビューは，協会の品質管理委員会のもとにおかれた常任のレビュー・チームが，監査事務所が行う監査の品質管理の状況やその管理体制が監査の品質管理基準に準拠しているかどうかをレビューするものである。品質管理レビューによるレビュー報告書では，品質管理の方針・手続のうち，品質管理基準に適合していない重要な事項があるかどうかについて結論を記載する。限定事項付き結論または否定的結論を表明する場合には，改善勧告書を作成する。品質管理委員会は，改善勧告書について，監査事務所から文書による回答を入手し，改善措置を検討する。品質管理レビューは，指導または教育的性格のものであり，摘発または懲戒を目的とするものではないため，レビュー報告書は，個別には開示されていない。

　しかし，上場会社を監査する監査事務所の場合，品質管理委員会における「上場会社監査事務所部会」への登録が義務付けられている。この制度において，上場会社監査事務所部会に登録した監査事務所の名簿は公開される。上場会社を監査しているにもかかわらず，登録を申請しない等の監査事務所

は，未登録監査事務所名簿に掲載され，制裁的に開示される。登録には，品質管理レビューにより，品質管理体制が一定水準以上にあると確認されることが条件になる。改善勧告に対応しない場合，登録できない結果になり得るので，改善勧告には一定の強制力があるといえる。業界として監査事務所の品質管理システムが確実に機能するように保証することは，監査業務を独占的に担う専門職としての社会的責任である。

公的機関として，**金融庁**の管轄下にある**公認会計士・監査審査会**（以下，審査会）は，品質管理レビューのモニタリングを実施している。審査会では，品質管理レビューに関して報告を受け，その報告の審査を行う。審査会は，審査の結果，必要と認めた場合，協会に対し検査を行い，さらに，必要と認めた場合には，監査事務所や被監査会社等に対して検査を行う権限を有している。そして，審査または検査の結果，協会や監査事務所に対し行政処分等の措置をとるよう，金融庁長官に勧告する権限も有している。

米国では，1977年以降，ピア・レビューにより，監査事務所の品質管理システムを監査事務所相互間で監視する体制がとられてきた。しかし，エンロンやワールドコムの粉飾事件の結果，ピア・レビューが有効に機能していなかったのではないかという批判が高まってきた。そこで，これらの粉飾事件を契機として制定された企業改革法（Sarbanes-Oxley Act of 2002）により設立された，**PCAOB** が，監査事務所の品質管理システムを監視する役割を担うことになった。PCAOB は，実質的に **SEC** の管轄下にある準公的機関である。米国でも，業界レベルを超えて，公的機関が監査のモニタリングに関与することが必要となったといえよう。なお，PCAOB は，品質管理システムの監視のみならず，公開会社査事務所の登録，監査基準等の設定，登録監査事務所に対する検査，監査人に対する懲戒等の権限をも有している。

2006年，公認会計士・監査審査会や PCAOB のような各国の監査監督者が情報交換や意見交換を行う場として，**IFIAR** が設立された。今後，このような場において，監査の品質管理やモニタリングのあり方や水準について国際的な合意が形成されるものと期待される。　　　　　　　　　　　　　　　(TM)

9 自主規制と登録会計事務所

【関連する用語】
●上場会社監査事務所登録制度　●品質管理レビュー
●フォローアップ・レビュー　●品質管理審議会
● SEC業務部会　●会計事務所登録制度

　日本公認会計士協会（以下，「協会」）は，自主規制の一環として，1998年に，CPE制度を発足させ，また，監査事務所の品質管理レビュー制度を導入している。CPE制度は，2002年に義務化され，品質管理レビュー制度も，2003年の改正公認会計士法により法的な制度として位置づけられ，対象事務所も上場会社から公認会計士法上の大会社等にまで拡大されている。

　さらに，協会は，2007年4月より，社会的に影響の大きい上場会社を監査する事務所の監査の品質管理体制を強化し，資本市場における公認会計士監査の信頼性を確保するために，**上場会社監査事務所登録制度**を導入している。これは，上場会社を監査する監査事務所に対し，品質管理委員会に設置した上場会社監査事務所部会への登録申請を義務付け，品質管理レビューの結果により登録の可否を決定し，登録を認めた上場会社監査事務所については協会のホームページに掲載する上場会社監査事務所登録名簿に開示する制度であり，また，登録された上場会社監査事務所が品質管理レビューにおける否定的結論や再三の改善勧告に対して適切な改善措置をとらなかった場合には，上場会社監査事務所登録名簿への改善勧告事項の概要の開示や名簿からの登録抹消の措置等の制裁的な措置を講じる制度である。

　ここでいう**品質管理レビュー**は，協会の品質管理委員会に所属する専任のレビューアーにより監査事務所の品質管理の状況をレビューするものである。なお，その結果については，品質管理委員会の審議を経て監査事務所に通知するとともに，必要に応じて改善勧告を行い，監査事務所から勧告事項に対する改善措置について回答書を入手し，また，必要に応じてその後の改善措置の状況について監査事務所に赴き確認する制度である。

　これらの制度については，協会内と協会外に活動を監視する機能があり，その関係は次のようになる。

品質管理委員会は，その下部組織にレビューチームが設置されており，品質管理レビューアーが所属している。同委員会は，前述したように監査事務所に対して，品質管理レビューを実施し，品質管理レビュー報告書，改善勧告書を交付する。さらに，上場会社監査事務所に対しては**フォローアップ・レビュー**を実施し，フォローアップ・レビュー報告書を交付する。そして，これらの品質管理委員会活動を協会内に設置された**品質管理審議会**に定期的に報告するとともに，公認会計士・監査審査会に対して，法令に基づく報告を行う。

　品質管理審議会は，外部の有識者および会員からなる委員で構成されている。

　同審議会は，品質管理委員会からその活動状況の報告を受け，これを検討・評価し，その結果を勧告する。また，品質管理委員会から具申された上場会社監査事務所の登録の可否案および措置案の審議・決定等を行い，その結果を協会会長に報告する。

　これら，品質管理委員会および品質管理審議会の運営状況を公認会計士・監査審査会が監視している。

　一方，米国に目を転じると，従来は，**SEC業務部会**（SEC Practice Section）という組織が，米国公認会計士協会に置かれていた。SEC業務部会は，1977年に発足し，1990年に定款変更により義務化された，SEC登録会社を監査する会計事務所のための自主規制組織である。ここにおいては，同業者間のレビュー（peer review）の強制，レビューを補完する調査，活動を監視する公益監視委員会（POB）等の仕組みがあったが，PCAOBの発足に伴い，2003年に監査品質センター（Center for Audit Quality）に改組されている。

　新たに発足したPCAOBにおいては，公開会社の監査事務所に対する**会計事務所登録制度**や登録会計事務所の検査のほか，監査の品質管理，倫理，独立性その他監査報告書の作成に関する基準の設定が行われている。また，PCAOBへの登録義務は，米国の監査事務所のみならず，米国上場の外国企業（日本企業を含む）に関して監査報告書を提供する外国の監査事務所等についても対象としているが，日本における外国監査事務所の登録については，協会ではなく，別途，金融庁への届出が義務化されている。　　　　　　（MS）

10 監査契約と監査人の交代

【関連する用語】
●監査契約の法的性質　●監査約款　●初年度監査　●継続監査
●パイロット・テスト　●監査人の交代時の引継ぎ

　財務諸表監査は，法定監査として実施されるものの，企業がいずれの監査人に監査を依頼するかは，企業と監査人との自由契約に委ねられている。企業と監査人との監査業務に係る契約のことを監査契約と呼ぶ。

　監査契約は，企業と監査人の間で監査業務に係る合意に基づいて行われる法律行為であるが，**監査契約の法的性質**については，従来，民法上の契約の位置づけに応じて，法律行為でない事務の委託を指す「準委任」と解するか，特定の仕事の完成に対して報酬を受け取る「請負」と解するかの間で議論があった。通説では，企業は，無限定適正意見の監査報告書を期待して監査を依頼するものの，意見不表明の監査報告書のように，監査意見が報告されない場合もあることから，監査契約は準委任契約であると解されてきた。

　現在では，会社法において，株式会社と会計監査人との関係は委任に関する規定に従うことと規定され，会計監査人監査についてではあるが一定の法的解釈が示されている。しかしながら，今なお，印紙税法上は，会計監査人の就任承諾書は委任に関する契約書，監査契約書は請負に関する契約書として取り扱われるなど，法的に一貫した位置づけとはなっていない。ただし，準委任説，請負説のいずれの立場をとっても，実質的に監査契約の実施に係る監査人の法的責任に異なるところはないといわれている。

　実際の監査契約は，日本公認会計士協会の実務指針において，監査の形態別に示されている監査契約書の様式および**監査約款**のモデルに従って締結されている。監査約款は，監査契約として盛り込むべき一般的内容を定式化したものであり，それによれば，一般に，監査契約書においては，(1)監査の目的，(2)監査の対象となる事業年度，(3)業務執行社員およびその他の監査業務従事者の氏名および資格，(4)監査報告書の提出時期，(5)企業側において監査人との連絡に当たる役職員の指名および役職等，(6)監査予定時間数ならびに

往査場所，時期および日程，(7)報酬の額およびその支払の時期，(8)経費の負担，(9)責任限定契約等の項目が記載されることとなる。監査契約を初めて締結したときの監査を**初年度監査**と呼び，前年度に引き続き監査契約を結んだ際の監査を**継続監査**と呼ぶ。

　監査契約に先立って，監査契約を結ぶかどうかを決定するために行う調査を「予備的な活動」といい，とくに，初年度監査に先立って行われるものを**パイロット・テスト**という。パイロット・テストでは，経験豊富な監査人2，3名が，企業に数日間出向いて，当該企業が監査を受けることができる内部統制等を備えているかを検討し，結論を得るものである。

　一般に，監査契約を新規に締結してから数年間が，最も不正等の見落としが起きやすいといわれている。とくに，初年度監査においては，監査人は，初めて当該企業の監査を担当することから，継続監査に比べて一層の留意が求められる。監査人が交代することによって，監査リスクを低く抑えられないという事態を招かないように，**監査人の交代時の引継ぎ**に際しては，後任監査人には，貸借対照表の期首残高の妥当性の検討を行うとともに，必要に応じて，前任監査人に対する質問を行うことや実査，立会，確認等に関する監査調書の閲覧を求めることを要請している。同様に，前任監査人に対しても，後任監査人からの質問および監査調書の閲覧請求に速やかかつ十分に応えるべきことが規定されている。

　かつては，監査人の交代時に，前任監査人が，後任監査人に監査調書等を開示したくないという意図からか，被監査企業に対する守秘義務を口実に，後任監査人への資料等の引継ぎを拒むケースが散見されていた。そこで，2005年に新設された「監査に関する品質管理基準」では，国際監査基準にも定めのない「監査事務所間の引継」に係る規定を置いて，監査人の交代時の引継ぎについての適切な品質管理を求めるとともに，前任監査人が重要な虚偽の表示に関わる情報または状況を把握していた場合には，後任監査人にそれらを伝達しなければならないことを明記しているのである。

　一方，監査人が，何らかの理由によって監査契約を解除せざるを得ないと判断した場合には，被監査企業の経営者および監査役等とその旨及び理由について討議するとともに，基準または法令等を検討し，重要な事項，相談内容，結論およびその結論に至った根拠を文書化することが求められている。

(YMd)

11 監査人のローテーション

【関連する用語】
●監査人のローテーション　●公認会計士法
●監査業務担当責任者　●SOX法　●主任監査担当パートナー
●継続監査期間　●カネボウ事件　●インターバル期間
●西武鉄道事件　●監査法人のローテーション

　監査人のローテーションは，公認会計士法（2003年）第24条の3（公認会計士）および第34条の11の3（監査法人社員）で導入された**監査業務担当責任者**に対して7年ごとの交替を定めた規定に始まり，現行の公認会計士法においても引き継がれている。この規定は，アメリカの『サーベインズ＝オクスリー法』（*Sarbanes-Oxley Act of 2002*, **SOX法**）が**主任監査担当パートナー**に対するローテーションについてそれまで7年とされていた**継続監査期間**を5年に短縮した規定を設けたことに対応している。SOX法では，審査担当パートナーもローテーションの対象とされており，主任監査担当パートナーに対する影響力を排除しようとしている。その後，日本公認会計士協会は，**カネボウ事件**を受けて，2005年に会長声明「公認会計士監査の信頼性回復に向けて」を公表し，公認会計士法で定められている7年の継続監査期間を当時の4大監査法人においては5年に短縮することとする自主規制ルールを制定した。7年（大手監査法人については5年）の継続した会計期間，監査を担当した監査業務担当責任者は，公認会計士法施行令（2003年）第7条の6および第8条の3により2年間の**インターバル期間**中は当該被監査会社の監査を担当することはできないこととなった。これを受けて日本公認会計士協会倫理委員会は倫理委員会報告第1号（2006年）で関与した業務執行社員は当該業務から完全に切り離されるべきであるとして影響力の排除を求めた。

　巨額の粉飾決算事件（有価証券報告書虚偽記載罪）となったカネボウ事件では，2005年東京地方検察庁は4人の公認会計士を逮捕・起訴したが，それぞれの監査担当期間は，17年，11年，6年，2年であった。長期にわたり同一の監査人が監査を担当していたことによる独立性の欠如がカネボウ事件で

は問題とされた。また彼らの所属していた監査法人の審査体制に問題があったことが明らかとなった。一方，株主について有価証券報告書に虚偽の記載をしていたことが明らかとなった**西武鉄道事件**（2004年）では，当該事項が財務諸表の監査の対象外であったとはいえ，やはり同一の個人の公認会計士が長年にわたり監査を担当していたことにより内部統制（特に統制環境）を評価する際に独立性が欠如していたのではないかと指摘された。これらの事件は，財務諸表監査制度に対する社会の信頼を大きく損ない，金融庁と日本公認会計士協会は，監査人のローテーションを法定し，また自主規制措置を講ずることとしたのである。

SOX法は，監査人のローテーションに加えて会計監査事務所のローテーションについても問題提起し，米国議会直属の調査機関であるGAOが調査を実施した。その結果は，2006年に *Mandatory Rotation of Audit Firms* として公表された。同報告書では，調査結果が客観的に記述されているが，会計監査事務所の強制的ローテーションに対しては否定的な見解が大勢を占めたとされている。わが国では，日本監査研究学会が2006年に米国のGAOとほぼ同じ枠組みで実態調査を実施し，**監査法人のローテーション**については，やはり否定的な結論となったことが明らかにされた。監査法人のローテーションに対して，関係者が否定的な見解を持った理由は，独立性の問題は監査法人ではなく監査人とクライアントである被監査会社との間の問題であること，監査法人のローテーションは担当監査人の「新鮮な視点（Fresh Look）」をもたらすメリットはあるものの，クライアントの業務に関する知識の獲得までの間により多額のコストが発生すると同時に業務精通までの期間，高い品質の監査が実施できなくなるデメリットが大きすぎる等とされていた。

監査人のローテーションは外観的独立性に係る問題である。外観的独立性は，監査に関係する社会の人々が監査人が独立であるかどうかについて形成するイメージの問題である。長年同一の監査人が監査を担当することにより，クライアントの会社の業務に精通できるメリットを強調する考え方があるが，これは監査人の側に立つ主張であり，監査人は外観的独立性を確保しなければならないとする監査を利用する社会の人々の考え方とは相容れない。事実，長年同一の監査人が監査を実施したことにより実質的独立性が損なわれたとされた事例が発生している。

(TT)

12 監査の実施

【関連する用語】
●監査計画の意義　●監査チームの編成
●監査手続の種類と内容
●リスクの評価手続とリスク評価に対応した手続
●試査の意義と内容

　財務諸表監査の目的は，企業の作成する財務諸表に対して，当該企業の財政状態，経営成績およびキャッシュ・フローの状況を適正に表示しているかどうか，の第三者としての監査意見を表明し，もって，その財務諸表の社会的信頼性を付与することにある。監査意見の形成までのプロセスをなぞると，監査の対象たる財務諸表の識別→財務諸表項目に対する監査要点の設定→監査手続の実施による十分かつ適切な監査証拠の収集→監査意見形成のための合理的な基礎の獲得→監査意見の形成，となる。これを，財務諸表監査全体の業務のフローで示すと，監査契約の締結→監査計画の策定→監査の実施→監査意見の形成，となる。2005年の監査基準の改訂後の実施基準に沿って上記のプロセスを概説すると次のとおり。

　まず最初のステップの監査計画の策定であるが，リスク・アプローチの下では，監査人は，監査リスクを合理的に低い水準に抑えるために，財務諸表における重要な虚偽表示のリスクを評価し，発見リスクの水準を決定するとともに，監査上の重要性を勘案して監査計画を策定し，これに基づき監査を実施することとなっている。**監査計画の意義**は，監査リスクと監査上の重要性を勘案して，監査を効果的かつ効率的に実施することに最大の役割がある。しかし，2005年改訂基準では，監査計画の策定に当たり，内部統制を含む企業および企業環境の理解の下で，事業上のリスク等がもたらす財務諸表における重要な虚偽表示のリスクを暫定的に評価する，とあり，さらに，監査計画の前提とした事象や状況の変化あるいは監査の実施過程での新たな事実の発見があった場合には適宜，監査計画を修正する，とされているように，監査計画は監査の実施過程全体において，修正が連続的かつ反復的になされ，同様にリスク評価も最終的に決定するのは監査の終了時である，というのも

改訂基準における監査計画の特徴であろう。

　近年の重要な虚偽表示に関する経営者の関与の高まりに対応して重要な虚偽表示のリスクを，財務諸表全体と財務諸表項目との2つのレベルでの評価をすることとなった。この財務諸表全体レベルでのリスク評価において，リスクの程度に応じて補助者の増員や適切な監査時間の確保等の**監査チームの編成**等の全般的な対応を監査計画に反映させ，もって監査リスクを合理的に低い水準に抑えるための措置を講じることとされている。また，他方の財務諸表項目レベルでは，まず内部統制の整備状況の調査を行い重要な虚偽表示のリスクを暫定的に評価し，次に当該リスク評価に対応した監査手続の実施をすることとされている。ここで**監査手続の種類と内容**を整理すると，まず**リスクの評価手続とリスク評価に対応した手続**とに区分される。さらにリスク対応手続には，内部統制の有効性を評価する手続と，財務諸表項目ごとの監査要点を直接的に立証する実証手続とに区分される。

　監査手続の実施に際しての注意点は，十分かつ適切な監査証拠を入手するために，財務諸表における重要な虚偽表示のリスクを暫定的に評価し，そのリスク評価に対応した手続を実施することであるが，原則として試査に基づき実施することとされている。基本的に現代の財務諸表監査では，監査対象会社における内部統制の整備・確立を前提として試査による監査手続の実施を原則としている。

　試査の意義と内容について概説すると，十分かつ適切な監査証拠の入手のため内部統制の有効性評価の手続と実証手続において，母集団からその一部の項目を抽出して監査手続を実施することが「精査」に対する「試査」であり，さらに「試査」には「サンプリングによる試査」と「特定項目抽出による試査」とに区分される。「サンプリングによる試査」においては，母集団から一部の項目を抽出したサンプルに対して実施した監査手続の結果から母集団全体の特性を推定することにより母集団全体の結論を形成するのであるが，サンプルが母集団全体の特性を反映しないため，監査人が誤った結論を形成する，いわゆるサンプリング・リスクに留意してサンプリング計画を策定する必要がある。なお，内部統制有効性の評価手続においては，監査人の内部統制への依拠の程度や監査人の内部統制からの予想逸脱率等がサンプル数に影響し，実証手続においては，固有リスクや統制リスクの程度さらには監査人の要求する信頼度等が影響を与える。

(SA)

13 監査人による実質的判断

【関連する用語】
●適正意見　●実質的判断が導入された背景　●離脱規定
●監査人の責任の過重　●適正性と会計基準準拠性の関係

　監査基準において，「監査人は，経営者の作成した財務諸表が，一般に公正妥当と認められる企業会計の基準に準拠して，企業の財政状態，経営成績及びキャッシュ・フローの状況のすべての重要な点において適正に表示しているかどうかについて意見を表明しなければならない」（第四　報告基準　一　基本原則　1）と規定されている。そして，監査人が財務諸表に対して表明する「すべての重要な点において適正に表示している」との意見を**適正意見**という。

　監査人は，原則として監査基準に規定されているとおり，経営者によって作成された財務諸表の会計基準準拠性について吟味するのであり，会計処理や表示方法を創造するものではなく，それらの独自性を評価するものでもない。定められたルールを適切に選択し，会計事象や取引に適用しているか否かを評価する。

　一方で，上記規定の次に「監査人は，財務諸表が一般に公正妥当と認められる企業会計の基準に準拠して適正に表示されているかどうかの判断に当たっては，経営者が採用した会計方針が，企業会計の基準に準拠して継続的に適用されているかどうかのみならず，その選択及び適用方法が会計事象や取引を適切に反映するものであるかどうか並びに財務諸表の表示方法が適切であるかどうかについても評価しなければならない。」と規定されている。監査人は単なる会計基準準拠性ではなく，会計事象や取引を反映するために最善の会計基準が採用され，適用されているか否かを実質的に判断し評価する必要がある旨規定している。

　このような**実質的判断**が導入された**背景**としては，日本における会計ビッグバン以前の会計基準が，当時の金融商品取引など先端の経済事象に十分対応しておらず，結果として有用な財務諸表が提供されなかったのではないか，

といった反省があったと考えられる。

しかし，上述の監査基準の規定は，米国の監査のルールや英国の会計制度にある，いわゆる**離脱規定**とは若干異なると解される。離脱規定は，規則に従うことで会計事象や取引の真実かつ公正な概観が損なわれる場合，当該規則に従わず，最適と思われる方法で会計処理を行い開示するべき，といった趣旨であるが，監査基準の規定はそこまで広範なものではない。

この規定が設けられた2002年の改訂の際に企業会計審議会でなされた議論として，実質的判断を求めた規定が監査基準への離脱規定の導入か否かというものがあったが，必ずしも監査人が会計処理や開示のルールの隙間を埋めなければいけない，といった性格のものではないとされていた。

確かに監査人は会計基準への準拠性，適用の継続性，表示の基準への準拠性といった形式的な意見表明だけが求められるのではなく，選択肢のある会計基準のいずれを選ぶか，取引の実態に変化があった場合に適用する基準も適切に変えているか，といった実質的な判断を求められている。そういったことが明文の規定として設けられた点のみを捉えれば，**監査人の責任の過重**との解釈もできよう。

しかし，財務諸表全体としての**適正性と会計基準準拠性の関係**は単純なイコールではない。会計事象や取引といった財務諸表を構成するパーツのひとつひとつがルールに合致していても，それらを組み合わせた結果作成された財務諸表が全体として適正性を欠き，利用者が判断を誤ってしまうことは望ましくない。その点，従来から監査人のすべきことは，財務諸表利用者の用に資する財務諸表が提供されているか否かを評価することであった。

実質的判断が監査基準上の明文の規定とされたことによって，監査人の業務に対する姿勢に変化はなく，責任に実質的な軽重の変化があったとはいえない，と考えられる。

(NNu)

14 事業上のリスク等を重視したリスク・アプローチ

【関連する用語】
●リスク・アプローチ　●企業および企業環境の理解
●財務諸表全体レベルの評価および財務諸表項目レベルの評価
●リスク評価に対応した監査手続　●リスクに対応する手続
●内部統制の運用評価手続と実証手続　●監査の有効性

わが国の企業活動の一層の国際化と複雑化を背景とし、さらには内外の巨額な粉飾決算の発生による「監査不信」に対応すべく、国際的な監査基準の動向を意識した形で2002年に監査基準は約10年ぶりの大改訂が行われた。しかし、その後も続いた企業の不正会計に関して、監査におけるリスク・アプローチの適用の改善が必要との判断と、監査業務の品質管理の厳格化ならびに監査実務の国際的調和の要請から2005年にリスク・アプローチに焦点を絞り込み、事業上のリスク等を重視したリスク・アプローチの導入に踏み込んだのである。従来の**リスク・アプローチ**の問題点への対応として、2005年改訂の前文（「監査基準の改訂について」）で記載されているのが、次の4点である。

まず第1点として、今日の不正会計は経営者レベルでの不正や会計方針の適用等への経営者の関与等から生ずる可能性が高まっており、監査人は、経営者の関与の背景としての当該企業を取り巻く経営環境の変化等の外部的要因と、逆に内部要因たる経営者の経営姿勢等、あるいは内外の複合的要因、換言すれば、**企業および企業環境の理解**が強く要請されることとなった。

第2点として、従来のリスク・アプローチでは、監査リスクの3つの構成要素のうち、監査人サイドの発見リスク以外の他の2つ、即ち、固有リスクと統制リスクを個々に評価していたが、これらが監査人にとっては所与の要因であることからくる実務上の個別評価の困難さや個別評価自体の重要性の低さを勘案し、今回の改訂では両者を結合し「重要な虚偽表示のリスク」と規定した。その上で、前述した経営者自身も含めた企業および企業環境の理解に基づき、事業上のリスク等がもたらす財務諸表上の重要な虚偽表示のリスクの評価が要請されることとなった。

第3点として，従来のリスク・アプローチでは，上述の監査リスクの3つの構成要素の対応関係に重点が置かれた結果，ともすると監査人が非常に狭い視野で財務諸表項目の監査に取り組み，結果的に財務諸表全体での重要な虚偽表示の原因検討が不十分になる傾向があった。今回の改訂では，財務諸表における重要な虚偽表示のリスクを，**財務諸表全体レベルの評価および財務諸表項目レベルの評価**と，2つのレベルで評価することとした。財務諸表全体レベルで重要な虚偽表示のリスクが認識された場合は，リスクの程度に応じて補助者の増員や適切な監査時間の確保等の全般的な対応を監査計画に反映させ，もって監査リスクを一定の合理的に低い水準に抑えるための措置が求められる。また，財務諸表項目レベルでは，統制リスクの評価の実務的手順から，最初に内部統制の整備状況の調査を実施して重要な虚偽表示のリスクの暫定的な評価をし，次に**リスク評価に対応した監査手続**としての，内部統制の有効性評価と監査要点の直接的立証のための実証手続を実施する。全体の仕組みとしては，まず企業および企業環境の理解に基づき，財務諸表全体での重要な虚偽表示のリスクを評価し，リスクの程度によって必要な措置を監査計画に反映させる。他方で，財務諸表項目レベルでは，リスクの暫定的評価の後，**リスクに対応する手続**としての**内部統制の運用評価手続と実証手続**へと進むが，このサイクルは監査の終了までリスク評価の見直しがあり，その都度，監査計画も修正されるという連続・反復のプロセスである。

　第4点として，会計上の見積り等の重要な会計上の判断に関して財務諸表上に重要な虚偽表示の原因となる可能性のある事項等の特別な取引等については，監査の過程で特別な検討を要することから，特別な検討を必要とするリスクとして，別途の実証手続等の実施が求められている。

　本来的にリスク・アプローチに基づく監査は，重要な虚偽表示の可能性が高い事項について重点的に監査の資源を投下することにより，監査を効果的かつ効率的に実施できることから，1991年の監査基準の改訂で採用され，さらに2002年の監査基準の改訂でリスク・アプローチに基づく監査の仕組みをより一層明確にしたところであるが，前述のような不正会計の連続発生と，それらの重要な虚偽表示の経営者レベルでの不正や決算への経営者の関与から生ずる可能性の高まりに対応して，今回の事業上のリスク等を重視したリスク・アプローチの導入が図られた結果，**監査の有効性**がより高まることが期待されている。

（SA）

15 内部統制(内部統制報告制度を除く)

【関連する用語】
● 4つの目的　● 6つの基本的要素　●財務報告に係る内部統制
●内部統制の整備状況の評価　●内部統制の運用状況の評価

　財務諸表監査において，監査人は経営活動における全ての取引を監査することは，時間的にも経済的にも制約があり，不可能である。

　そこで，財務諸表監査は，被監査会社における内部統制が整備・運用されていることを前提として，試査により行われている。

　内部統制とは，「業務の有効性および効率性，財務報告の信頼性，事業活動に関わる法令等の遵守ならびに資産の保全の**4つの目的**が達成されているとの合理的な保証を得るために，業務に組み込まれ，組織内の全ての者によって遂行されるプロセス」(「財務報告に係る内部統制の評価および監査の基準」)をいい，次の**6つの基本的要素**から構成される。

(1) 統制環境：組織の気風を決定し，組織内の全ての者の統制に対する意識に影響を与えるとともに，他の基本的要素の基礎をなす。

(2) リスクの評価と対応：組織目標の達成に影響を与える事象について，当該目標達成を阻害する要因をリスクとして識別，分析および評価し，当該リスクへの適切な対応を行う一連のプロセスをいう。

(3) 統制活動：経営者の命令および指示が適切に実行されていることを確保するために定める方針および手続をいう。

(4) 情報と伝達：必要な情報が識別，把握および処理され，組織内外および関係者相互に正しく伝えられることを確保することをいう。

(5) モニタリング：内部統制が有効に機能していることを継続的に評価するプロセスをいう。

(6) ITへの対応：組織目標を達成するために予め適切な方針および手続を定め，それを踏まえて業務の実施に関する組織内外のITに対し，適切に対応することをいう。

　わが国の該当基準における内部統制概念は，1992年に米国で公表された

COSO報告書『内部統制の統合的枠組み』を基本的に踏襲しつつも，わが国の実情を反映し，COSO報告書の3つの目的と5つの構成要素にそれぞれ1つずつ加えている。

つまり，わが国では資産の取得，使用および処分が，正当な手続および承認のもとに行われることが重要であるという観点から，内部統制の目的に「資産の保全」を追加するとともに，COSO報告書公表後のIT（情報技術）環境の飛躍的進展を考慮して，内部統制の基本的要素に「ITへの対応」を加えている。

ここで，COSO報告書では，内部統制の「構成要素」としているが，わが国の当該基準では「基本的要素」としているのは，これらの要素は例示であることを明確にしたためである。

また金商法にもとづく内部統制報告制度では，内部統制の目的のうち，財務諸表の信頼性を確保するための内部統制（**財務報告に係る内部統制**）を対象としており，「財務報告」とは，財務諸表および財務諸表の信頼性に重要な影響を及ぼす開示事項等に係る外部報告を示している。

さて，事業上のリスク等を重視したリスク・アプローチでは，監査人は内部統制の理解，つまり内部統制のデザインと内部統制が業務に適用されているかどうかを評価（**内部統制の整備状況の評価**）し，実際に内部統制が運用されているかどうかを評価（**内部統制の運用状況の評価**）する。

内部統制の運用状況の評価は，リスク対応手続として，運用評価手続によって評価する。運用評価手続は，質問とその他の監査手続の組み合わせによって実施されるが，通常，内部統制の整備状況の評価に利用されるのと同じ監査手続のほかに，監査人による内部統制の再実施も含まれる。

またリスク評価に応じて，監査人は同一の取引に対して実証手続である詳細テストと同時に運用評価手続を実施する場合がある。

その場合，詳細テストについては財務諸表項目レベルの重要な虚偽の表示を看過しないという目的が，運用評価手続については，内部統制が有効に運用されているかを評価する目的の2つの目的が同時に達成されることから，二重目的テストと呼ばれている。

(RT)

16 監査証拠

【関連する用語】
●合理的な基礎 ●経営者の主張 ●監査要点 ●監査調書
●監査証拠 ●心証形成 ●十分な証拠 ●適切な証拠

　監査基準（第三　実施基準－基本原則3）によれば，監査人は，監査意見を形成する際，**合理的な基礎**を得るために，**経営者の主張**に係る**監査要点**を設定し，これら監査要点に適合した十分かつ適切な監査証拠を入手しなければならないとされている。また，日本公認会計士協会の監査基準委員会報告書第16号「**監査調書**」によれば，監査契約締結から監査報告書の作成に至る監査のすべての過程において，監査人が入手した**監査証拠**等は，監査調書に記録・編集されなければならないとされている。

　監査要点が立証されているかどうかの判断は，監査人の心証に依存する。監査人の心証は，監査要点についての証拠を収集することによって形成されるのであるが，**心証形成**は基本的に監査人の自由な判断による。証拠によって証明された監査要点のことを監査基準では合理的な基礎と称している。自由な心証形成といっても，監査人の心証形成は必ず証拠に基づかなければならず，それらは監査調書に記載されていなければならないのである。監査証拠の種類は多岐にわたる。監査基準委員会報告書第31号「監査証拠」では，監査証拠は**十分な証拠**と**適切な証拠**とに分類される。十分な証拠とは，監査証拠の量に係る要請であり，虚偽表示リスクが高ければより多くの監査証拠が必要であるとされる証拠の量的な証明力のことを意味している。一方，適切な証拠とは，監査証拠の質に係る要請であり，証明力の低い監査証拠をいかに大量に入手しても，適切な証拠にはならないとされる証拠の質的な適合力のことを意味している。

　合理的な基礎は，個々の監査要点を統合した抽象的な概念である。すなわち，合理的な基礎は，監査基準によれば，実在性，網羅性，権利と義務の帰属，評価の妥当性，期間配分の適切性および表示の妥当性等からなる6つの監査要点に分解される。さらに上記委員会報告書第31号によれば，これらの

監査要点は経営者の主張とされ，(1)監査対象期間の取引や会計事象に係る経営者の主張（発生，網羅性，正確性，期間帰属，分類の妥当性），(2)期末の勘定残高に係る経営者の主張（実在性，権利と義務，網羅性，評価と期間配分），(3)表示と開示に係る経営者の主張（発生及び権利と義務，網羅性，分類と明瞭性，正確性と評価）に分類されている。経営者の主張は，米国公認会計士協会の監査基準書（*Statements on Auditing Standards*）の Managements Assertions を翻訳した概念であるが，財務諸表の作成責任が経営者にあり，財務諸表項目について経営者が一定の主張をしていることを含意している。監査人は，経営者の主張を立証可能な監査要点に分解し，それらを検証することに責任がある。合理的な基礎が形成されたのかどうかは，経営者の主張としてのこれら監査要点がすべて十分かつ適切な監査証拠に基づいて立証されているかどうかについての監査判断に依存するのである。

監査契約から監査意見の形成に至るすべての過程で収集した監査証拠は，監査調書に記載しておかなければならない（監査基準委員会報告書第16号「監査調書」）。この要件は，監査人が重要な虚偽記載を監査によっても発見できず，監査人の責任が問われた場合，極めて重要となる。監査人の責任は，刑法上の責任（財務諸表虚偽記載罪の共同正犯等），民法上の損害賠償責任，公認会計士法上の行政処分，職業団体としての懲戒処分にわたる。法律上の責任が問われる裁判の過程や金融庁・日本公認会計士協会による処分に至る過程でどのような監査が実施されたのか，すなわち所定の監査要点についてどのような監査証拠に基づいて監査判断が下されたのかが問題とされる。その際，監査調書に当該監査要点についての監査証拠の記載がなければ，裁判や処分の過程で監査人がいかなる主張をしたとしても，そうした主張は根拠がないものとされる。すなわち，監査調書に監査証拠の記載がなされていれば，当該監査要点について下された監査判断の妥当性が問われることとなるが，記載がなければ，経営者の主張を鵜呑みにした監査判断が下されたものとされる可能性が高くなる。その意味で，監査証拠を監査調書に細大漏らさず記載しておくことは，監査人を守ることになるのである。　　　　(TT)

17 重要性と合理的な保証の水準

【関連する用語】
● 「合理的」の意味 ●重要性の基準値 ●重要性の値
●リスクとの関係 ●質的重要性
●経営者確認書における未訂正の誤謬の確認

監査上の重要性とは,「財務諸表の利用者の経済的意思決定に影響を与える程度」(監査基準委員会報告書第5号第2項)と定義づけられている。つまり,財務諸表の利用者が抱く「これぐらいの差異なら自分の意思決定を変えるほどではない」というレベル感の問題であり,結果的には金額に置き換えられるものと考えられる。

これを監査人の側から表現すれば,監査人は財務諸表の利用者が上記のように考えられるレベル感まで監査手続を実施する必要がある,ということになる。「合理的な保証の水準」という場合の**「合理的」の意味**は,上記のとおり,財務諸表には全体として利用者の判断を誤らせるような重要な虚偽の表示がない,というレベル感を表している。財務諸表の利用者が興味を示さないような,重箱の隅をほじくるような監査手続やそれに基づく監査意見は,合理的ではなく,そもそも求められていない。

とはいえ監査人は,すべての財務諸表利用者のレベル感を知り得る立場にないため,多くの実務において,財務諸表で表示される財務数値やそれに対して一定の掛け目を乗じることでこの重要性を数値化していることが一般的である。このようにして設けられる数値を**重要性の基準値**といい,それを基に勘定や取引ごとに配分される数値を**重要性の値**という。

重要性の基準値と監査リスクとの関係を説明する際に,重要性の基準値を網の目に例えることがある。網の目が大きければ,監査手続としてその「網」に掛けなければいけない会計事象や取引の金額も大きいものになる。当然,金額の小さいものより発見しやすく,多くの場合件数も少ない。したがって,監査リスクは低くなる。逆に網の目が小さければ,監査リスクは高くなる。したがって,実務上,重要性の基準値を大きく採れるか否かは,監査全体に大きな影響を及ぼすことになる。

一方，財務諸表には質的要素を含む項目も存在するとされているが，それらの要素による**質的重要性**は金額で表されないため，計画段階で認識することが困難であり，実務上，それに対する監査手続を計画することは困難である。しかし，監査の実施過程において，例えば悪意による不正等や内部統制を無効化するような事象が発見された場合，それらの金額が僅少であっても原因に質的重要性があると考えられるので，監査人は，監査手続を追加することで監査リスクを低減させるよう，配慮しなければならない。

　また，監査人が意見表明する際に入手する経営者確認書では，監査人が発見した未訂正の財務諸表の虚偽の表示による影響が，個別にも集計しても，財務諸表全体にとって重要でない旨を確認することになっている。この**経営者確認書における未訂正の誤謬の確認**においても，「重要」という言葉が用いられており，実務上は重要性の基準値を判断の目安とすることになっている。

　例えば，複数の未訂正の虚偽表示が未訂正のまま財務諸表に残っていた場合，各々では重要性の基準値以下だったとしても，それらを集計して重要性の基準値を超えることになれば，結果として財務諸表には全体として重要な虚偽の表示が存在することになる。したがって，上記のように「集計しても」と規定されている。

　なお，重要性の基準値は監査計画策定の段階から必要とされるため，過去の実績，推定値や予測値に基づいて設定される。したがって，結果が基準値算定の前提と大きく異なる場合，特に結果を基に算定した基準値が小さくなる場合は，結果として実施済みの監査手続に不足がなかったか否か十分な検討が必要であり，不足があると思われる際には追加して手続を実施することになる。

（NNu）

18 見積り項目に対する監査

【関連する用語】
●会計基準において見積り項目が増加 ●見積りに対する監査手続
●他の専門家の利用 ●分析的実証手続 ●オーバーオールテスト

　近年，新たな会計基準の導入等に伴い，会計上の認識・測定における経営者の見積りに基づく要素が重要となっている。

　例えば，金融商品の時価評価に用いる合理的に算定された価額，税効果会計における繰延税金資産の回収可能性，減損会計における将来キャッシュ・フローの見積りにもとづく回収可能価額（使用価値），および退職給付債務の数理計算における基礎率および予測数値など**会計基準において見積り項目が増加**している。

　このように，財務諸表に含まれる金額が，将来事象の結果に依存するために確定できない場合，または既に発生している事象に関する情報を適時にあるいは経済的に入手できないために確定できない場合に，会計上の見積りは必要となり，当該金額は概算により計上される。

　経営者は，このような会計上の見積りを一般に公正妥当と認められる会計基準に準拠して合理的に行う責任を有する。

　それゆえ見積りを必要とする事象および当該見積りに影響する要因を把握し，適切な仮定を設定したうえで情報を収集し，見積金額の計算を行わなければならない。

　一方，監査人は，このような会計上の見積りが合理的であるか否かを判断するために，当該見積りに関する監査リスク，金額的重要性，監査の効率性等を考慮したうえで，**見積りに対する監査手続**を実施しなければならない。

　日本公認会計士協会の監査基準委員会報告書第13号「会計上の見積りの監査」によれば，監査人はまず，会計上の見積りの基礎となる仮定の適切性，情報の適切性および計算の正確性を検討する。

　仮定の適切性では，過年度の実績との比較，他の見積りで用いられた仮定との整合性，経営計画との整合性，他の仮定の有無について検討する。

その際に，複雑な仮定，流動的な状況を前提とする仮定，主観的な仮定，および金額的に重要な会計上の見積りに必要な仮定については，特に慎重な検討を行い，特殊な技法等を含む場合は，**他の専門家の利用**も検討しなければならない。

この場合，監査意見の限定または責任の分担であると誤解されないために，専門家の利用について監査報告書には記載しない。ただし，限定意見，不適正意見，または意見を表明しない場合の理由説明で言及が必要な場合は記載する（監査基準委員会報告書第14号「専門家の業務の利用」第16項）。

会計上の見積りに用いる情報の適切性では，情報の正確性，目的適合性，信頼性および会計システム内外を通じて処理された情報との整合性を検討し，計算の正確性では，用いられる計算式が設定された仮定に対して適切であり，計算が正確であるかどうかを検討する。

その後，過年度の会計上の見積りと実績との比較を**分析的実証手続**によって検証し，会社の承認手続の検討を行う。

分析的実証手続の一例として，勘定科目残高全体についての妥当性を立証するために，監査人が算出した金額や比率による推定値と財務情報とを比較する**オーバーオールテスト**がある。

例えば，税効果会計における減価償却費の繰入限度超過額（税法上，当該年度に損金と認められる限度額を超えた部分）に関連して，減価償却費の妥当性に関するオーバーオールテストを実施する場合，減価償却費を償却性有形固定資産の期中平均残高で除した数値と被監査会社の採用する償却率との乖離が著しいといった異常値の有無を確認する手続などがある。

監査人は，会社の見積りが合理的でないと判断した場合には，独自の見積りを実施するが，適切な情報が入手不可能なときは，監査報告書にて除外事項を付した限定的適正意見を表明する，または意見を表明しないことを検討しなければならない。

加えて監査人は，会計上の見積りが財務諸表に重要な影響を与えている場合には，当該会計上の見積りに関する経営者の見解を記載した経営者確認書を入手しなければならない。

(RT)

19 監査人による不正への対応

【関連する用語】
●違法行為と不正との間　●不正リスク要因
●収益の認識に関するリスク対応手続
●ガバナンス責任者とのコミュニケーション
●不正・違法行為の通報義務

かつて，監査人は，財務諸表の監査を実施するに際して，被監査企業における不正の存在を考慮することを自らの役割として認識していなかった。ところが，経営者による不正が相次いで明るみに出た1970年代の米国で，いわゆる「期待ギャップ」問題の存在が明らかにされた。監査人自身の役割認識とは裏腹に，財務諸表利用者は監査人に不正の発見を期待していたのである。

こうした事情を背景として，財務諸表の監査における不正への対応は，大きな転換を迫られることになった。現在，監査の基準では，監査人は，監査リスクを合理的に低い水準に抑えるよう監査計画を策定し監査を実施する際に，不正による重要な虚偽表示のリスクを考慮しなければならないと規定されている。

監査上問題となる不正とは，財務諸表の意図的な虚偽の表示であって，不当または違法な利益を得るために他者を欺く行為を含み，経営者，取締役等，監査役等，従業員または第三者による意図的な行為をいう。不正には，財務諸表の利用者を欺くために意図的に虚偽の表示を行う不正な財務報告（いわゆる粉飾）と資産の流用がある。監査人は，財務諸表の監査を実施するに際して，財務諸表に重要な虚偽の表示をもたらす不正を考慮しなければならない。

不正に類似する概念として，違法行為がある。違法行為とは，故意または過失，作為または不作為を問わず，企業が関係する法令違反となるものをいう。違法行為は，会計処理に影響を及ぼすものと及ぼさないものに分類されるが，**違法行為と不正との間**には，会計処理に影響を及ぼす違法行為は，通常，会計上の不正になるという関係がある。

監査人は，財務諸表の監査を実施するに際して，内部統制を含む，企業及

び企業環境を理解するために，リスク評価手続を行う必要がある。その一環として，不正による重要な虚偽表示リスクを識別するための情報を入手する。そのうえで，入手した情報が**不正リスク要因**の存在を示しているかどうかを検討しなければならない。

不正リスク要因とは，不正に関与しようとする動機やプレッシャーの存在を示したり，不正を実行する機会を与えたりする事象や状況のことをいう。例えば，非現実的な利益目標の達成を条件として多額のボーナスが支給される場合には，利益目標を達成するために不正が実行される動機を生じさせることが考えられる。監査人は，財務諸表全体レベルおよび財務諸表項目レベルの重要な虚偽表示のリスクを識別し評価する際に，不正による重要な虚偽表示のリスクを識別し評価しなければならない。

不正な財務報告による重要な虚偽の表示は，多くの場合，収益の過大計上または収益の過少計上という形で行われる。このため，監査人は，収益認識には不正のリスクがあると推定して，どのような種類の収益や取引形態または経営者の主張に関連して不正のリスクが発生するかを考慮する必要がある。

このとき，監査人は，**収益の認識に関するリスク対応手続**として，各種データを利用した収益に関する分析的実証手続，期末日近くの売上と出荷等通例でない条件や状況についての，販売担当者やマーケティング担当者などに対する質問，計上された収益に関する取引の発生と記録に関する内部統制の有効性の検証などを行う。

監査人は，不正を識別した場合や不正が存在する可能性があることを示す情報を入手した場合には，速やかに取締役等または監査役等に報告することにより，企業の**ガバナンス責任者とのコミュニケーション**を図る必要がある。監査役等とのコミュニケーションは口頭または書面で行われるが，経営者が関与する不正または重要な虚偽の表示となった不正については，文書による報告の必要性を検討する。

金商法は，監査人の**不正・違法行為の通報義務**を定めている（第193条の3）。監査人は，被監査企業が法令に違反する事実その他財務諸表の適正性の確保に影響を及ぼす恐れのある事実を発見し，適切な是正等をとるべき旨を被監査企業に通知したにもかかわらず，一定期間を経過しても依然として当該事実が存在し，被監査企業が適切な措置をとらない場合には，内閣総理大臣に当該事実に関する意見を申し出なければならない。

(AK)

20 ゴーイング・コンサーン監査

【関連する用語】
●期待ギャップ　●リスク開示主義　●リスク評価主義
●監査の計画と実施　●監査報告　●追記情報

　財務諸表の監査にあたって、監査人は、被監査会社が継続企業として事業を継続することができるかどうか、事業の継続を危うくするような事象や状況が存在するかどうかを確かめ、報告しなければならないのであろうか。ゴーイング・コンサーン問題は、監査の役割――企業倒産に関する早期警告情報提供――をめぐる**期待ギャップ**の一要因として議論されてきた。

　ゴーイング・コンサーン監査の枠組みは、企業の事業継続能力にかかわるリスクを第一次的に認識し、評価するのは誰かによって、リスク開示主義とリスク評価主義に区分することができる。

　リスク開示主義によれば、経営者は、財務諸表の作成にあたって、自社の事業継続に疑義を抱かせる事象や状況を識別、評価し、重要な疑義がある場合には関連情報を注記開示する。監査人は、重要な疑義が認められる場合に適切な開示が行われているか、経営者が継続企業の前提に基づいて財務諸表を作成することが適切であるか否かを検討する。これは、事業継続能力を評価し、継続企業を前提として財務諸表を作成することの妥当性を判断する第一義的な責任は経営者にあり、監査人は、会計処理や開示の適正性に関する意見表明の枠組みの中で経営者の評価・判断を検討するという、二重責任の原則に則った考え方である。リスク開示主義は、わが国や国際監査基準で採用されている。

　これに対して**リスク評価主義**では、継続企業の前提に重要な疑義をもたらす事象・状況を識別、評価する第一義的な責任は監査人にある。経営者は、監査人が重大な疑義ありと判断した場合に、当該事象・状況等に関する情報を財務諸表に注記することが予定されている。継続企業の前提は会計公準として位置づけられているのみであり、継続企業を前提として財務諸表を作成することに関する情報開示の指針は、会計基準には明示されていない。その

ため，事業継続能力に関する重要な疑義の存在と財務諸表の適正性判断とは切り離されている。アメリカは伝統的にリスク評価主義の立場をとっていたが，現在，リスク開示主義への転換を検討中である。

わが国の監査基準では，監査人は，**監査の計画と実施**において，経営者が継続企業の前提に基づいて財務諸表を作成することが適切であるかを検討することが求められている。監査人による検討は，経営者による継続企業の前提に関する評価を踏まえて行われる。監査人は，継続企業の前提に重要な疑義を抱かせる事象・状況の有無，合理的な期間（少なくとも決算日から1年間）について経営者が行った評価，当該事象等を解消あるいは大幅に改善させるための経営計画等を検討しなければならない。具体的には，監査人は，監査計画の策定にあたって，財務指標の悪化の傾向，財政破綻の可能性その他継続企業の前提に重要な疑義を抱かせる事象または状況の有無を確かめ，継続企業の前提に重要な疑義を抱かせる事象・状況が存在すると判断した場合には，当該疑義に関して合理的な期間について経営者が行った評価，当該疑義を解消させるための対応および経営計画等の合理性を検討する。

わが国が採用しているリスク開示主義では，ゴーイング・コンサーン問題は財務諸表の適正性判断と結びついている。**監査報告**にあたっては，(1)継続企業の前提に重要な疑義が認められるが，当該重要な疑義に関わる事項が財務諸表に適切に記載されていると判断した場合には，無限定適正意見を表明するとともに，**追記情報**として，継続企業の前提に重要な疑義を抱かせる事象または状況その他の関連情報を記載する。(2)継続企業の前提に重要な疑義が認められるが，当該重要な疑義に関わる事項が財務諸表に適切に記載されていないと判断した場合には，当該不適切な記載についての除外事項を付した限定付適正意見を表明するか，または不適正意見を表明する。(3)継続企業を前提として財務諸表を作成することは妥当でないと判断したが，財務諸表が継続企業を前提として作成されている場合には，不適正意見を表明する。(4)経営者が，継続企業の前提に関する重要な疑義を解消するための合理的な経営計画等を提示しない場合には，重要性の程度に応じて，限定付適正意見を表明するか，または意見を表明しない。(5)継続企業の前提に関連する，将来の帰結が予測し得ない事象・状況の財務諸表への影響が複合的で多岐にわたる場合には，監査意見の表明ができるか慎重に判断する。この場合，意見を表明しないことも認められる。

(THs)

21 経営者確認書

【関連する用語】
- 経営者確認書の記載事項
- 監査手続および監査証拠としての意義 ●監査責任との関係
- 米国における決算宣誓（SOX法302条および906条）
- 金融商品取引法における代表者による確認書制度

経営者確認書は，会計監査人が監査意見を表明するにあたって，経営者から入手する書面（「Representation Letter」）のことである。会計監査の大前提として，経営者と監査人は，財務諸表の作成に対する経営者の責任と当該財務諸表の適正表示に関する意見表明に対する監査人の責任とに分担しながら，相互に協力し合う関係にある（「二重責任の原則」）。このような協力関係を示し，もって監査制度に対する社会的信頼性をより一層高めていくために，監査手続の一環で経営者確認書を入手することが必要とされる。

日本公認会計士協会の監査基準委員会報告第三号「経営者による確認書」が義務付けた**経営者確認書の記載事項**は，以下のとおりである。

(1) 監査対象となる財務諸表に係る事項（財務諸表の作成責任は経営者にあること，内部統制を構築・維持する責任が経営者にあること等）
(2) 監査手続上の制約に係る事項（監査人から要請のあったすべての資料を監査人に提出したこと等）
(3) 財務諸表に重要な影響を及ぼす事項（資産又は負債の計上額や表示に重要な影響をもたらすような経営計画や意思決定はないこと，財務諸表に開示している事項を除いて重要な偶発事象や後発事象はないこと等）
(4) 財務諸表の開示の網羅性に係る事項（関連当事者との取引は適切に識別し処理しており，重要な取引は適切に注記していること等）
(5) 監査人が発見した未訂正の財務諸表の虚偽の表示に係る事項

さらに，同号は下記の記載を必要に応じ求めることができるとしている。

(6) 継続企業の前提に係る事項
(7) 株主名簿における名義貸し等に関し，関連当事者の存在に影響を与える可能性がある場合

(8) 会計方針に係る事項
(9) 経営者の意思や判断に係る事項（個別の資産や負債の金額の算定や仮定や連結や持分法の範囲の適切性に関する経営者の見解等）

監査の過程で確かめたので改めて確かめる必要がないと監査人が判断したものについては，経営者確認書に記載する必要はない。

経営者確認書は，監査人が草案を作成し，経営者に内容の説明を行って事前に了解を求めたうえで，会社の代表取締役が署名または記名捺印する。監査報告書の交付日に入手することも義務付けられている。

監査手続および監査証拠としての意義は，(1)財務諸表の作成責任が経営者にあること，(2)内部統制を構築・維持する責任が経営者にあること，(3)監査を実施するにあたり必要な資料をすべて提出したこと，(4)財務諸表に重要な影響を及ぼすような重要な偶発事象，後発事象等の有無・内容，(5)経営者の意思や判断に依存している事項の内容・根拠等を確認したり，(6)経営者の口頭による回答について内容を文書で再確認したり，(7)未訂正の虚偽の表示による影響が財務諸表全体にとり重要でないことを確認するために不可欠なものである。経営者が確認を拒否した場合には，経営者と監査人との間の協調関係が否定され，監査の過程で入手した資料に信頼性がないことになってしまい，監査範囲の制約として，監査人は意見を限定するまたは意見を表明しないことを検討することになる。経営者が確認を拒否した事項が財務諸表監査の前提となるような事項であれば，原則として監査人は意見を表明しない。一方，**監査責任との関係**では，経営者による確認の書面を入手したからといって，監査人の責任が免責されることにはならないことに留意する。

上記の経営者による確認書と関連する書面として，**米国における決算宣誓（SOX法302条および906条）と金融商品取引法における代表者による確認書制度**がある。前者では，会社の代表者が，自ら年次報告書を読んだこと，重大な虚偽の記載や必要な記載の省略がないこと，経営者に内部統制を確立し維持する責任があること等を宣誓する。後者では，会社の代表者が，有価証券報告書と四半期報告書・半期報告書の記載内容が金商令に基づき適正であることを確認する。これらは，財務諸表の質と透明性を高めるねらいで，財務報告の適正性に関する経営者の認証を積極的に外部に向け公表させる点において，会計監査人にのみ提出する上記の経営者による確認書と異なる。

(KY)

22 監査意見

【関連する用語】
●監査意見 ●適正意見 ●不適正意見 ●適正性の要件
●会計基準準拠性
●全体として重要な虚偽の表示がない ●保証の水準

　財務諸表に対する**監査意見**とは，財務諸表が，一般に公正妥当と認められる企業会計の基準に準拠して，被監査会社の財政状態，経営成績およびキャッシュ・フローの状況を，すべての重要な点において，適正に表示しているかどうかについての職業専門家としての監査人の意見であり，適正に表示しているという監査意見は**適正意見**，適正に表示していないという監査意見は**不適正意見**とよばれる。適正意見は，さらに，財務諸表の適正性または監査実施に関して，監査報告書に記載するほどの重要性をもつ監査人の不満足事項（除外事項とよばれる）が記載されるもの（限定付適正意見）と監査報告書に除外事項が記載されないもの（無限定適正意見）に分けられる。

　監査人は，財務諸表の表示に関して適正であると判断し，なおもその判断に関して説明を付す必要がある事項や財務諸表の記載について強調する必要がある事項を監査報告書で情報として追記する場合には，意見の表明とは明確に区分して——監査報告書の基本的な3つの区分（監査の対象の区分，実施した監査の概要の区分および財務諸表に対する意見の区分）による記載事項とは明確に区別して——監査人からの情報として追記しなければならない。

　財務諸表の**適正性の要件**は，基本的には，一般に公正妥当と認められる企業会計の基準に準拠すること（**会計基準準拠性**）であり，具体的には，(1)経営者が採用した会計方針が，企業会計の基準に準拠して継続的に適用されていること，(2)会計方針の選択および適用方法が会計事象や取引を適切に反映するものであることおよび(3)財務諸表の表示方法が適切であることの3つが適正性の要件として評価される。なお，会計事象や取引について適用すべき会計基準等が明確でない場合には，経営者が採用した会計方針が当該会計事象や取引の実態を適切に反映するものであるかどうかについて，監査人が自己の判断で評価しなければならない。また，会計基準等において詳細な定め

のない場合も，会計基準等の趣旨を踏まえ，同様に監査人が自己の判断で評価しなければならない。こうした判断は，監査人による実質的判断とよばれる。

英国の会計基準等においては，当該会計基準の特定の規定に準拠することによって，財務諸表利用者が誤導されるというような極端な場合には，経営者は，適正性の要件を満たすのに必要な範囲まで，そうした規定の要求から離脱しなければならないとする，いわゆる「離脱規定」が設けられているが，わが国の会計基準では，そのような規定が明文化されてはいない。

監査人は，試査によって監査を行うので，財務諸表に誤謬や不正がまったくないかどうかの保証をすることはできないが，一般に公正妥当と認められる監査の基準は，監査人に対して，財務諸表に重要な虚偽の表示がないかどうかの合理的な保証を得ることを求めている。したがって，適正意見を表明された財務諸表には，**全体として重要な虚偽の表示がない**と考えることもできる。

財務諸表監査は保証業務の１つであるが，同じ保証業務である四半期レビューと比べると，保証業務リスク——主題情報に重要な虚偽の表示がある場合に業務実施者が不適切な結論を報告する可能性——という点で次のように異なる。すなわち，財務諸表監査は合理的保証業務に該当し，監査人が積極的形式——すべての重要な点において適正に表示しているかどうかを問題にする——による結論の報告を行う基礎として合理的な低い水準に保証業務リスクを抑えなければならない。これに対して，四半期レビューは限定的保証業務に該当し，レビュー実施者が消極的形式——適正に表示していないと信じさせる事項がすべての重要な点において認められなかったかどうかを問題にする——による結論の報告を行う基礎としては受け入れることができる程度に保証業務リスクの水準を抑えなければならないが，その水準は合理的保証業務の場合よりは高い水準となる。したがって，**保証の水準**という点から考えると，財務諸表に対する監査意見は，四半期財務諸表に対するレビュー意見よりもその水準が高く，絶対的とまではいえないが相当程度高い水準であるということができる。

(HYa)

23 不適正意見と意見不表明

【関連する用語】
●合理的な基礎　●監査範囲の制約　●意見不表明
●複合的かつ多岐にわたる未確定事項　●指導的機能
●批判的機能　●不適切な事項　●不適正意見　●除外事項

　監査人は，監査意見の表明に当たっては，監査リスクを合理的に低い水準に抑えたうえで，自己の意見を形成するに足る**合理的な基礎**を得なければならない。したがって，適正意見（無限定適正意見・限定付適正意見）および不適正意見は，合理的な基礎が得られた場合にのみ表明される。なお，監査人は，意見の表明に先立ち，自らの意見が一般に公正妥当と認められる監査の基準に準拠して適切に形成されていることを確かめるため，意見表明に関する審査を受けなければならない。また，この審査は，品質管理の方針および手続に従った適切なものでなければならない。

　監査人は，**監査範囲の制約**を受け，重要な監査手続を実施できなかったことにより，財務諸表に対する意見表明のための合理的な基礎を得ることができなかったときには，意見を表明してはならない（**意見不表明**）が，重要な監査手続を実施できなかったことの影響が財務諸表に対する意見表明ができないほどには重要でないと判断したときには，除外事項を付した限定付適正意見を表明しなければならない。監査人は，意見不表明の場合，財務諸表に対する意見を表明しない旨及びその理由を監査報告書に記載しなければならない。

　監査人は，(1)他の監査人が実施した監査の重要な事項について，その監査の結果を利用できないと判断した場合において，さらに当該事項について，重要な監査手続を追加して実施できなかったとき，(2)将来の帰結が予測し得ない事象または状況について，財務諸表に与える当該事象または状況の影響が複合的かつ多岐にわたる場合（**複合的かつ多岐にわたる未確定事項が存在する場合**）および(3)継続企業の前提に重要な疑義を抱かせる事象または状況が存在している場合において，経営者がその疑義を解消させるための合理的な経営計画等を提示しないときには，重要な監査手続を実施できなかった場

合に準じて意見の表明ができるか否かを慎重に判断しなければならない。

監査人は，監査の実施過程で，重要な虚偽の表示につながる可能性のある，会計方針の選択およびその適用方法，財務諸表の表示方法に関する不適切な事項を発見した場合，まずは，経営者に対して当該不適切な事項を正しく修正するよう指導しなければならない。こうした監査人の機能は**指導的機能**とよばれる。しかしながら，監査人によるこうした指導は強制力を伴わないため，経営者が監査人の指導に従って当該不適切事項を修正することを拒否するということも起こりうる。このような場合，監査人は，当該不適切な事項が重要な虚偽の表示に当たると判断したときには，当該財務諸表に対して不適正意見を表明しなければならない。こうした監査人の機能は，**批判的機能**とよばれる。

監査人は，監査意見の形成に当たって，経営者が採用した会計方針の選択およびその適用方法，財務諸表の表示方法に関して**不適切な事項**がある場合において，当該不適切な事項の影響が財務諸表を全体として虚偽の表示に当たるとするほど重要であると判断したときには**不適正意見**を表明し，虚偽の表示に当たるとするほどには重要でないと判断したときには**除外事項**を付した限定付適正意見を表明しなければならない。監査人は，不適正意見を表明する場合，監査報告書の財務諸表に対する意見の区分において，財務諸表が不適切な旨及びその理由を記載しなければならない。

監査人は，継続企業の前提に重要な疑義が認められる場合において，その重要な疑義に関わる事項が財務諸表に適切に記載されていないと判断したときには，当該不適切な記載についての除外事項を付した限定付適正意見を表明するか，または，財務諸表が不適正である旨の意見を表明し，その理由を記載しなければならない。

監査人は，継続企業を前提として財務諸表を作成することが適切でない場合には，継続企業を前提とした財務諸表に対しては不適正である旨の意見を表明し，その理由を記載しなければならない。

(HYa)

24 追記情報

【関連する用語】
●保証機能 ●情報提供機能 ●特記事項 ●強制的追記情報
●任意の追記情報

わが国では、監査の本質的機能は、情報の信頼性の**保証機能**だけにとどまるのか、それとも保証機能に加えて**情報提供機能**まで含むのかという議論がなされてきた。制度上は、これまでに、補足的説明事項、**特記事項**、そして追記情報という情報提供のための器が用意されてきた。

旧監査報告準則五は、特記事項について、「重要な偶発事象、後発事象等で企業の状況に関する利害関係者の判断を誤らせないようにするために特に必要と認められる事項は、監査報告書に特記事項として記載するものとする」と規定していた。特記事項とは、監査人が特に必要と認める事項を監査報告書に重ねて記載することによって強調し、それによって利害関係者へ注意的情報または警報的情報を提供するものであった。特記事項に関する日本公認会計士協会の実務指針では、特記事項の記載対象を、財務諸表に注記されている偶発事象および後発事象のうち特に重要な事象に限定するとともに、特記事項は当該財務諸表注記等を引用して記載することとした。しかし、実務では、偶発事象・後発事象には収まりきらないさまざまな情報が特記事項として記載されたり、財務諸表注記に記載されていない文言が特記事項に追加されたりするなどの問題が生じた。こうした記載状況に対して、実務上の取扱いが曖昧であることや、監査人の保証の枠に収めにくい問題を回避するための手段として利用されている面があり、その性格が不明確であることなどの批判がなされ、特記事項は2002年の「監査基準」改訂時に廃止され、これに代わるものとして追記情報の規定が設けられた。

追記情報とは、監査人が、財務諸表の表示は適正であると判断したが、その判断に関して説明を付す必要がある、または財務諸表の記載について強調する必要があると考え、監査報告書に情報として追記する事項をいう。監査報告書に追記情報を記載する場合には、「追記情報」という見出しを付し、

意見の表明とは明確に区別しなければならない。また，除外事項とすべきものを追記情報として記載することは認められない。

強制的追記情報としては，継続企業の前提に関連する追記情報がある。監査人は，継続企業の前提に重要な疑義が認められるときに，その重要な疑義に関わる事項が財務諸表に適切に記載されていると判断して無限定適正意見を表明する場合には，当該重要な疑義に関する事項について監査報告書に追記しなければならない。さらに，「監査基準」は，**任意の追記情報**として，(1)正当な理由による会計方針の変更，(2)重要な偶発事象，(3)重要な後発事象，(4)監査した財務諸表を含む開示書類における当該財務諸表の表示とその他の記載内容との重要な相違，(5)これ以外に説明または強調することが適当と判断した事項を示している。なお，日本公認会計士協会は(5)について，現時点では，継続企業の前提にかかわる重要な疑義に関する追記情報のみがこれに該当するという解釈を示し，任意の追記情報の範囲を実質的に(1)〜(4)に限定している。

追記情報の対象となる事項は，二重責任の原則の観点から，注記開示されていることが前提となっている。つまり，監査人は，財務諸表にすでに開示されている事項に監査報告書で再度言及するのであって，財務諸表に開示されていない情報を経営者に代わって提供するわけではない。しかし，注記開示されている事項のすべてが追記情報として監査報告書に記載されるとは限らない。つまり，追記情報として記載された事項は，注記開示された事項のうち監査人が特に重要であると認めたものであることを意味する。したがって，追記情報は監査人からの追加的なメッセージであると解することもできる。また，注記開示の網羅性や理解可能性は財務諸表の適正性判断に含まれており，追記情報は，その前提となる注記開示が適正であると判断したうえで監査報告書に記載される。すでに財務諸表に適正に開示されている事項について，監査人がこのような追加的メッセージを送ることの意義を再検討する必要がある。

(THs)

25 四半期レビュー

【関連する用語】
●四半期報告制度　●予測主義（見積主義）　●実績主義
●監査とレビューとの相違　●中間監査との違い
●ゴーイング・コンサーン手続

　四半期レビューとは，経営者によって作成された四半期財務諸表を対象とした公認会計士または監査法人による保証業務である。四半期財務諸表が，一般に公正妥当と認められる四半期財務諸表の作成基準に準拠して，企業の財政状態，経営成績およびキャッシュ・フローの状況を適正に表示していないと信じさせる事項が，すべての重要な点において認められなかったかどうかに関し，監査人が自ら入手した証拠に基づいて判断した結果を結論として表明する。

　四半期報告制度は，企業業績に係る情報の適時かつ迅速な開示のニーズから導入されたものであって，文字どおり，1年を3カ月ごとに4分割し，第1四半期，第2四半期，および第3四半期ごとに，それぞれ財務諸表を作成・開示する制度である。わが国では，金融商品取引法に基づき，従来の中間開示制度にかえて（厳密には，銀行業など，単体かつ半期ベースで自己資本比率による規制を受ける特定事業会社は，第2四半期については追加的に中間財務諸表の開示が求められている），2008年4月から始まる会計年度から新たに導入された。開示対象となる財務諸表は連結ベースであって，連結貸借対照表，連結損益計算書，および連結キャッシュ・フロー計算書の3種類に限定される。

　これら四半期財務諸表は，年度の業績予測に資する情報提供を意図した**予測主義（見積主義）**に基づくものではなく，四半期会計期間を独立した1つの会計期間として位置づけて，四半期決算に特有の会計処理や簡便な会計処理を一部容認しつつも，年度と同じ会計処理の原則および手続の適用を原則とする**実績主義**に基づいて作成される。実績主義の採用は，開示情報の信頼性という観点からみたとき，企業経営者の恣意性の排除につながるという点で効果がある。

四半期報告制度で開示される四半期財務諸表に対しては，その信頼性を担保するため，企業会計審議会が公表している「四半期レビュー基準」(2007年)，および日本公認会計士協会が公表している実務指針に基づいて，公認会計士または監査法人がレビュー業務を実施する。

　四半期財務諸表の信頼性の保証は，「監査」ではなく「レビュー」として行われるところに特徴がある。**監査とレビューとの相違**は，付与される保証の水準にある。すなわち，年度財務諸表の監査では，職業会計士は，財務諸表の適正性につき，実査，立会，確認等の詳細な残高テストを含む監査手続を実施することで，合理的な保証を得ることが求められている。したがって，これは合理的保証業務に該当し，積極的報告形式によって結論が報告される。これに対して，四半期レビューでは，職業会計士は，原則として，質問および分析的手続等からなる限定された手続によって証拠を入手するものであって，年度財務諸表の監査が想定しているような合理的な保証を得ることをそもそも目的とはしていない。したがって，四半期レビューは限定的保証業務に該当し，消極的報告形式によって結論が報告される。

　また，四半期レビューと**中間監査との違い**は，四半期レビューは中間監査よりも保証水準を引き下げているところにある。中間監査は年度財務諸表の監査ほど高い保証水準まで求められていないことから，中間財務諸表が有用かどうかについての意見を表明するものとしていたが，中間監査という文言からも明らかなように基本的には「監査」として行われる業務である。したがって，中間監査は，四半期レビューとは異なり，合理的保証業務であって，積極的報告形式がとられる。

　継続企業の前提に関する情報開示は，四半期財務諸表の利用者の意思決定にとっても重要なものである。したがって，四半期レビューにおいても，経営者等に対する質問等の四半期レビュー手続を通じて，継続企業の前提について検討する**ゴーイング・コンサーン手続**が監査人には求められている。監査人は，質問等の結果，開示の必要があると判断した場合，追加的な質問や関係書類の閲覧等の追加的な手続を実施しなければならない。継続企業の前提に重要な疑義が認められる場合，当該重要な疑義に関わる事項が適切に開示されていると監査人が判断すれば無限定の結論を表明したうえで追記情報として記載し，また重要な疑義に関わる事項が適切に開示されていないと監査人が判断したときには限定付結論または否定的結論を表明することになる。(MH)

26 保証業務

【関連する用語】
●保証業務のフレームワーク ●保証業務の種類 ●第1項業務
●第2項業務 ●保証業務には該当しない ●合理的保証業務
●積極的報告形式 ●限定的保証業務 ●消極的報告形式

公認会計士または監査法人が行う保証業務とは，主題に責任を負う者が一定の規準によって当該主題を評価または測定した結果を表明する情報について，または，当該主題それ自体について，それらに対する想定利用者の信頼の程度を確かめるために，業務実施者が自ら入手した証拠に基づき規準に照らして判断した結果を結論として報告する業務をいう。

保証業務は，公共への役立ちを含む社会的なニーズに基づいて行われるものではあるが，その枠組みを明確にしたうえで提供しないと，職業会計士の責任問題にも関わってくる可能性がある。そこで，保証業務の要件と範囲，付与される信頼性の程度の明確化や保証業務の国際的な動向を考慮した**保証業務のフレームワーク**となるべきものとして「国際保証業務基準」がある。わが国では，企業会計審議会から「財務情報等に係る保証業務の概念的枠組みに関する意見書」（2004年）が公表されており，これを受けて日本公認会計士協会から実務指針や研究報告が公表されている。

保証業務の種類としては，金商法等に基づいて実施される財務諸表の監査，内部統制の監査，四半期財務諸表のレビューが最も代表的なものである。これら以外にも，金融商品取引業者の顧客資産分別管理に対する検証業務（金商法に基づく保証業務），委託業務に係る受託会社の内部統制に対する検証業務（任意契約による業務），情報システムや認証局等に対する検証業務（Trustサービスと呼ばれる任意契約による保証業務），被合併会社等の財務諸表に対するレビュー業務（新規上場会社を対象とした東京証券取引所自主規制による保証業務），資産運用会社の投資パフォーマンス測定の検証業務（任意契約による保証業務），さらには環境報告書や社会責任報告書の審査業務（任意契約による保証業務）なども含まれる。

このように，保証業務は，概念的には，公認会計士法第2条に基づく「財

務書類の監査又は証明業務」(第1項業務) を包含するものである。

職業会計士は，その資格をもって，財務書類の調製，財務に関する調査，立案，相談 (第2項業務) を業とすることができるが，これらの業務は**保証業務には該当しない**。また，新規証券の発行等に際して会社の財務情報を検証し，その結果を幹事証券会社に交付するコンフォートレターでみられる「合意された手続」のように，職業会計士が検証結果についての報告を行うものの，検証手続を依頼者との間で合意して実施した場合にも，保証業務には該当しない。

保証業務は，主題情報の有無により，主題情報に対する保証業務と，直接報告による保証業務に分類される。保証業務は，システム，プロセス，成果，状況などを主題として，職業会計士がそれらを直接に検証し，主題の適否等に対する結論を報告することも可能であるが，一般的には，これらの主題を経営者等が一定の規準に基づいて評価または測定した結果を表明する主題情報を対象として，主題情報に虚偽がないかどうかについての結論を報告することが多い。たとえば，内部統制監査では，職業会計士が会社の内部統制というシステムまたはプロセスに対して直接に意見を表明するのではなく，会社の経営者が自社の内部統制を評価した主題情報としての内部統制報告書に対して意見を表明することになっている。

保証業務は，保証の結果としての信頼性の程度から，合理的保証業務と限定的保証業務に分類される。**合理的保証業務**とは，職業会計士が保証業務リスクを合理的に低い水準に抑えることができる場合，すなわち財務諸表監査と同程度の合理的な基礎を形成できる場合の保証業務をいう。この場合には，財務諸表の監査報告書でみられるような**積極的報告形式**による結論，すなわち「すべての重要な点において，一定の規準に照らして適正性や有効性等が認められるかどうか」という表現が用いられる。他方，**限定的保証業務**とは，保証業務リスクが合理的保証業務よりも高い水準ではあるが，消極的形式による結論の報告を行う基礎としては受け入れることができる程度に保証業務リスクを抑えることができる保証業務である。したがって，この場合には，四半期レビューでみられるような**消極的報告形式**による結論，すなわち「すべての重要な点において，一定の規準に照らして適正性や有効性等がないと考えられるような事項が発見されなかったかどうか」という表現 (否定を重ねる慎重な表現) が用いられる。

(MH)

27 内部監査

【関連する用語】
●内部統制　●日常的モニタリング　●独立的評価
● COSO モニタリング・ガイダンス　●内部監査関連資格
●日本内部監査協会

　内部監査は，一般的に，ある企業に属する内部監査人（部門）が，その企業の主要な意思決定や管理運営に責任を持つ経営者や経営者に対する監視責任を持つ取締役会のために，その企業内部に存在する被監査側の行動や報告を検査し，報告する行為である。

　内部監査人の国際的組織である IIA は，内部監査を「ある組織体の運営に価値を付加し，また改善するために行われる，独立の，客観的保証およびコンサルティング活動」であるとしている。ここで，保証とは「プロセス，システム，ならびにその他の監査対象について意見ないし結論を提供するための内部監査人による独立にして客観的な評価」である。この保証活動の中で，必要に応じ改善を提案することになる。また，コンサルティングとは，「依頼部門からの特定の依頼に基づいて行われる」助言的行為である。現代の内部監査は，保証とコンサルティングを業務としている。ただし，コンサルティングは，「監査」という形態でなくとも提供できる業務である。したがって，保証が内部監査本来の業務である。

　保証は，内部監査人が，被監査側の**内部統制**等の有効性等について，被監査側とは独立の立場で検査し，結論を出す行為である。この行為は，内部統制が有効に機能していることを継続的に評価するプロセス，すなわち内部統制におけるモニタリング機能を遂行するものである。モニタリングには，日常的モニタリングと独立的評価がある。**日常的モニタリング**は内部統制の有効性を監視するために通常の業務に組み込まれて行われる活動をいう。対して，**独立的評価**とは，日常的モニタリングでは発見できないような問題がないかを，独立の，客観的視点から評価することである。内部監査による保証は，独立的評価において，特に重要である。

　内部監査のみが独立的評価の担い手ではなく，経営者，取締役会，および

監査役（または監査委員会）も独立的評価を行う。ただし，経営者は，直接に被監査側を調査できる範囲には限界があるので，内部監査に適切な指示を行い，その結果を監視することによって独立的評価を遂行する。また，取締役会や監査委員会は執行機関ではないため，独立的評価のために客観的情報を入手するには，内部監査に依拠する必要がある。独自に監査を行う監査役を除いて，内部監査は，他の独立的評価機能を担う関係者に情報を提供することにより，独立的評価が有効に機能するための実質的部分を担保している。

内部統制は企業内のすべての者が係わって遂行される人的プロセスであり，内部統制に係わる人が適切に行動しなければ，どのような内部統制も機能せず，内部統制の目的は達成されない。また，内部統制は一定の状況を想定して方針や手続を構築し，リスクを低減しようとするプロセスであるため，状況の変化に対応できず，かつては有効であった内部統制が有効でなくなる場合もある。それゆえ，内部統制に係わる人が適切に行動しているか，状況に適切に対応した内部統制であるか，有効な内部統制であるために修正する必要はないかを確かめるための継続的評価（モニタリング）は，内部統制に不可欠な基本的要素である。COSO は，内部統制におけるモニタリングの重要性を認識して，効果的なモニタリングを効率的に整備し，運用するための **COSO モニタリング・ガイダンス**を策定しようとしている。

ところで，内部監査が独立的評価の実質を担うことが出来るためには，内部監査が被監査側からの独立性・客観性を維持したうえで，十分な数の専門的能力と実務経験を備えた内部監査人が必要となる。IIA は，内部監査人の専門職団体として，内部監査の教育・啓蒙，内部監査の専門職的実施の国際基準の策定，実践要綱等の実務に役立つ権威ある資料の提供，CIA・CCSA 等の**内部監査関連資格**の試験実施等の活動を行っている。こうした活動を通し，内部監査人の専門能力や実務経験の向上に貢献し，内部監査の地位向上を図ろうとしている。わが国では，社団法人**日本内部監査協会**が，IIA の日本支部として，日本国内で IIA と同様の活動を行い，わが国における内部監査のリーダーとしての役割を遂行している。CIA 等の内部監査関連資格は，社団法人日本内部監査協会により翻訳され，日本語で受験することができる。

(TM)

28 国際監査基準

【関連する用語】
●国際会計士連盟（IFAC）　●国際監査・保証基準審議会（IAASB）
●国際会計教育基準（IAES）
●加盟団体が遵守すべき義務に関するステートメント（SMO）
● PIOB

　近年，国際的な会計基準のコンバージェンスの動きと連動して，ISA のコンバージェンスへの各国の対応も加速している。その ISA の設定を担っている組織が，IFAC に設置されている IAASB である。従来，ISA を設定していた組織は，IFAC 内の国際監査実務委員会（International Auditing Practice Committee, "IAPC"）であったが，2002年に現在の IAASB に改組されている。従来の ISA は，基本原則と必須手続を太字（いわゆるブラック・レター）を用いて記述し，それ以外の説明等（いわゆるグレー・レター）と区別するという二分類方式を採用していたが，明瞭性を高めるために，クラリティ・プロジェクトに基づいて新起草方針が策定されている。この新起草方針では，要求事項等とそれ以外の記載内容を別々の箇所に分けて記載することや各 ISA に当該基準の目的を記載することが定められ，新起草方針に基づく ISA の書き換えが進められている。

　IAASB は，ISA のみならず，ISQC，保証業務の国際的な枠組み（International Framework for Assurance Engagements），ISRE，ISAE，ISRS の設定についても，設定主体としての役割を担っている。ISQC は，会計事務所としての品質管理を定めた基準であり，アシュアランス・フレームワークは監査を含む保証業務全般の枠組みを定めたものである。また，ISRE は，財務諸表のレビューについて，ISAE は財務諸表の監査およびレビュー以外の保証業務について定めており，ISRS は保証業務以外の関連する業務について定めている。

　IFAC 内には，IAASB のほか，国際倫理基準を設定する IESBA や IAES を設定する IAESB 等が設置されている。IFAC は，各国の会計士協会が加盟している組織であり，日本公認会計士協会もそのメンバーである。IFAC

は，SMO を有しており，これに基づき，各国の加盟団体は，IFAC の設定する国際基準を自国に導入するための最善の努力が求められている。ISA に関しては，SMO のうち SMO 3 が各国の加盟団体の義務を定めている。

　IFAC の国際的な基準設定の体制については，一定のガバナンス体制が整えられている。IAASB, IESBA, IAESB といった基準設定主体には，それぞれ多方面の関係者から構成される CAG が設置され，技術的な助言を各設定主体に行っている。また，それらの上部組織として，デュープロセスを中心に監視する公益監視審議会（Public Interest Oversight Board, PIOB）が設けられ，各設定主体の議論を監視するとともに，最終的な基準案を承認する役割を担っている。さらに，コンプライアンス助言パネル（Compliance Advisory Panel, "CAP"）は，コンプライアンス・プログラムに従って，各国のコンバージェンスの状況を監視している。　　　　　　　　　　　　　　　　（MS）

29 監査の国際対応(ネットワークファーム)

【関連する用語】
●監査事務所の国際的提携関係　●ネットワークファームの運営
●監査マニュアル　●監査訴訟に対する保険料　●倫理規則

　会計監査人が監査対象会社の国境を超えた事業活動に基づく連結財務諸表を適切に監査するためには，国際的なネットワークが必要となる。業務提携関係にある会計事務所をネットワークファームと呼び，事業体間の相互の協力を目的として共通のブランド名を使用し，共通の事業戦略を持ち，共通の品質管理の方針および手続を行う。もともと「ビッグ8」と呼ばれた国際会計事務所（Arthur Andersen & Co., Arthur Young & Co., Coopers & Lybrand, Deloitte Haskins & Sells, Ernst & Whinney, Peat, Marwick, Mitchell & Co., Price Waterhouse, Touche Ross & Co.（ABC順））はその代表格である。

　監査の国際対応は，1900年前後に英国の対米投資が活発化したのに伴い英国やスコットランドの会計事務所が米国に支店を開設した頃にさかのぼる。その後，米国の1933年証券法・証券取引所法の成立を経て，上場企業全体の監査を寡占するようになったビッグ8は，第二次世界大戦後に海外の事務所の開設，海外の会計事務所との提携を通じ国際対応をさらに進めた。1987年の Peat, Marwick International と欧州の大手会計事務所 Klynveld Main Goerdeler（KMG）の合併による KPMG の誕生を契機に，ビッグ8の合併が進み，2002年に「ビッグ4」の時代を迎えた。今日の国内大手**監査事務所の国際的提携関係**（他の監査人としての利用を含む）は，以下のとおりである（「あいうえお」順）。

●あずさ監査法人→ KPMG International（本部オランダ）
●あらた監査法人→ PricewaterhouseCoopers International Limited（本部米国）
●監査法人トーマツ→ Deloitte Touche Tohmatsu（本部米国）
●新日本有限責任監査法人→ Ernst & Young Global Limited（本部英国）

ビッグ4ほかの国際監査事務所は，メンバーファームのブランドを統括する組織を有するが，かかる組織は顧客に対するサービスには従事せず，各地のメンバーファームとも法律上は独立している。各メンバーファームも法律上相互に独立していることから，わが国の監査基準上は，国際的提携関係先であっても「他の監査人」の取扱いをする。

　ネットワークファームの運営は，各事務所の本部組織が，行動規範，業務の品質管理，監査業務，税務業務，アドバイザリー・サービス業務等の基本方針及び手続を策定し，加盟するネットワークファームが各国の制度・実情等に即して修正補足した基本方針および手続により行われている。例えば，国際的に首尾一貫した監査の品質を担保するためにネットワークファームが各国で使用する**監査マニュアル**は，世界共通の監査業務の基本方針・手続に立脚して策定されている。

　企業活動の近年における一層のグローバル化や国際財務報告基準の急速な浸透に対応するために，国際監査事務所は，ネットワークファームの増設やファーム間の人的交流や品質管理チェックを通じて，BRICsやその周辺諸国におけるサービス体制の充実化を図っている。欧米アジア諸国の規制当局の連携により強化の一途をたどる規制や海外拠点・ペーパーカンパニーを悪用した粉飾の手口への対応等も監査の国際化を進めるうえで大きな課題となっている。ますます巨大化する訴訟に対処するため，**監査訴訟に対する保険料**を共同で積み立てている。最新の動きとしては，ビッグ4のメンバーファーム同士が合併したり，本部組織の権限を大幅に強化する動きも出てきた。

　IFACが米国ほかの会計不信問題に基づき2004年4月に「加盟団体が遵守すべき義務に関するステートメント4」を公表して倫理規程を国際基準と位置づけて強化したのに伴い，日本公認会計士協会も2006年12月に倫理規則を改正し，ネットワークファームに対する**倫理規則**における取扱い（日本に限らない）として，ネットワークファームにおける独立性の遵守義務を明確化した。これにより，2008年4月から，監査法人とは別組織の税理士法人や各種アドバイザリー業務に従事する関連の会社や海外のネットワークファームを含め，監査対象会社との独立性の保持に疑いをもたれるような状況または関係を有しないように留意しなければならなくなった。

(KY)

30 監査報酬

【関連する用語】
●監査報酬の開示　●監査証明業務とその他の業務からの報酬
●インセンティブのねじれ　●監査時間の見積り
●海外との監査報酬額の格差

　金融審議会の公認会計士制度部会報告において,「財務書類の信頼性を高め,監査の質を確保する観点からは,どのような対価の下での監査を経て作成された財務書類であるかについて,企業が一層の説明責任を果たすことが求められた」ことから,被監査会社における有価証券届出書及び有価証券報告書における**監査報酬の開示**を明確に義務付ける企業内容等の開示に関する内閣府令(以下「開示府令」という。)の改正が2008年3月28日に行われた。従来は,コーポレートガバナンスの状況に関する事項の例示として,「監査報酬の内容」が掲げられるに留まっていたが,今回の開示府令の改正において,第3号様式等に監査報酬の内容等の欄が設けられた。具体的には,(1)監査公認会計士等に対する報酬の内容,(2)その他重要な報酬の内容,(3)監査公認会計士等の提出会社に対する非監査業務の内容,および(4)監査報酬の決定方針の4項目の記載が求められている。この改正では,提出会社と連結子会社を2行に記載し,監査証明業務に基づく報酬と非監査業務に基づく報酬を2列に配置する統一のフォーマットを設けることにより開示ベースの統一を行っている。また,2年分の開示を求めることにより比較可能性の確保も図っている。また,**監査証明業務とその他の業務からの報酬**を記載させることにより監査人と被監査会社との関係を一層明確に示し,さらには監査報酬の決定方針について記載させるなど開示の充実および強化も図られている。

　なお,様式の記載上の注意において,提出会社の連結子会社の監査人が,提出会社の監査人と同一のネットワークに属する場合には,連結子会社の監査人に対して,提出会社および連結子会社が支払う報酬の内容を記載することが,前述のその他重要な報酬の内容の例として掲げられている。

　近年,監査人の独立性と地位を強化する施策の一環として,監査法人のガバナンス,ディスクロージャーの強化が図られてきたが,その一方で,監査

される側の企業の経営者が，監査する側の会計監査人の選任，解任や報酬の決定権を有するといういわゆる「**インセンティブのねじれ**」の問題が提起された。この議論のなかでは，被監査会社における監査役の権限を強化することによって，ねじれを解消することが検討されたが，関連する法律の改正が必要であるため，衆参両院では，「監査人の選任決議案の決定権や監査報酬の決定権限を監査役に付与する措置についても引き続き真剣な検討を行い，早急に結論を得るよう努めること」との付帯決議を行っており，今後の早急な法律改正が望まれる。

監査報酬の決定に際しては，会計監査人から被監査会社に対して会社ごとに**監査時間の見積り**に基づく見積金額が提示される。監査基準によってリスク・アプローチに基づいた監査手続の実施が監査人には求められることから，監査の実施に先立ち詳細な監査計画の立案が重要となる。日本公認会計士協会は，監査・保証実務委員会研究報告第18号「監査時間の見積りに関する研究報告（中間報告）」を2008年6月3日付けで公表している。この研究報告では，監査業務の質を確保する観点から，被監査会社の規模，業種，内部統制の整備状況等個々の状況に応じて必要な作業を積み上げ，監査時間を見積もる場合の考え方およびその過程が示されている。また，2008年4月以降開始する事業年度から，四半期報告制度および内部統制報告制度の適用が開始されており，これらを効果的・効率的に遂行するためにも，体系だった監査時間を見積ることの重要性は益々高まると考えられる。

なお，従来から**海外との監査報酬額の格差**については，わが国の財務諸表監査の報酬金額が海外と比較して低い水準にあると言われてきた。日本公認会計士協会は2004年9月に，わが国と欧米主要5カ国（米国，英国，カナダ，フランス，ドイツ）の監査時間数の比較調査を実施し，「国際比較に基づく監査時間数増加の提言」を行っている。その後，近年における前述の開示内容等の充実を経て，具体的な計数を用いた推計が実施されている。代表的な調査事例としては，「日米上場企業の財務諸表監査報酬の比較について」（町田祥弘『会計・監査ジャーナル』No.624，2005年7月号）がある。この調査においては，日米での格差は4倍程度であることが推測できると結論付けられている。当該調査では内部統制報告制度導入前で比較が行われており，わが国においても内部統制報告制度が導入された以降における追跡調査の実施が期待される。

(YMg)

●ガバナンス編

　21世紀に入って加速した国際基準による統一化の方向性は，会計および監査の領域だけでなく，いわゆるコーポレート・ガバナンスの領域にまで及ぶことは必至であると思われる。たとえば，OECDや機関投資家等によるガバナンス原則の公表や，有力な証券取引所によるガバナンス規制の強化の流れは，多国籍化した各国のリーディング・カンパニーを通じて，国際的にガバナンスの統一化の動向へと動き始めているように思われる。

　こうした流れの中で，日本は，2005年の会社法の制定，および，2006年の金融商品取引法の制定により，会社の構造ないしは機関の見直しおよび開示に関する新たな法制度の施行がなされており，その際には，米国型のガバナンスの導入も図られている。これまでにも，会計および監査の領域においては，商法の領域と証券取引法の領域における齟齬ないしは整合性の問題等について議論されてきたところである。しかし，現在では，国際対応という観点から，多様な自由度を与えられた会社法と，同じく国際対応という観点から，非常に厳格な規制が導入された金融商品取引法との整合の問題が，より深刻な問題となってきているように思われる。日本経済の国際競争力の強化という視点からも，今後，ガバナンス問題は，会社の構造および機関，M&A，上場規制等の改革を通じて，両法律の関係や規制対象の議論も含めつつ，大きな変革を余儀なくされるものと予想される。

　ガバナンス問題は，用語に関する定義の多様性を含めて，論点がきわめて多岐にわたることから，多くの場合，会社法の領域，とくに会社の構造および機関の領域に限定されたり，あるいは，学問的な視点で，株主と経営者の関係等の問題に限られて議論ないしは検討されるのが一般的な傾向であるように思われる。

　本編では，国際的動向を踏まえつつ，会社法領域と金融商品取引法領域の双方を射程におきながら，今後のガバナンス議論において不可欠と解される用語を選択して解説を施している。

1 CSR

【関連する用語】
●企業の社会的責任　●メセナ　●国連のグローバル・コンパクト
●説明責任　●社会的責任投資

　CSR（Corporate Social Responsibility）は，「**企業の社会的責任**」とも呼ばれ，企業が事業活動やステークホルダー（利害関係者）との関わり合いの中に，環境や社会に対する配慮を自主的に組み込むことを意味する概念である（COM（2001）366）。

　ただし，CSRはコンプライアンス（法令遵守）のように制度的に義務づけられた範囲の責任を指すのではなく，それを越えて企業が自主的に負うべき倫理的・道義的責任を意味している。また，**メセナ**やフィランソロピーのように経営にとって付随的な活動として理解されるべきではなく，経営全般に不可分に統合された基本理念として認識されなければならない。

　企業は製品やサービスの生産を通じて新たな付加価値を創り出し，社会的厚生の増大に寄与している。しかし，生産活動は時として環境問題や人権問題などの負の成果を伴うことがある。CSRは，企業がこうした事態を回避しながら本業で経済活動を推進し，持続可能な社会の実現に貢献するために必要な管理ツールである。その性格上，CSRは本源的に経済，環境，社会というトリプルボトムライン型の成果指標と結びついている。

　現代のようなレピュテーション社会（企業の社会的名声が重視される社会）では，健全なCSRマネジメントは安定的な企業経営にとって不可欠な要因であり，その成否は企業の長期的利益に大きな影響を与える。気候変動などで環境規制等が厳格化すれば，短期的利益にも影響が及ぶ。

　CSRの原型は1960年代から70年代にかけてアメリカで議論された企業の社会的責任論に求めることができる。しかし，アメリカではあまり発展せず，その後欧州連合（EU）が市場統合による雇用不安を解消するためにCSRを重要な戦略的産業政策として位置づけたことによって，欧州企業のサプライチェーン・マネジメントを通じて世界的規模で広がった。現在わが国で普及

しているCSRも欧州起源であるが，CSRは伝搬・普及の過程で現地国の文化風土に影響を受けるので，実践形態は地域性を反映する場合が多い。

CSRに関する企業行動規範としては，**国連のグローバル・コンパクト**やOECDの多国籍企業ガイドラインが知られている。

グローバル・コンパクトは国連が主導する国際的イニシアティブで，企業等の組織に対して人権，労働，環境，腐敗防止の4分野にわたる10原則の遵守・実践を要請しており，これらの諸原則に賛同する団体が参加を表明して実践される。現在，世界129カ国から4700超の企業を含む6500超の団体が参加しており（2009年1月19日現在），日本からは1自治体を含む76企業が参加している（2009年1月19日末現在）。

OECDの多国籍企業ガイドラインは，OECD加盟国およびこれを支持する諸国の政府が遵守と効果的な実施の推進を誓約した多国籍企業に対する勧告であり，わが国もこれを承認している。内容的には，持続的発展への貢献や人権尊重などの現地国の政策やステークホルダーに対する配慮を求める一般方針，情報開示，雇用・労使関係，環境，贈賄の防止，消費者利益，科学・技術，競争，課税に関する勧告からなっている。

また，これら以外に，国際標準化機構（ISO）では組織の社会的責任に関する規格（ISO26000）を現在作成中である。ISO26000は第三者認証規格ではなく，ガイダンス文書とすることが決められており，2010年9月の発行を目指してマルチステークホルダー方式による協議が行われている。

CSRには情報開示が不可欠である。CSRは，本質的に広範なステークホルダーとの関わり合いの中で成立する概念なので，それらの人々に対する**説明責任**を回避できないからである。そのため，企業はCSRマネジメントの状況についてCSR報告書や持続可能性報告書を作成したり，ステークホルダー・ダイアログ等を開催するなどして説明責任を果たし，ステークホルダーとの適切なコミュニケーションに努めることが求められる。

CSRは投資に際しての選定基準になることがある。これは，**社会的責任投資**（SRI）と呼ばれ，宗教団体が教義に反するタバコ，酒，ギャンブル等に関与する企業を投資銘柄から排除したことに起源を発している。現在ではCSRの履行状況を評価基準とする投資全般を意味する概念として理解されており，CSRの普及を市場メカニズムによって促進する手段になっている。

(YKo)

2 コーポレート・ガバナンス原則

【関連する用語】
●カルパース　●統合規範
●上場会社コーポレート・ガバナンス原則　●企業年会連合会

　コーポレート・ガバナンス問題は，株式所有の分散とこれに伴う支配権の分離を特徴とする株式会社，とりわけ大規模公開会社を典型として，(1)企業は誰のものであり，また誰のために存在するのかという基本的な企業観を基礎として，(2)どのように企業（経営者）の行動を監視・監督していくのか，また(3)企業活動の効率性と市場競争力の強化を図りながら，(4)株主・投資家その他の利害関係者集団の利害をいかに調整するのかを議論の焦点とする。

　コーポレート・ガバナンスは一般に「企業統治」と翻訳され，広く「企業が指揮・統制されるシステム」として理解されているが，普遍的な定義はない。近年では，企業の繁栄（市場競争力の強化）とアカウンタビリティ（説明責任）の均衡をいかに図るのかを重要な課題として，長期的な企業価値の向上を意図した企業の規律づけおよび戦略的意思決定と経営者の監督機関である取締役会の機構改革を中心に，産業界や学界の各方面で活発な議論が展開されてきた。会社法等においても抜本的な制度改革がおこなわれてきたところである。

　また，コーポレート・ガバナンスの評価主体として，多くの年金・保険加入者を代表し，受託者責任を果たすべき機関投資家の役割も重要な問題である。クロスボーダーな分散投資と投資規模の拡大に伴って，機関投資家は議決権の行使を伴う積極的なガバナンスへの関与を強めている。

　米国最大の公的年金基金であるカリフォルニア州公務員退職年金基金（**カルパース**）は，受託者責任を果たすために長期的投資利益の獲得に繋がるコーポレート・ガバナンスの改善を求めてその先導役を果たしてきたが，その際，主要投資国別に「カルパース・コーポレート・ガバナンス原則」を公表し，株主行動主義を展開してきたことで知られる。

　ガバナンス改革の基礎となるこのような行動規範（ガバナンス・コード）

の策定は，国内あるいは国際的な諸機関によっても進められてきた。その多くはアングロ・サクソン流のガバナンス・モデルに基づくガバナンス改革を志向したが，その端緒が1992年に公表された英国の『キャドベリー報告書』である。英国においては，その後1995年に経営者報酬の問題に規律と詳細な開示を求めた1995年公表の『グリーンバリー報告書』および『ハンペル報告書』における諸勧告を加えて再編成された**『統合規範』**が1998年に公表されている。その特徴は，株主がガバナンスの情況を評価するために，(1)『統合規範』における健全なガバナンスの原則をどのように適用したかについて記述的な説明を行うとともに，(2)「最善慣行規範（CBP）」を遵守していることの表明ならびに遵守していない場合には該当規定または期間とその理由を具体的に年次報告書に開示する，いわゆる「comply or explain」が上場規則として求められた点にあった。

また，国際的には，経済協力開発機構（OECD）が1998年に公表した『コーポレート・ガバナンス原則』が，政府間レベルでの共通のガバナンス原則の策定に向けた最初の試みであった。当該原則は，国際的に遵守されるべき共通のミニマム・スタンダードとして，各国のガバナンスに係る法的・制度的枠組みの評価と改善を支援することを意図するものであり，「有効なコーポレート・ガバナンスの枠組みの基礎の確保」，「株主の権利および主要な持分機能」，「株主の平等な取扱い」，「コーポレート・ガバナンスにおける利害関係者の役割」，「開示と透明性」，「取締役会の役割」から構成される。

わが国においては，2004年に東京証券取引所が，「**上場会社コーポレート・ガバナンス原則**」を公表している。当該原則は上場会社によるコーポレート・ガバナンスの充実のための自発的な取組みを要請するものであり，その内容は前述のOECDの原則の構成に準拠して整理されている。

機関投資家の立場からは，**企業年金連合会**が2003年に「企業年金連合会コーポレート・ガバナンス原則」を公表している。コーポレート・ガバナンスにとって最も重要なことは，企業内部に株主価値の観点から企業経営を監督する仕組みを築くことであるとして，当該原則をふまえて保有する全銘柄について議決権を行使し，企業に対して長期的な株主価値を最大限尊重した経営を行うよう求めていくことを表明している。

(OF)

3 会社法

【関連する用語】
●監査役 ●委員会設置会社 ●取締役報酬 ●事業報告
●内部統制

　会社法（平成17年7月26日法律第86号）は，株式会社および持分会社（合同会社，合名会社及び合資会社）の設立，組織，運営および管理について定める法律であり，平成17年改正前商法第2編，有限会社法及び株式会社の監査等に関する商法の特例に関する法律など会社に関係する法律の内容を現代化し，統合・再編成したものとして制定された単行法である。

　会社法は，株式会社のガバナンスについて，公開会社であるか否か及び大会社であるか否かによって，異なる規律を加えている。たとえば，公開会社は取締役会を設置しなければならない。また，大会社または委員会設置会社は会計監査人を設置しなければならず，公開会社である大会社は委員会設置会社でないかぎり，監査役会を設置しなければならない。監査役会設置会社の**監査役**の半数以上は社外監査役でなければならず，1名以上の常勤監査役を置かなければならない。

　ここで，**委員会設置会社**とは，指名委員会，監査委員会及び報酬委員会を置く株式会社をいい，効率的な経営を可能にするために取締役会の専決事項が絞り込まれており，執行役に決定権限を大幅に委譲することができる。そこで，執行と監督とを分離するという観点から，委員会設置会社の取締役は原則として業務を執行することができず，また，使用人兼務取締役は認められないが，委員会設置会社の業務を執行する執行役を取締役が兼ねることは認められている。また，独立した立場からの監査・監督が行われるように，3つの委員会の委員は，それぞれ3人以上で，その過半数は社外取締役でなければならない。

　委員会設置会社でない取締役会設置会社は，公開会社以外の会社であって会計参与設置会社である会社を除き，監査役を置かなければならない。これは，取締役会設置会社においては，株主総会の決議事項が制限されており，

取締役会および取締役の職務執行を株主の利益のために監視する機関が必要であると考えられるためである。監査役は，取締役（会計参与設置会社では，取締役および会計参与）の職務の執行を監査する権限を有し，会計事項に限定されないのが原則であるが，公開会社でない会社においては，定款の定めにより，監査役の権限を会計に関する事項に限定することができる。監査役を置かない会社または監査役の権限が会計事項に限定されている会社においては，株主による違法行為差止めの要件が緩和され，取締役会設置会社であれば，株主に取締役会の招集請求権・招集権・出席権・意見陳述権が与えられ，裁判所の許可なく取締役会の議事録の閲覧等が認められるなど，株主がその会社のガバナンスにおいて果たす役割が大きくなる。

取締役の選任・解任は株主総会の権限であり，委員会設置会社以外の会社においては**取締役報酬**の決定も株主総会の権限であるが，委員会設置会社においては取締役及び執行役の報酬は報酬委員会が決定し，また，株主総会に提出される取締役の選任等の議案の内容は指名委員会が決定する。会社法は，いずれの場合にも，取締役の個別報酬開示を要求しておらず，先進国の中では特異であるが，公開会社は，**事業報告**において取締役の報酬総額および社外取締役の報酬総額を開示しなければならないし，各会社役員の報酬等の額またはその算定方法に係る決定に関する方針を定めているときは，その方針の決定の方法およびその方針の内容の概要を含めなければならない。委員会設置会社の報酬委員会はその方針を定めなければならないので，その方針が事業報告に記載されることになる。

大会社の取締役会（取締役会不設置会社では取締役の過半数）は取締役（委員会設置会社では取締役および執行役）の職務の執行が法令および定款に適合することを確保するための体制その他株式会社の業務の適正を確保するために必要なものとして法務省令で定める体制（**内部統制**等の体制）の整備を決議（決定）しなければならず，それ以外の会社でも内部統制等の体制の整備を決定するときは取締役会等がする。そして，内部統制等の体制の整備についての決定または決議があるときは，その決定または決議の内容の概要は事業報告の内容としなければならない。監査役（会計に関する事項に監査権限が限定されている場合を除く）・監査委員会は，内部統制等の体制の整備についての決定または決議の内容が相当でないと認めるときは，その旨およびその理由を，その監査報告に記載しなければならない。　　　　　(MY)

4 社外役員(取締役・監査役)

【関連する用語】
●社外取締役　●社外監査役　●委員会設置会社　●監査役会
●独立取締役

　会社法の定義によると、**社外取締役**とは、「株式会社の取締役であって、当該株式会社又はその子会社の業務執行取締役若しくは執行役又は支配人その他の使用人でなく、かつ、過去に当該株式会社又はその子会社の業務執行取締役若しくは執行役又は支配人その他の使用人となったことがないもの」とされている(会社法2条15号)。2001年の役員責任制度に関する商法改正により導入された概念である。ここで「業務執行取締役」というのは、会社法363条1項各号に掲げる取締役および当該株式会社の業務を執行したその他の取締役をいう(同号)。

　また**社外監査役**は、「株式会社の監査役であって、過去に当該株式会社又はその子会社の取締役、会計参与(会計参与が法人であるときはその職務を行うべき社員)若しくは執行役又は支配人その他の使用人となったことがないもの」をいう(同条16号)。1993年改正商法で導入された。

　これに対して、会社法では「社外役員」という概念も存在する。「社外役員」というのは、会社役員のうち、社外取締役または社外監査役であって、かつ、(1)法373条1項2号(特別取締役)、法400条3項(**委員会設置会社**)、法425条1項1号ハ(責任免除)または法427条1項(責任限定契約)の社外取締役であること、(2)法335条3項(**監査役会**設置会社の社外監査役)または427条1項(責任限定契約)の社外監査役であること、(3)当該会社役員を当該株式会社の社外取締役または社外監査役であるものとして計算関係書類、事業報告、株主総会参考書類その他当該株式会社が法令その他これに準ずるものの規定に基づき作成する資料に表示していること、のいずれかに該当する場合である(会社規2条3項5号)。このほか「社外取締役候補者」および「社外監査役候補者」という概念がある(会社規2条3項7号8号)。

　したがって、社外取締役または社外監査役となる資格がまず定められ、さ

らに社外取締役または社外監査役であることで何らかの法的効果を生じさせているか，または社外取締役・社外監査役であることを表示する場合には，「社外役員」，「社外取締役候補者」等となって，事業報告や株主総会参考書類での開示規制が適用されることになる（会社規74条4項，76条4項，82条3項，124条）。登記も，社外取締役等であることで何らかの法的効果を生じさせている場合に，社外取締役等としての登記が必要となる（法911条3項18号，21号，22号，24号，25号，26号）。

社外取締役というのは，上記の定義のとおり，現在，その会社または子会社の業務執行者でなく，かつ過去にもそうでなかった者をいう。この定義はいわゆる**独立取締役**とは異なっている。独立取締役の定義は日本法にはないが，一般に，当該会社の経営者の親族や当該会社の重要な取引先など，経営者からの独立性に疑問のある者は除かれる。社外取締役の要件が緩やかということになるが，その適否は開示規制により株主が判断すればよいと考えられている。

社外取締役は，業務執行をせず，（業務執行を行う）取締役の監督に専念する。執行と監督の人的分離であり，企業の効率性向上やコンプライアンスのために必要であると考えられている。委員会設置会社においては，指名，報酬，監査の各委員会において社外取締役が過半数を占める必要があるため，最低2名の社外取締役の選任が必要になる。特別取締役の制度を採用するためには，最低1名の社外取締役が必要である。監査役会設置会社においては，3名以上の監査役のうち半数以上は社外監査役でなければならない。また社外取締役・社外監査役のリスクを限定し，人材を確保するため，社外取締役等の責任については，株主総会決議等でその報酬の2年分に限定し，または責任限定契約を締結することができることとされている。

社外取締役は，当該会社の業務には通じていないから，日常的な業務上の決定に関してその効果が期待されているものではない。実務的には，会社が深刻な経営不振となった場合や，敵対的買収に遭遇した場合，重大な不祥事が発生した場合，マネジメント・バイアウトを行う場合，役員責任追及訴訟の請求がなされた場合，投資家と経営者が対立した場合など，役員の個人的な利害関係が大きく影響するケースで，その独立性に期待が寄せられる。

(NNk)

5 監査役(会)制度

【関連する用語】
●社外監査役　●常勤監査役　●業務監査権限　●会計監査人
●会計監査

　監査役は，取締役の職務執行を監査する機関である。会計監査人設置会社は，監査役を置かなければならず（会社（法）327条3項），公開会社である大会社は監査役会を置かなければならない（会社（法）328条1項）。委員会設置会社では監査役（会）でなく監査委員会を置くこととなる。上場企業はすべからく監査役会設置会社か委員会設置会社のいずれかである。

　監査役会設置会社では，監査役の員数は3名以上で，かつ，その半数以上は，社外監査役でなければならない（会社（法）335条3項）。その他の会社では監査役は1人でもよい。また，監査役は株主総会の決議によって選任され（会社（法）329条1項），任期は4年である（会社（法）336条1項）。なお，**社外監査役**とは，過去にその会社または子会社の取締役，会計参与もしくは執行役または支配人その他の使用人となったことがないものをいう（会社（法）2条16号）。したがって，親会社の取締役や使用人であったものも社外監査役となることができる（現在これらの職務にある者が兼任することも可能（会社（法）335条2項））。また，監査役会設置会社は，監査役の中から**常勤監査役**を選定しなければならない（会社（法）390条3項）。

　監査役はいわゆる独任制の機関であり，複数の監査役がいる場合にも各自が単独でその権限を行使できる。監査役会設置会社においては監査役の全員で監査役会を組織するが，監査役会制度の下でも監査役の独任制は維持されており，監査役会の機能は各監査役の役割分担を容易にしかつ情報の共有を可能にすることにより，組織的かつ効率的な監査を可能にするにとどまる。

　監査役（会）の職務と権限は，取締役の職務執行を監査することであり，会社の業務全般に及ぶ。ただし，非公開会社（監査役会設置会社および会計監査人設置会社を除く）では，監査役の監査の範囲を会計監査に限定することができる（会社（法）389条1項）。それ以外の会社では，監査役（会）は，

業務監査権限を有する。監査役（会）は，実施した監査について，毎事業年度ごとに監査報告を作成し，株主に提供する（会社（法）381条1項，437条）。

監査役は，取締役会に出席し，必要があると認めるときは意見を述べる義務があるほか（会社（法）383条1項），取締役が不正の行為をし，もしくは当該行為をするおそれがあると認めるときなどには，その旨を取締役（会）に報告することを要する（会社（法）382条）。また，それによって会社に著しい損害が生じるおそれがあるときは，監査役はその行為の差止めを請求することができる（会社（法）385条1項）。また，監査役は，会社と取締役間の訴訟において，会社を代表する（会社（法）386条1項）。

会計監査人設置会社においては，監査役は，会計監査人の監査の方法及び結果の相当性を監査するが，計算関係書類について直接会計監査を行うことまでは求められていない（会社計算155条2号）。**会計監査人**は，計算関係書類につき，会社との契約により委任を受けて監査を行う専門職業人である。会計監査人となる資格は，公認会計士または監査法人に限られる（会社（法）337条1項）。大会社は，会計監査人を置かなければならない（会社（法）328条）。それ以外の会社（委員会設置会社を除く）は，会計監査人の設置は任意である。会計監査人は，計算関係書類について**会計監査**を行い，会計監査報告を作成し，株主に提供する（会社（法）396条1項，437条）。

監査役は，その職務を遂行するにつき会社に対して善管注意義務を負い，任務懈怠があれば会社に対して損害賠償責任を負う（会社（法）423条1項）。また，監査役は，悪意または重過失による任務懈怠があれば，当該任務懈怠によって損害を受けた第三者に対しても損害賠償責任を負う（会社（法）429条1項）。さらには，有価証券報告書など証券市場に対して開示した一定の書類に虚偽記載があった場合，監査役が当該虚偽記載等を知らずかつ「相当な注意」を用いたにもかかわらず知ることができなかったことを立証した場合を除き，監査役も損害賠償責任を負うこととなる（金商（法）24条の4，24条の4の6，22条，21条1項1号・2項1号）。

監査役の行動規範については，会社法など法律が定めるところを受けて，日本監査役協会から「監査役監査基準」，「内部統制システムに係る監査の実施基準」，「監査役監査実施要領」などが策定され公表されている。また，監査機能の実効性強化に向けた取組みが，日本監査役協会など実務現場において近時積極的に進められている。

(KTa・YMy)

6 委員会設置会社

【関連する用語】
●執行役　●指名委員会　●監査委員会　●報酬委員会
●会計監査人

　委員会設置会社は「指名委員会，監査委員会及び報酬委員会を置く株式会社をいう。」(会社(法)第2条1項12号)と定義されているように，指名委員会，監査委員会，報酬委員会の設置が義務づけられている株式会社である。委員会設置会社の各委員会は，3名以上の委員から構成され(会社(法)第400条)，その過半数が社外取締役でなければならない。「委員会設置会社の取締役は，当該委員会設置会社の支配人その他の使用人を兼ねることができない。」(会社(法)第331条3項)と規定されているように，業務の執行と監督を明確に分離し，監督に専念している点が従来の監査役設置会社における取締役との大きな違いである。

　委員会設置会社は，多数の社外取締役によって構成される取締役会が，会社の業務執行を行う**執行役**を監視するという構造になっており，会社の業務執行と監視を明確に分離することによって，会社のガバナンスを強化し，健全な会社経営が実現されることを意図したものである。

　委員会設置会社に設置が義務づけられている各委員会の主な役割は以下の通りである。

●**指名委員会**

　取締役候補者の推薦，取締役候補者の推薦の際に上級執行役員，取締役または株主により提案された取締役候補者の検討，取締役会の委員会の委員となる取締役の推薦などを行う委員会。

●**監査委員会**

　外部監査人を選任し，外部監査人および内部監査人と連携して最高経営責任者等の経営陣の業務執行に対する取締役会の監視機能を補佐する委員会。

●**報酬委員会**

　上級執行役員の報酬の検討・推薦，役員報酬計画の検討，経営陣の役得の

範囲に関する方針の確立および定期的検討などを行う委員会。

特に監査委員会の委員については「監査委員会の委員は、委員会設置会社若しくはその子会社の執行役若しくは業務執行取締役又は委員会設置会社の子会社の会計参与若しくは支配人その他の使用人を兼ねることができない。」（会社（法）第400条4項）と規定されており特に執行役からの独立性を確保することが求められている。

委員会設置会社のモデルとなった米国の会社機構においても、通常はこれらの3つの委員会が設置されているが、上場審査の際に監査委員会の設置が義務づけられているのみであり、法律によってこれらの委員会の設置が義務づけられているわけではない点が、わが国の委員会設置会社と大きく異なる点であるといえる。平成14年5月の商法改正において、米国型の委員会制度と監査役監査制度との選択適用が認められることとなったが、会社（法）においてもそのまま選択制度が引き継がれている。この選択制度もわが国会社（法）の特徴であるといえる。

米国において委員会制度が導入されたのは、企業が巨大化し、事業も複雑化するにつれて、最高経営責任者を含む上級執行役を指名したり、執行役が適正な財務諸表を作成しているか、執行役が適切に社内の管理体制を構築しそれを適切に運用しているか等の監督、取締役、執行役の報酬の決定など、取締役会が果たさなければならない極めて広範囲にわたる役割のすべてについて、取締役会で議論することが困難となったことが背景にある。取締役会に課せられた使命を果たすためには、これらのすべての事項を取締役会で行うよりも、取締役の一部によって構成される専門委員会でこれらの事項を検討する方が効果的かつ効率的であり、また、専門委員会を主に社外から選任された社外取締役によって構成することにより、重要な事項を経営陣から独立した立場で議論し、公正な決定を行うことが可能となるという考えから委員会制度が導入されたのである。

また、「委員会設置会社は、会計監査人を置かなければならない。」（会社（法）第327条2項5号）と規定されているように、**会計監査人**の設置が義務づけられている。監査委員会は過半数が社外取締役であり、自らが監査を実施することは困難である。それゆえ、会計監査人の設置が義務づけられているのである。

(MO)

7 監査委員会

【関連する用語】
●委員会設置会社　●監査報酬　●社外取締役　●会計監査人
●監査役会

　監査委員会は**委員会設置会社**におかれる専門委員会の1つであり，外部監査人の選任，監査契約と監査範囲の検討，**監査報酬**額の決定，内部統制上の欠陥についての検討，財務諸表監査において問題とされた事項の検討，内部監査人の活動と勧告事項の検討といった機能を果たすことによって最高経営責任者等の経営陣の業務執行に対する取締役会の監視機能を補佐する委員会である。

　委員会設置会社が導入されたのは，監督と執行の分離をより明確にするためである。本来，取締役会というのは監督機関であり，経営者を株主に代わって取り締まるのが役割である。しかしながら，これまでの日本の会社は取締役が，業務の執行を行うと同時に，他の取締役の監督をも行うという矛盾を抱えていた。そこで執行と監督を明確に分離する委員会設置会社がクローズアップされたのである。委員会設置会社は「指名委員会，監査委員会及び報酬委員会を置く株式会社をいう。」（会社（法）第2条1項12号）と規定され，会社の業務の執行を監視する監査委員会は必置機関である。

　監査委員会は取締役会が任命する3名以上の取締役で構成され，構成員の過半数は**社外取締役**であって，会社の執行役でないものでなければならないとされており（会社（法）第400条），監査委員会において社外取締役が重要な役割を果たしている。社外取締役は経済的に会社から独立しているので，公正な判断ができるであろうと期待されているのである。

　会計監査人の監査報酬について監査委員会の同意を得なければならないとされているのは，同様の考えから，外部監査人の執行役に対する独立性を強化して外部監査を有効に機能させるためである。

　監査委員会には，執行役等の職務の執行の監査および監査報告の作成を行う責任（会社法第404条2項1号）と，株主総会に提出する**会計監査人**の選

任および解任ならびに会計監査人を再任しないことに関する議案の内容の決定を行う責任が（会社（法）第404条2項2号）課されている。また，監査委員に対しても，監査役同様に，取締役や執行役の行為の差止権が認められている（会社（法）第407条1項）。これらの規定から，監査委員会も**監査役会**とほぼ同様の責任を負い，権限を有していることがわかる。

さらに，監査役会設置会社と同様に，役員等の損害賠償責任の免除について，各監査委員の同意がなければ総会に免除の議案を提出することができないとされ（会社（法）第425条3項），監査委員の権限はいっそう強化されている。しかしながら，監査役は，監査の方針や調査方法などの監査役の職務の執行に関して監査役会の決議に必ずしも従わなくてもよく（会社（法）第390条2項），いわゆる独任制が採用されている。一方，監査委員も監査役同様に広範な調査権限を有してはいるが，その権限を行使するにあたっては監査委員会の決議に従わなければならず（会社（法）第405条4項），独任制ではなく，監査委員会が機関として機能する点が，監査役会と監査委員会の大きな違いである。

実際には，直接監査委員会のメンバーが，経営者の個別的な業務執行を監査するわけではなく，財務書類の審査および外部監査人および内部監査人との連携を通して，経営陣の業績評価の前提となる会計情報の正確さを確保するとともに，法遵守・リスク管理のための内部統制システムが適切に機能しているかどうかを定期的にチェックする機能を果たすのである。監査委員会のチェックを経た会計情報に基づき，全体としての取締役会が経営者の経営成果を評価し，場合によっては経営者を交代させることになるのである。

社外取締役の比率が高いということから，監査委員会がその機能を十分に果たすためには，監査委員に情報を提供する内部監査機能と外部監査を果たす会計監査人との連携が欠かせない。社外取締役の情報源は主として取締役会議事録，社内スタッフが用意した書類程度であり，社内スタッフが上司である最高経営責任者等の執行役に不利な情報を積極的に提供するインセンティブがあるかは疑問が残るところである。それゆえ，監査委員会が企業における会計，監査，ガバナンスの強力なモニタリング機関として有効に機能するためには，外部監査人たる会計監査人との連携が特に重要となってくるのである。

(MO)

8 会計参与

【関連する用語】
●計算書類 ●中小会社 ●業務および財産状況を調査する権利
●会計参与報告 ●会計参与の行動指針

　会計参与は，株式会社の内部機関の1つであり（会社（法）326条2項），取締役（委員会設置会社においては執行役）と共同して**計算書類**（同435条2項）およびその附属明細書，臨時計算書類（同441条1項）並びに連結計算書類（同444条1項）を作成することを職務としている（同374条1項，6項）。これは，株式会社の計算書類等の信頼性を高めることを目的として，2006年5月1日に施行された会社（法）（平成17年法律第86号）により新たに導入された制度であり，委員会設置会社および大会社には公認会計士・監査法人による会計監査人監査が義務付けられていることから（同327条5項，328条），主として会計監査人が設置されていない**中小会社**において計算書類等の信頼性の向上を図るために導入された制度である。

　会計参与の設置は強制ではなく，すべての株式会社が定款で定めることによって，会社の規模や公開・非公開に関係なく，会計参与を任意に設置することができるが（同326条2項），公開会社でない株式会社（委員会設置会社および大会社を除く）が取締役会を設置しながら監査役を設置しない場合には，会計参与の設置が義務付けられている（同327条2項）。会計参与が設置された場合には，その旨ならびに会計参与の氏名または名称および計算書類等の備置きをする場所を登記しなければならない（同911条3項16号）。

　会計参与は，計算書類等の信頼性を高めるために，会計の専門家に資格が限定されており，公認会計士若しくは監査法人または税理士もしくは税理士法人でなければならない（同333条1項）。ただし，会計参与の独立性確保の観点から，会計参与は当該会社またはその子会社の取締役，監査役もしくは執行役または支配人その他の使用人を兼務できないし（同333条3項1号），会計監査人の兼務も禁止されている（同337条3項1号）。

　取締役や監査役などと同じく，会計参与は役員であるから，その選任・解

140

任は，株主総会の決議によって決定される（同329条1項，339条1項）。また，会計参与の任期については，取締役の任期に関する規定が準用され（同334条1項，332条），原則として，選任後2年（同332条1項），委員会設置会社では1年（同332条3項）となる。なお，会計参与の報酬は，独立性の確保の観点から，監査役の報酬に関する規定と同様に，定款または株主総会の決議で決定される（同379条1項）。

会計参与の職務は，取締役と共同して計算書類等を作成することであるが，この共同してとは，取締役が単独で計算書類等を作成することはできないことを意味している。そのため，会計参与は計算書類等を承認する取締役会には出席し，必要があるときは意見を述べなければならないが（同376条1項），取締役と意見を異にするときには株主総会において意見を述べることができる（同377条1項）。さらに，会計参与には監査役の代わりとしての役割もあり，取締役の不正行為や法令・定款違反の事実を発見したときには，これを株主・監査役に報告しなければならない（同375条1項）。

会計参与は会計の専門家として適正な計算書類等を作成するために，常に必要な情報を入手することが不可欠である。そのため，会計参与には，会計帳簿の閲覧・謄写を請求する権利（同374条2項），当該会社もしくはその子会社に対して会計の報告を求め，**業務および財産状況を調査する権利**（同374条2項，3項）が認められている。また，会計参与が計算書類等を作成する場合，株主や債権者に対する情報提供を目的として，法務省令で定める事項を内容とする**会計参与報告**を作成しなければならない（同374条1項）。この会計参与報告は計算書類等とともに，会社とは別に会計参与のもとで5年間備置き，株主や債権者の閲覧請求に応じなければならない（同378条1項，2項）。なお，会計参与が計算書類等を作成する際には，日本公認会計士協会や日本税理士連合会などが公表している「中小企業の会計に関する指針」や「**会計参与の行動指針**」などが実務上の依拠すべき基準となる。

会計参与には，職務権限の重さから，会社と第三者に対してそれぞれ責任がある。すなわち，会計参与は，その任務を怠った場合には，会社に対し，これによって生じた損害を賠償する責任を負い（同423条1項），これは株主代表訴訟の対象とされている（同847条）。また，会計参与が，その職務を行うにつき故意または重大な過失があった場合は，これによって第三者に生じた損害を賠償する責任を負っている（同429条1項，2項）。

(IK)

9　経営者報酬

> 【関連する用語】
> ●業績連動型報酬　●ストック・オプション　●退職慰労金
> ●報酬委員会　●報酬等の開示

　経営者報酬（役員報酬）は，給与等の固定報酬（定時定額報酬），短期インセンティブや役員賞与等を含む**業績連動報酬**（年次インセンティブ），ストック・オプションを典型とする株価連動報酬（長期インセンティブ）および退職慰労金等，多様な形態がある。わが国の会社法は，職務執行の対価として会社から受ける財産上の利益を「報酬等」と定義している。

　ストック・オプションとは，会社取締役の利益と株主の利益を一致させるために勤務先企業の株式を購入する権利を付与した業績連動型の報酬である。株価の変動に応じて経営者の受け取るメリットが増減する報酬であり，権利行使時における株価が権利行使価額を上回る部分がストック・オプションに係る報酬額となる。業績連動報酬としてのストック・オプションの比重は高まっている。

　この点について，近年，米国においては退任取締役に対して巨額の退職金が支払われる等，経営者の高額報酬に対して世論の激しい批判があり，その正当性をめぐって訴訟も起きている。また，ストック・オプションに係る権利付与日の不正操作が発覚し，大きな問題となった。株主総会において年金基金，労働組合および個人株主から経営者報酬を株主承認事項にするように求める提案も強まる傾向にある。経営者側も報酬をめぐって賛否を問う株主投票制度を導入する等，株主側からの提案には必ずしも法的拘束力はないものの経営者に対する大きな圧力となっている。

　わが国においては，業績連動報酬の導入が進む一方で，経営者に対する退任後報酬である役員**退職慰労金**等の年功型制度の廃止を決定する企業が増加する等，役員報酬のあり方をめぐってその環境は大きく変化しており，コーポレート・ガバナンスの改善と連動した役員報酬制度の見直しが重要な課題となってきた。

経営者報酬をめぐる問題において重要となるのは，報酬制度の決定プロセスとそのチェック機能および報酬に係る開示のあり方である。

わが国では，委員会設置会社において3名以上の取締役で構成され，その過半数は社外取締役でなければならない**報酬委員会**の設置が法律上義務づけられており，取締役および執行役の報酬を決定する。報酬の仕組みだけでなく，報酬の決定プロセスは非常に重要である。役員報酬の開示を前提として，株主総会が報酬委員会の決定の適否をレビューする機会が必要となる。委員会設置会社以外の会社においても定款または株主総会で定められた報酬総額あるいは報酬の上限額の範囲内で報酬が支払われることを確保することが求められる。

公開会社においては，会社法に基づき事業報告における開示が求められる。すなわち，当該事業年度に係る報酬等の額（年額または月額の報酬等のほか，役員賞与，ストック・オプション，役員退職慰労金），ならびに報酬方針の内容およびその決定プロセスを事業報告の内容とする。この場合，報酬額の開示は取締役によるいわゆるお手盛りをけん制し，また報酬方針の開示は報酬の決定に株主総会が関与しない委員会等設置会社において報酬決定プロセスの公正性を確保することを目的とする。

報酬等の開示において，取締役の報酬等の額は，監査役，執行役，会計参与等との区分が必要とされる。各人別の報酬の個別開示は求められていないが，個別開示は行うことは妨げられない。

また，報酬方針に係る決定の方法およびその方針の内容の概要の開示については，委員会設置会社でない会社では記載が省略できるが，報酬等に係る開示は重要なガバナンス情報である点からすれば，記載を省略することは正当化されないであろう。

なお，海外に目を向けると，英国においては，報酬の方針に係る詳細な説明とともに，すべての取締役の過去2年間の個別開示が求められている。また，米国においては，主要経営責任者，主要財務責任者および報酬額上位3名を対象として報酬の個別開示が求められる。新たな動向として，米国では，報酬委員会報告書とともに，報酬に係る方針の決定の前提となる重要かつ基本的な要素を記述的に説明する「報酬に関する討議と分析（CD&A）」が新設され，その開示を通じたガバナンスの強化が図られている。　　　　(OF)

10 ストック・オプション

【関連する用語】
●ストック・オプション　●特に有利な払込金額　●事業報告
●取締役の報酬等　●有価証券報告書　●新株予約権の会計処理

　ストック・オプションは，通常，新株予約権を報酬として付与する制度を指す。ストック・オプションは，平成9年改正商法で初めて法制化された。それ以前は，社債とともに発行した新株引受権を会社が買い戻してそれを役職員に付与する方法や，株価に応じて報酬を計算するファントム・ストック，大株主が株式の譲渡を行うことによる方法などで，同様の株価連動報酬がとられることがあった。

　平成9年改正商法では自己株方式と新株引受権方式が定められたが，その後の商法改正および会社法の施行を経て，現在は取締役に対しては報酬等として新株予約権を付与するという考え方となっている。しかしその付与手続については，法律上明確になっておらず，当該会社の取締役に付与する場合には，(1)新株予約権を非金銭報酬として付与する決議をする方法，(2)**特に有利な払込金額**としての決議により付与する方法，(3)金銭報酬により公正な価額で発行する方法（相殺方式）などがある。当該会社の従業員に付与する場合には，有利発行の手続は不要であり役員報酬にも該当しないことから，株主総会の決議は不要とされている。子会社・グループ会社等の役職員に付与する場合については，有利発行の手続が必要とする説と，不要とする説に分かれている。実務的にも未だに取扱いは分かれている。

　開示については，**事業報告**において，**取締役の報酬等**の総額として付与された新株予約権の金額（評価額）を含めて開示するほか（会社規121条4号5号），期末時点に残存している役員報酬としての新株予約権の内容の概要およびそれを有する人数，ならびに期中に使用人または子会社の役員もしくは使用人に付与した新株予約権に関する事項を記載する（会社規123条1号2号）。**有価証券報告書**においても，ストック・オプション制度の概要が記載事項とされている（第三号様式記載上の注意(22)，第二号様式記載上の

注意（43））。**新株予約権の会計処理**については,「ストック・オプション等に関する会計基準」（企業会計基準委員会企業会計基準第 8 号）が定められており，その公正な評価額を対象勤務期間の費用として計上することとされている。

　ストック・オプションは,株価連動型報酬である。報酬体系の考え方については,従前日本の企業は終身雇用制,年功序列型賃金体系を前提に,取締役の報酬についても従業員の賃金体系と連続的な傾斜を描く定額報酬制度としており,これは人事の公平性を考慮したものであった。その後,報酬を業績に連動させることにより,業績向上へのインセンティブとする考え方が導入されるに至った。これはエージェンシー・コストの理論を背景とする。欧米ではさらに,優れた経営者をスカウトするためにはそれに見合った報酬が必要であるという,競争原理に従った報酬の決定という考え方がある。

　ストック・オプションは,1990年代のアメリカにおいて,株価上昇を背景に急速に拡大し,それが世界に広まった。しかしストック・オプションは,株価上昇へのインセンティブが強すぎる場合には,粉飾決算や株価操縦等を引き起こすリスクがある。また行使後の株式を売却して初めて利益が確定するから,売却時にインサイダー取引規制に抵触する可能性がある。また株価は経営者の努力以外の理由によっても変動するので適切なインセンティブとなっているかや,コストと効果が見合っているかも検証が必要である。日本では多数の使用人に広く付与する事例があるが,自分の努力と株価の間に合理的な連動性がない場合には効果は乏しい。一方で,MBOやベンチャー企業などの場合には,非常に有効に機能することもある。

　なお,実務において,「1円ストック・オプション」というものも存在する。これは退職慰労金制度を廃止する際に,それに代わるものとして導入される。たとえば,取締役に従前付与されてきた退職慰労金が1年当たり1000万円であったと仮定すると,退職慰労金制度を廃止し,その代わりに1円で行使することができる新株予約権を公正な評価額で1000万円分付与する,というものである。これにより株価上昇へのインセンティブとなるほか,株価が低下すると,当該新株予約権の価値も低下してしまい,取締役は株価低下のデメリットも共有することになるので,より株主との利害が一致するという考え方である。

(NNk)

11 敵対的買収防衛策

【関連する用語】
●ライツプラン　●第三者割当増資　●黄金株　●非公開化
●ホワイトナイト

　敵対的買収防衛策は，経営陣の意思に関わりなく，市場で公開株式を買い集め経営権の一部もしくは全部を掌握できるまで買い進め，現経営陣を排除し，あるいは経営改革を迫り，企業の価値を向上させる目的で行われる，いわゆる敵対的買収に関する様々な対策を総称するものである。

　買収対象となっている会社（対象会社）の経営陣が当該買収提案に反対するため「敵対的」とされるが，合理的経営を行わない経営陣に圧力をかけることで企業価値を向上させ，株主の利益となるケースも見られる。買収行為により発行済み株式の3分の1を超える買収は，公開買付け（TOB）によって行わなければならないとされている（金商（法））。

　敵対的買収に対しては，現経営陣が敵対的防衛策を講じる場合が多く，ポイズンピル（毒薬条項）と呼ばれる各種の手法や，黄金株やホワイトナイトの利用なども考えられる。ポイズンピルは，買収者のさらなる買収コストを増加させ，買収をあきらめさせる対策を指すことが多い。わが国では，買収が一定レベルを超えた時点で，あらかじめ設定しておいた新株予約権の発行を利用して，既存株主の株式割合を増加させ，買収者の株式割合を引き下げて買収工作を困難とする対策が講じられることが多い。

　こうした買収対策が認められるのは，グリーン・メーラー（企業買収を口実として，実は会社の株式を買い集めた上で，高値での買取りを迫る投資家）など不健全な動機から企業買収を仕掛けてくる場合や，会社に回復しがたい損害を与えることが明らかな場合などに例外的に，認められる手法である（最高裁判所2007年8月7日決定参照）。米国では，あらかじめこうした権利を付与して，差別的対策を実施する対策を**ライツプラン**と呼ぶ。

　また，新株や会社保有株を特定の者（ホワイトナイトを利用する方法もある）に適正価格で割り当てて，株式を保有させる方法として**第三者割当増資**

（会社（法）243条）があり，株式を希釈化させることができる。しかし，経営支配権の争奪が顕在化した段階では株価は高騰しているのが通常で，適正な価格での発行は容易ではない。しかし低廉に発行すると，従来の株主の持株比率に重大な影響を及ぼすような新株予約権の発行と認定され「著しく不公正な発行」（会社（法）247条2号）として，新株予約権発行差止請求の対象となる。

さらに，**黄金株**の発行も検討される。**黄金株**とは，取締役の過半数の選任や解任その他重要な事項について，定款所定の拒否権が付された種類株式のことである。そして，会社法上，拒否権の対象として定款で定めることができる事項は，黄金株発行会社株主総会決議事項又は取締役会決議事項である（会社（法）108条1項8号）。敵対的買収者が普通株式を大量に買収して株主総会を支配したとしても，取締役の選任や合併などの重要事項を種類株主総会の決議事項とする拒否権付種類株式を，友好的な第三者（例えば，従業員や優良取引先，創業者株主など）に対して発行しておくことで買収者の決定権を制限することが可能となる。さらに黄金株に譲渡制限を付与する（会社（法）2条17号，108条1項4号）ことにより，敵対的買収防衛策はより実際的なものとなる。

より根本的な防衛策としては，株式を**非公開化**する方法も提案されている。非公開化により，自社の株式を株式市場から失わせることによって，買収自体を不能とするもので，MBO（マネジメント・バイアウト＝経営陣が自社の株式購入資金を用意して，自社の上場株式を買い取ること）によって，一定割合の株を取得することで，公開株の割合を低下させ，その結果株式上場を廃止する企業も増えつつある。

他方で積極的な対策として**ホワイトナイト**を利用することもある。買収をかけられた対象会社に友好的な第三者を選定し，その第三者に譲渡制限株式を割り当てておくことで，公開株を一定限度保有してもらい，その支配力を利用して，買収者の圧力を排除するものである。敵対的買収者に買収され影響力を行使される前にホワイトナイトの協力で，安定支配を確立するものといえる。この方法は，ホワイトナイトに依存するため，その選定には慎重であるべきで，選定を間違えると，ホワイトナイトであったものがトロイの木馬（味方のふりをして対象会社に近づき，後に対象会社を裏切る者）になる危険も覚悟し，対策をとる必要がある。 (JM)

12 機関投資家

【関連する用語】
●保険会社　●適格機関投資家　●カルパース
●確定給付企業年金法　●アクティビスト

　機関投資家とは，有価証券投資などの資産運用を専門的に行う機関であり，生命**保険会社**，年金基金，投資信託，投資顧問会社が運用する各種の投資ファンドなどが代表的な例である。最近では，資源国や発展途上国の政府系機関が，石油収入や外貨準備などを運用する政府系ファンド（ソブリン・ウェルス・ファンド）の活動も注目されるようになっている。

　一般に機関投資家とされる機関は，法制度上は保険業法，金融商品取引法など異なる業法による規制を受けているが，ほとんどの場合，金商法上の**適格機関投資家**となっている。適格機関投資家への投資勧誘に際しては，行為規制や情報開示規制において，一般投資家保護のために設けられている厳格なルールが適用されない。

　運用資金の管理者である機関投資家自らが直接投資を行う場合（自家運用）と投資顧問会社や信託銀行など資産運用会社に運用を委託する場合（委託運用）があり，年金運用などでは自家運用と委託運用を組み合わせた重層的な構造が一般的である。

　機関投資家の資産運用では，専門家であるファンドマネジャーが資産配分や投資対象の決定に携わるため，高度な情報収集や分析に基づく投資判断が可能となる。また，資産規模が大きく，分散投資が容易であるため，効率的な運用が実現する。このため，証券市場における機関投資家の存在が大きくなる機関化現象が進むと，市場全体の効率性が高まるといわれる。

　日本では，1980年代まで年金資産の運用が生命保険会社と信託銀行に集中されており，投資信託も参入規制が厳しく多様化が遅れるなど，主に制度的な要因から機関投資家の存在感は薄かった。しかし，1986年の証券投資顧問業法制定やその後の投資一任業務や投資信託業務への参入規制の緩和，年金制度改革などを契機として，本格的な機関投資家時代が到来した。

機関投資家の存在は，上場会社の経営のあり方にも大きな影響を与えている。かつての機関投資家は，投資先企業の業績が思わしくない場合は，直ちに株式を売却するという投資行動をとった。これは「ウォール・ストリート・ルール」などと呼ばれた。

　しかし，ファイナンス理論の発展によって，効率的な市場においては市場ポートフォリオを上回るリターンを継続的にあげることは難しいという認識が広まったことから，近年では，個別銘柄の選択に力を入れるアクティブ運用だけでなく，市場ポートフォリオへの投資を基本とするパッシブ運用を行う機関投資家が増えている。とりわけ，運用資産が30兆円にも達するカリフォルニア州公務員退職年金基金（**カルパース**）などの大規模な機関投資家は，自らの売買行動が市場に及ぼす影響（マーケット・インパクト）が大きいこともあり，機動的な銘柄の入れ替えを行うことが容易でない。

　そこで，機関投資家が投資先企業の経営に不満を感じても，株式を売却するのではなく，株主総会における議決権行使を通じて経営改善を促そうとする傾向が強まってきた。一般に，他人の資金を預かる機関投資家は，最終的な受益者である年金加入者や保険契約者に対する受託者責任を負っていると考えられるが，米国労働省のエイボン・レター（1988年）が，議決権の適正な行使も受託者責任の一端であることを明らかにしたことで，積極的な議決権行使が一層広がっている。

　日本でも，厚生年金基金に関する受託者責任ガイドラインの策定や**確定給付企業年金法**制定によって機関投資家の受託者責任の意義が強調されるようになっている。機関投資家の議決権行使に関して助言する議決権行使助言会社も現れ，上場会社は，機関投資家の議決権行使原則の内容を意識しながら，配当水準の決定や役員の人選を行うようになりつつある。

　最近では，一定の影響力を行使できるよう大きな議決権割合を取得した上で，経営改善を強く迫って株価向上による利益を得ようとする**アクティビスト・ファンド**の活動も盛んになっている。日本では，アクティビストの活発な動きが1つの要因となって，株式公開買付（TOB）に関する法制度の見直しや上場会社による敵対的買収防衛策の導入などにつながった。この背景には，機関投資家が伝統的な投資対象以外のオルタナティブ投資を拡大し，様々な投資戦略を用いるファンドへの投資を積極化していることもある。

（SO）

13 株主代表訴訟

【関連する用語】
●担保提供命令　●単元未満株　●株式交換　●不提訴理由書

　株主代表訴訟とは，株主が株式会社に対して，役員等の責任を追及する旨請求したにも関わらず，株式会社が，当該請求の日から60日以内に役員等に対する責任追及の訴えを提起しないときに，当該株主が株主全体を代表して役員等に対する責任追及の訴えを提起できるという制度であり，株主の重要な権利である（会社（法）847条1項・2項・3項）。

　会社の役員も業務執行を担当することから業務遂行の際，法令上の義務違反などにより会社に損害を与えることがあるが，当該役員が会社において重要な地位にあるときは，会社として訴訟を避け，責任を曖昧にする危険が存在する。こうした事態を防止するため，株主による牽制を認める制度である。

　株主の権利であるものの，株主による明らかに権利を濫用したような訴訟提起や不当な訴訟提起まで広く認めることは適切でないことから，裁判所は，株主代表訴訟の被告の申立てにより，当該株主に対し，相当の担保を立てるべきことを命ずることができることとした（**担保提供命令**。会社法847条7項）。ただし，被告が担保提供命令の申立てをするには，当該株主による訴訟提起が悪意によるものであることを疎明しなければならない（会社（法）847条8項）とし，濫用的代表訴訟を抑止している。

　株主代表訴訟を提起できる株主は，公開会社（＝その発行する全部又は一部の株式の内容として譲渡による当該株式の取得について株式会社の承認を要する旨の定款の定めを設けていない株式会社。会社（法）2条5号）であれば6カ月（これを下回る期間を定款で定めた場合には，その期間）前から引き続き株式を有する株主，非公開会社（上記以外の会社）であればすべての株主であるが，定款の定めにより株主代表訴訟を提起する権利を行使することができないとされた**単元未満株**主は，提起することはできない（会社（法）189条2項）。

　株主代表訴訟を提起した株主が，当該株式会社の株主でなくなったときは，

当該代表訴訟の原告適格を失うのが原則であるが，その者が当該株式会社の**株式交換**または株式移転により当該株式会社の完全親会社（特定の株式会社の発行済み株式の全部を有する株式会社その他これと同等のものとして法務省令で定める株式会社をいう）の株式を取得したときは，当該株式会社の株主でなくなってはいるが，引き続き代表訴訟を追行できるものとした（会社（法）851条1項1号）。これは，当該株式会社の完全親会社の株主として引き続き代表訴訟の結果につき間接的に影響を受けるにもかかわらず，原告適格なしとして，それまでの訴訟追行が無駄になることに対する不都合を修正するものである。

旧法においても株主代表訴訟制度は存在したが（旧商法267条），会社が提訴しない旨およびその理由を株主に通知する法的義務はなかったので，株主は，会社がどのような事実関係の調査結果に基づいて提訴しないと判断したのか，その理由を知らされることのないまま，株主代表訴訟を提起せざるを得なかった。そのため，旧法では株主は，事実関係を十分に把握できない状態で訴訟追行しなければならなかった。

会社（法）の新設により，株式会社は，上記の請求の日から60日以内に責任追及の訴えを提起しない場合において，当該請求をした株主等から請求を受けたときは，遅滞なく，責任追及の訴えを提起しない理由を書面（**不提訴理由書**）その他の法務省令で定める方法により通知しなければならないとした（会社（法）847条4項）。これにより，役員間の馴れ合いにより提訴されないというような事態が生ずることを牽制するとともに，株主等が代表訴訟を追行する上で必要な訴訟資料を収集することが容易となったとされる。また，たとえば，取締役の責任を追及する訴えとの関係では，不提訴理由書の作成は監査役の任務であるところ，監査役に，取締役の責任を追及する訴えを提起すべきでないとした理由を株主に開示させることにより，監査役が十分な調査に基づき決定するインセンティヴを与え，株主に代表訴訟を提起すべきかどうかの判断材料を提供しようとしたものである。

さらに不提訴理由書は，株主等が代表訴訟を追行する上で必要な訴訟資料が収集可能となるという点からコンプライアンス機能も期待される。　（JM）

14 企業集団(親会社・子会社等)

【関連する用語】
●連結財務諸表 ●親会社 ●子会社 ●内部統制
●監査役(会)・監査委員会

　企業は，他の企業と形式的あるいは実質的に支配従属関係を有することがあるが，支配従属関係にある企業により構成される企業集団の財政状態および経営成績は，**連結財務諸表**によりあらわされる。

　日本における連結財務諸表は，1970年代後半から制度化されたが，20世紀の終わりから始まった会計ビッグバン以前は，個別財務諸表による開示が中心であった。しかしながら，子会社等を通じての経済活動が拡大し，海外における資金調達活動が活発化したことなどから，多角化，国際化した企業に対する投資判断を的確に行う上で企業集団に係る情報が一層重視され，会計ビッグバンにより，連結情報を中心とするディスクロージャー制度への転換がはかられた。

　企業集団の財政状態および経営成績が，連結財務諸表により的確にあらわされるためには，連結財務諸表に含まれる企業の範囲が適切にとらえられる必要がある。企業会計審議会が公表した連結財務諸表原則では，**親会社**はすべての子会社を連結の範囲に含めなければならないとしている。ここで，親会社とは他の会社を支配している会社を，**子会社**とは当該他の会社等をいうとされ，他の会社等を支配しているとは，他の会社の意思決定機関を支配していることとされているが，支配しているかどうかの判断は必ずしも容易なことではない。日本では，他の会社等の議決権の過半数を実質的に所有している場合あるいは議決権の所有割合が100分の50以下であっても，高い比率(100分の40以上)の議決権を有しており，かつ，当該会社の意思決定機関を支配している一定の事実が認められる場合には，当該意思決定機関を支配していないことが明らかに示されない限り，当該他の会社等は子会社に該当するものとされている。

　しかしながら，こうした規則の制定後も，有価証券報告書の開示内容など

証券取引法のディスクロージャーの開示をめぐり不適正な事例が発生した。これらの事例をみると、ディスクロージャーの信頼性を確保するための企業における**内部統制**が有効に機能しなかったのではないかということがうかがわれる。そのため、このような状況を踏まえ、2004年3月期の決算から会社代表者による有価証券報告書の記載内容の適正性に関する確認書が任意の制度として導入され、その中で財務報告に係る内部統制システムが有効に機能していたかの確認が求められてきた。さらに、金融商品取引法により、上場会社を対象に、財務報告に係る内部統制の経営者による評価と公認会計士等による監査が義務付けられ、2008年4月1日以後開始する事業年度から適用されることになった。

以上は、主に金融商品取引法（証券取引法）における取扱いであるが、商法においても、従来から企業集団についての開示は行われてきていた。ただし、当初は、連結計算書類の開示までは求められていなかった。しかしながら、上述のような動向から、2001年の商法改正において、商法特例法上の大会社であって有価証券報告書の提出が義務付けられている会社について連結計算書類の作成が義務づけられ、2004年4月決算会社から、連結計算書類の開示が行われることになった。会社法の下でもこの点に変わりはない。

また、会社法に基づき設置される**監査役（会）・監査委員会**も、会社が子会社等を有する場合においては、連結経営の視点を踏まえて監査職務を遂行すべきとされ、企業集団全体の内部統制システムの整備についても留意することとされている。

企業集団の経営にあたっては、こうした内部統制やガバナンスの役割が重要なものとなっており、企業集団の財政状態および経営成績をみる上でも、こうした点に留意していく必要がある。

なお、一般に企業集団といった場合、日本においては、戦前に存在していた財閥グループの存在があげられることもある。終戦後財閥は解体されたものの、金融機関を中核に様々な業種にまたがる巨大な集団として結集している。ただし、これらの集団は、親会社と子会社といった支配従属関係によるものではなく、また、近年は株式の持合い比率も低下し、人的結合やグループ意識の結束力といったつながりによる集団となっているといえよう。さらに、最近の金融再編などにより、旧財閥グループを超えての経営統合も進んでいる。

(AS)

15 持ち株会社

【関連する用語】
●グループ経営　●利益相反　●親子上場
●子会社の取締役の責任　●親会社の取締役の責任

　持ち株会社とは，経済的な意味では，株式所有を通して傘下の子会社を含む**グループ経営**の要となる会社である。商号には，「○○ホールディングス」とか，「△△グループ」いう表現が用いられることが多い。

　独占禁止法では，「子会社の株式の取得価額（最終の貸借対照表において別に付した価額があるときは，その価額）の合計額の当該会社の総資産の額に対する割合が百分の五十を超える会社」と定義されており（独占禁止法9条5項），他の法令でも一般的にこの定義が援用されている。

　持ち株会社の利用が急増したのは，1997年の独占禁止法の改正を契機とする。同改正では，純粋会社の設立や移行等が一律に禁止されていたのを見直し，持ち株会社という組織形態の活用を認めながらも，事業支配力過度集中の実質的な規制を行うこととされた。

　この持ち株会社の解禁において，課題とされたのは，どのようにして持ち株会社の組織を構築するかである。種々の方法があるが，改正前から現在に至るまで活用されているのは，抜け殻方式である。持ち株会社となる会社を残しつつ，事業を新しく設立した子会社に移すという手法である。事業の移転には，従来から，事業譲渡を用いることもできるが，2000年商法改正で導入された新設会社分割を用いることもできる。会社分割によれば，権利義務の移転が容易になるという利点がある。また，複数の会社が共通の持ち株会社を創設するためには，1999年商法改正で導入された株式移転を用いる例が多い。既存の持ち株会社組織に新しい事業を加えるためには，同年改正で導入された株式交換を用いれば，その事業を目的とする会社を完全子会社として取得することができる。

　グループ経営を効率的に行うためには，傘下の子会社を完全子会社にしておくと簡便である。というのも，持ち株会社と子会社の間で**利益相反**が生じ

ないためである。一部の完全子会社に不利益が生じたとしても，その不利益は完全親会社である持ち株会社が全て負担することになるからである。もっとも，子会社の債権者を害するような形で，グループ経営の戦略を実行することは許されない。

このように会社法上は子会社を完全子会社にするのが単純であるが，実際には，**親子上場**といって，持ち株会社である親会社が上場するだけではなくて，子会社をも上場させることが多い。これは，日本企業の特徴であるといわれる。親会社に利益を収奪されるかもしれない子会社の株式が，証券市場で一般投資家に受け入れられている理由は，必ずしも明らかではない。親会社の不当な指図等によって子会社が損失を被った場合に，子会社の株主は親会社の責任を追及することが理論的には可能であるが，実際に責任が認められる事例は限られる。

他方，持ち株会社の株主は，子会社の取締役の任務懈怠によって，損害を被る可能性がある。この子会社が完全子会社でないならば，親会社以外の株主が，代表訴訟という形で，**子会社の取締役の責任**を追及する可能性がある。しかし，完全子会社であれば，株主は親会社のみであり，責任追及がなされにくい。そこで，親会社の株主も，子会社の取締役に対して代表訴訟を提起することができるようにすべきであるとの意見も強い。この訴訟においては，親会社の株主が親会社を代表し，親会社が子会社株主として子会社を代表するので，多重代表訴訟（二重代表訴訟）といわれる。

もっとも，現行法では，**親会社の取締役の責任**に注目することで，多重代表訴訟を認める必要はないとの建前がとられている。親会社株主が，子会社取締役の任務懈怠により損害をこうむったとしても，親会社の取締役が子会社の取締役の責任を放置しているという任務懈怠を問題とすればよいからである。

なお，多重代表訴訟の議論にも現れているように，持ち株会社の株主は，会社が各種の事業を会社の部門として有している場合と比べて，子会社が事業を有することになるため，その事業に対する牽制を間接的にしか行うことができなくなる。子会社が合併等の基礎的変更をする場合に，持ち株会社の有する議決権を同社の株主に行使させるべきかという問題もある。子会社の議決権が，持ち株会社を通過して，持ち株会社の株主に至るので，パススルーという表現がなされる。

(MN)

16 企業再編

【関連する用語】
●合併 ●株式交換 ●株式移転 ●会社分割 ●持株会社

　企業はそのビジネスを行っていくうえで,外部環境の変化や国際競争の激化などに対応するため,企業の組織を再編成し,経営資源の選択と集中を行って経営の効率化をはかることがある。こうした企業再編を行う方法には様々なものがあり,**合併**や**株式交換**,**株式移転**による共同持株会社の設立といった企業と企業を統合させるもののほか,企業の事業の一部または全部を分離し,他の企業に渡したり新会社を作る**会社分割**がある。

　一般に,2つ以上の会社が1つの会社になることを合併といい,吸収合併と新設合併とがある。吸収合併は,会社が他の会社と行う合併であって,合併により消滅する会社の権利義務の全部を合併後存続する会社に承継させるものをいう。また,新設合併は,2つ以上の会社が行う合併であって,合併により消滅する会社の権利義務の全部を合併により設立する会社に承継させるものをいうが,実務上は吸収合併によることが多い。

　また,株式交換とは,株式会社がその発行済株式の全部を他の会社に取得させることをいい,具体的には,ある会社が他の会社の株主との間で,その株主が保有する当該他の会社の発行済株式の全部と自己の株式とを交換することにより,当該他の会社を完全子会社化する。企業の組織再編成を支援するために1999年の商法改正により導入された制度であり,これにより,既存の会社間に完全親子会社関係を容易に創設することができるようになった。

　株式移転も,1999年の商法改正により導入された制度であり,1つまたは2つ以上の会社がその発行済株式の全部を新たに設立する株式会社に取得させることをいい,言い換えれば,自らが子会社となって完全親会社を新しく設立するものである。具体的には,完全子会社となる会社の株主が保有する株式を新たに設立する完全親会社に移転し,その新設会社が設立に際して発行する株式をその株主に割り当てるという方法である。

　これに対して,会社の事業の一部または全部を分離し,他社に渡したり新

会社を作ることを会社分割といい，2000年の商法改正により導入された。会社分割は，分割の方法により，吸収分割と新設分割に分けられる。吸収分割は，会社がその事業に関して有する権利義務の全部または一部を分割後他の会社に承継させることをいい，新設分割は，1つまたは2つ以上の会社がその事業に関して有する権利義務の全部または一部を分割により設立する会社に承継させることをいう。なお，会社分割は，株式の割当先により，分社型分割と分割型分割にも区分できる。分社型分割は，新しい株式の割当先が分割した会社であるもので，物的分割ともいわれる。また，分割型分割とは，新しい株式の割当先が分割した元の株主であるもので，人的分割ともいわれる。したがって，会社分割は，これらを組み合わせて，分割型吸収分割，分社型吸収分割，分割型新設分割，分社型新設分割の4つに区分することができる。

このように企業は様々な方法により企業の組織再編成を行い，企業（グループ）の経営を効率化していくが，こうした企業グループを統制していくためには，その核となる会社が必要となろう。**持株会社**は，その核となる会社といえ，純粋持株会社と事業持株会社とがある。純粋持株会社とは，自らは全く事業を行わず，他の会社の活動を支配することだけを目的とするものであり，事業持株会社とは，自らも本業を行いながら，かつ，他の会社の活動も支配する会社のことである。

事業持株会社は従来から認められていたが，純粋持株会社は，第二次世界大戦後に制定された独占禁止法により，その設立および既存の会社の（純粋）持株会社化が禁止されていた。しかしながら，1997年の独占禁止法の改正により容認されたため，多くの企業グループでは，組織が再編成され，純粋持株会社が生まれている。

（純粋）持株会社をつくる方法としては，自らが行っている事業を子会社に移し，自らは持株会社に移行する方法（いわゆる抜け殻方式）の他，株式交換や株式移転を利用する方法などがある。自らが行っている事業を子会社に移すには，事業譲渡のほか，会社分割（既存会社が承継する吸収分割とを新たに設立する新設分割とがある）といった方法がある。

企業再編を行うにあたっては，こうした方法を良く理解し，その目的にあった方法を採用していく必要がある。

(AS)

17 三角合併

【関連する用語】
●親子会社　●対価の柔軟化　●株式交換　●国際的 M&A
●特定組織再編成

三角合併（triangular merger）は，完全な**親子会社**の関係を創設するための取引である。完全親会社となる会社（買収会社）が，受け皿会社（殻会社：shell company）を用意して，この会社に完全子会社となる会社（対象会社）を吸収合併させる。合併に際しては，消滅する完全子会社となる会社の株主に対し，完全親会社の株式が交付される。これによって，完全親子会社関係（100％株式所有の親子会社関係）ができあがる。

このような合併が可能となったのは，会社法制の現代化の目玉として，2005年に制定された会社（法）で，合併等の**対価の柔軟化**がなされたからである。従前は，吸収合併では，消滅会社の株主に対して存続会社の株式が交付されなければならいと考えられており，合併の対価は存続会社の株式に限定されていた。現在では，合併等の対価の種類については，明文での法的制約はなくなった。合併に際して，存続会社の完全親会社の株式を用いるのが，三角合併である。広義には，金銭等を合併対価とする場合であっても，完全親子会社関係を創設することになるから，このような場合を含めて，三角合併と呼ぶこともある。

完全親会社は，合併の直接的な当事会社ではないので，完全親会社は受け皿会社に自社の株式をいったん保有させておき，受け皿会社は保有完全親会社株式を完全子会社の株主に交付するという方法が予定されている。会社（法）も，このような場合に，子会社による親会社株式取得の禁止の例外を認めている（会社（法）135条2項5号，会社規23条8号）。もっとも，実務上は，受け皿会社に対して親会社株式をどのような方法で取得させるのかが課題になっている。

完全親子会社関係を創設する点で，三角合併は，**株式交換**（share exchange）と異ならない。むしろ，わが国では，三角合併では対象会社を消

減させてしまうため，同社が許認可事業を営む場合や，支配移転に伴い契約関係の終了等をもたらす特約（change of control clause）を有する場合には，許認可の再取得や特約の不適用の交渉などが障害となる可能性がある。株式交換を選択したほうが法的安定性は高くなる。

米国では，買収対象会社を存続会社とし，買収側の受け皿会社を消滅会社とする三角合併が許容されているので，このような法的な障害は生じない。州会社法上，吸収合併において，存続会社の株主の持ち株を別の金銭等に転換させることもが許容されているからである。買収側の受け皿会社が消滅するので，逆三角合併（reverse triangular merger）という。米国にも，株式交換規定を設けている州会社法もあるが，上場会社が好んで設立するデラウエア州では採用されておらず，逆三角合併が一般的に利用される。

わが国では，逆三角合併が認められていないために，当事会社の全てが内国会社である場合には，三角合併を用いる利点は少ない。三角合併の活用が期待されたのは，**国際的M&A**を行う場合である。すなわち，外国会社が内国会社の株式を対価として買収しようとする場合に，外国会社が，日本国内に受け皿会社を用意し，この受け皿会社に対象会社である内国会社を合併させれば，外国買収会社は内国対象会社を完全子会社にすることができる。このような工夫が必要になるのは，外国会社は会社法上の会社ではないので（会社法2条1号），内国会社と外国会社とが直接的に合併することはできないと理解するのが一般的であるためである（会社（法）748条参照）。

もっとも，実際には，対象会社である内国会社が許認可事業を行っているなど，消滅会社にすることが法的に難しい場合も少なくない。そこで，国際的M&Aでも，三角株式交換という手法が用いられる。外国の買収会社が，日本国内に受け皿会社を用意して，この受け皿会社と内国の対象会社との間で株式交換を行い，完全子会社となる内国対象会社の株主には，外国買収会社の株式を交付するものである。2008年に成立したシティグループと日興コーディアルグループの統合が，日本初の国際的株式交換となった。

なお，三角合併が**特定組織再編成**に該当する場合には，対価となる親会社株式について，有価証券届出書の提出が必要である（金商（法）4条，2条の2）。ただし，親会社株式に関して開示が行われている場合などには，必要ではない（金商（法）4条1項・6項，企業内容の開示に関する内閣府令6条）。

(MN)

18 金融商品取引法

【関連する用語】
●インサイダー取引　●有価証券報告書　●内部統制
●公開買付け　●大量保有報告制度

　企業内容等の開示の制度を整備するとともに，金融商品取引業を行う者に関し必要な事項を定め，金融商品取引所の適切な運営を確保すること等により，有価証券の発行および金融商品等の取引等を公正にし，有価証券の流通を円滑にするほか，資本市場の機能の十全な発揮による金融商品等の公正な価格形成等を図り，もって国民経済の健全な発展及び投資者の保護に資することを目的として，金商（法）（昭和23年法律第25号）は，企業内容の開示，公開買付けに関する開示および株券等の大量保有の状況に関する開示について定めるほか，金融商品取引業者の登録・認可，金融商品取引所や金融商品取引清算機関，証券金融会社に関する免許などについて定め，また，**インサイダー取引**（内部者取引）などの不公正取引などの禁止，課徴金や罰則を定めている。インサイダー取引が禁止されているのは，投資者の保護，市場に対する信認および証券市場の公正性・健全性を確保するためであるが，開示するか取引を断念することを要求するものであるため，情報の適時開示のインセンティブを与えるという面もありうる。

　企業のガバナンスとの関係では，金融商品取引法は，大きく分けて，3つの面でルールを設けている。

　第1に，事業年度ごとに内閣総理大臣に提出することが要求されている，有価証券報告書提出会社の商号，その会社の属する企業集団およびその会社の経理の状況その他事業の内容に関する重要な事項その他の公益または投資者保護のため必要かつ適当なものとして内閣府令で定める事項を記載した報告書である**有価証券報告書**が企業内容の開示の中核をなす。これとの関係で，有価証券報告書提出会社は，当該会社における財務報告が法令等に従って適正に作成されるための体制について，「財務計算に関する書類その他の情報の適正性を確保するための体制に関する内閣府令」で定めるところにより評

価した報告書(内部統制報告書)を提出しなければならないものとされている。そして,内部統制報告書は,公認会計士または監査法人の監査証明を受けなければならない。これは,財務報告に係る**内部統制**の整備が企業内容の開示の実効性確保の前提となるという認識に基づくものである。

第2に,証券市場を通じた株券等の取得により,会社の支配権の争奪が行われることによって,会社経営者に対する規律が働き,会社のガバナンスによい影響を与えると期待されるが,そのような支配権の争奪にあたって,投資者の利益が十分に保護される必要がある。そこで,金融商品取引法は,有価証券報告書提出会社の株券等を発行者以外の者が市場外で一定数以上の買付け等する場合などには,原則として**公開買付け**によらなければならないものとしている。これは,投資者にコントロール・プレミアムにあずかる平等な機会を与えること,投資者が公平に取り扱われること,および,投資者に十分な情報と熟慮期間が与えられることをねらったものである。ここで,公開買付けとは,株券等の発行会社または第三者が,不特定かつ多数の人に対して,公告等により買付期間・買付数量・買付価格等を提示し,株券等の買付けの申込みまたは売付けの申込みの勧誘をおこない,市場外で株券等の買付けを行うことをいう。投資者にとっては,だれが大株主なのかということが重要な情報なので,有価証券報告書提出会社の株券等保有割合が5%を超えた場合またはその後1%以上増減した場合には内閣総理大臣に大量保有報告書を提出しなければならないという**大量保有報告制度**も定められている。もっとも,これらは,相まって,買収対象会社に買収防衛策を講じる余地を与える結果となっている。

第3に,会社が委任状勧誘を行う場合や委任状争奪戦が行われる場合などに,十分な情報を得て,投資者が議決権行使の委任をすることができるよう,また,投資者の意思がよりよく反映されるよう,委任状勧誘について,金融商品取引法は規律を設けている(金商(法)施行令36条の2・36条の3,上場株式の議決権の代理行使の勧誘に関する内閣府令)。参考書類や委任状の用紙の内容について定めているほか,委任状の用紙等を交付した後,直ちに,金融庁長官にそれらを提出しなければならないこととしており,違反に対しては罰則も定められている。

(MY)

19 内部統制報告制度

【関連する用語】
●金融商品取引法　●内部統制監査
●SOX法　●ダイレクト・レポーティング
●監査役（会）・監査委員会

　内部統制報告制度は，2006年6月に成立した**金融商品取引法**により，上場会社を対象に，財務報告に係る内部統制の有効性に関する経営者の「評価」とそれに対する公認会計士等の「監査」（**内部統制監査**）を義務づけるもので，平成20年4月1日以後開始する事業年度から導入されている。

　この内部統制報告制度は，2006年秋以降，西武鉄道株式会社による有価証券報告書の虚偽記載などディスクロージャーをめぐる不適切な事例が相次ぎ，そこでは，財務報告に係る内部統制，すなわち，企業における財務報告が法令等に従って適正に作成されるための体制，が有効に機能していなかったのではないかとして，内部統制強化の必要性が指摘された。

　米国では，エンロン事件を契機に2002年に成立したサーベインズ＝オクスリー法（**SOX法**）において，財務報告に係る内部統制について，経営者による評価と公認会計士等による監査が義務づけられたが，特に，制度の導入初年度において内部統制の評価・監査について過度に保守的な対応が行われ，実務において企業に多大なコストがかかっているとの指摘がなされた。

　こうしたことから，わが国における内部統制報告制度の検討においては，米国における動向も踏まえ，企業等に過度のコスト負担をかけることなく，効率性と有効性のバランスをとりながら内部統制を整備することを目指すこととされた。2007年2月に企業会計審議会から公表された財務報告に係る内部統制の評価と監査を実施するための基準および基準を実務に適用していくための実務上の指針（実施基準）などにおいてもそうした方策や考え方が示されている。

　すなわち，基準においては，(1)全社的な内部統制の評価を踏まえて，重大な虚偽記載につながるリスクに着眼して，必要な範囲で業務プロセスに係る内部統制を整備・評価するというトップダウン型のリスク・アプローチの活

用，(2)米国に比べ，内部統制の不備の区分の簡素化，(3)監査人の行う内部統制監査は，経営者が実施した内部統制の評価について行うこととし，米国で採用されている経営者の評価結果とは無関係に，監査人が直接，内部統制の整備・運用状況を検証するという形式（いわゆる**ダイレクト・レポーティング（直接報告業務）**）の不採用，(4)内部統制監査と財務諸表監査は，同一の監査人が監査計画を一体的に策定し，監査証拠は双方でも利用するなど一体的に実施，(5)原則として内部統制監査報告書は財務諸表監査報告書と合わせて一体的に作成，(6)監査人は，**監査役（会）・監査委員会**や内部監査人と適切に連携し，必要に応じ，内部監査人の業務等を適切に利用，といった方策が示された。また，実施基準においては，業務プロセスの絞り込みの指針や監査人は監査役（会）・監査委員会が行った業務監査の中身自体を検討するものではなく，監査役（会）等の活動を含めた経営レベルにおける内部統制の整備・運用状況を統制環境，モニタリング等の一部として考慮することなど，具体的な内容が示されている。

内部統制報告制度の導入に向けた準備作業において，実務の現場では，一部に誤解に基づいた過度に保守的な対応が行われているともいわれ，金融庁では，2008年3月に「内部統制報告制度に関する11の誤解」を公表し，改めて制度の意図を説明している。例えば，米国SOX法のように「どのような小さな業務でも内部統制を整備・評価しなければならない」「膨大な文書化が必要」「内部統制に問題があると上場廃止や罰則の対象となる」といった誤解に対しては，「重要な虚偽記載につながるリスクを抽出し，対象範囲を絞り込むこと」「文書化は必須ではないこと」「重要な欠陥があってもそれだけでは，上場廃止や金商（法）違反にはならないこと」などを明らかにしている。

また，金融庁では，併せて公表した「内部統制報告制度の円滑な実施に向けた行政の対応」に基づき，基準等制度の内容の一層の明確化を図る観点から，(1)追加のQ&Aの公表，(2)日本経団連，日本公認会計士協会，金融庁の間で共同の相談・照会窓口の設置を行った。加えて，内部統制報告制度の導入にあたって，過度に保守的な対応とならないよう，制度の円滑な実施の観点から指導中心の行政対応を行うこととしている。

(AN)

20 サーベインズ＝オクスリー法（SOX法）

【関連する用語】
●エンロン　●公開会社会計監視委員会　●監査人の独立性
●内部統制報告　●証券アナリスト規制

　米国では，2001年の**エンロン**の破綻および不正会計の発覚を皮切りに，ワールドコムなど巨大企業による不正会計の発覚が相次いだ。エンロンの不正会計事件では，同社の不正行為に会計監査を担当した会計事務所が関与していたとされたことから，上場企業の会計監査に対する不信感を増大させることとなり，米国資本市場を根底から揺るがす事態にまで発展した。

　こうした中で，米国資本市場に対する信頼を回復すべく，2002年7月，サーベインズ＝オクスリー法（SOX法）が制定された。SOX法は，わが国ではSOX法や米国企業改革法と呼ばれることが多い。

　SOX法の構成としては，大きく分けると，(1) PCAOB, (2)監査人の独立性, (3)発行会社の責務, (4)ディスクロージャーの拡充, (5)証券アナリスト規制および(6)刑事責任の強化に分類できる。監査人の独立性確保を図る一方で監査人に対する監視体制を強化し，また，ディスクロージャーの充実と強化にとどまらず，コーポレート・ガバナンスの観点からの規制を導入したことに特色がある。SECが，この法律を具体化するための多くの規則を制定している。

　(1)**公開会社会計監視委員会**とは，公開会社の監査を担当する監査人を監督する目的で設置された機関である。公開会社の監査を担当する会計事務所には，公開会社会計監視委員会への登録が義務付けられた。公開会社会計監視委員会は，登録会計事務所による監査の品質管理の状況などを評価するために，定期的に登録会計事務所に対する検査を行い，その結果を公表するとともに，必要に応じて制裁を行う。

　(2)**監査人の独立性**に関する制度として，非監査業務の同時提供の禁止や監査責任者のローテーション制度などが設けられた。

　(3)発行会社の責務としては，発行会社における監査委員会のあり方や

CEO 等による年次報告書等の適切性に関する保証（certify）などが定められている。SOX 法は，発行会社のコーポレート・ガバナンスにおいて重要な役割を担うことが期待される監査委員会が適切に機能するために，監査委員会として備えるべき基準を定めるとともに，SEC には，それらの基準を満たさない会社を NYSE などの自主規制機関が上場させることを禁止する規則の制定を求めている（これを受けて SEC は，Rule10A-3-Listing Standards Relating to Audit Committees を制定）。ここにいう基準としては，監査委員会のメンバーは全員会社から独立していること，監査人の指名や報酬の決定は監査委員会が直接的に責任を負うことなどが規定されている。

(4)ディスクロージャーの拡充としては，**内部統制報告**のほか監査委員会の財務専門家の有無に関するディスクロージャーなどが設けられている。SOX 法に基づく内部統制報告制度は，①会社の財務報告（financial reporting）に係る適切な内部統制および手続を確立する上での経営者の責任についての表明，および②事業年度末における財務報告に係る内部統制の有効性に対する経営者の評価について記述した内部統制に関する報告（internal control report）を，年次報告書に含めて開示することを求めている。また，経営者による評価に対して，公開会社会計監視委員会によって公表される監査の基準に準拠した登録会計事務所による証明がなされていなければならない。また，監査委員会の財務専門家に関するディスクロージャーとは，年次報告書において，監査委員会における財務専門家の有無（いない場合にはその理由）を開示する義務を課すものである。

(5)**証券アナリスト規制**としては，リサーチの客観性を強化し，投資者に対して信頼できる情報を提供できるように，証券アナリストに対して，利益相反関係の開示を要求するなどの規制が設けられている。

(6)刑事責任の強化としては，CEO および CFO が年次報告書および四半期報告書に虚偽があることを知りながら，906条に基づく保証（certify）をして開示した場合には，100万ドル以下の罰金，10年以下の禁錮刑またはその併科となるなど（意図的に（willfully）行った場合には，500万ドル以下の罰金，20年以下の禁錮刑またはその併科に加重），経済犯罪について刑事罰の強化が図られている。

(KTa・YMy)

21 公開買付制度

【関連する用語】
●友好的TOB　●敵対的TOB　●公開買付届出書
●ToSTNeT取引　●自社株買い

　公開買付けは，会社の支配権の獲得や強化を目的として，不特定多数の者に対して，公告により，有価証券報告書の提出会社が発行する株券等（株券，新株予約権証券，新株予約権付社債券などをいう）について，買付けの申込みまたは売付けの申込みの勧誘を行い，取引所金融商品市場外で短期間に大量の株券等の買付けを行うものである。

　近年，わが国における企業の合併および買収の件数が急増しているが，公開買付けは，企業買収の手段として行われるものであり，TOB（Take Over Bit）とも呼ばれる。公開買付けには，対象会社の経営陣の同意のもとで実施される**友好的TOB**と，対象会社の経営陣の同意を得ないで実施される**敵対的TOB**とがある。近時，敵対的TOBの事例が増加してきており，これに対抗するため，株式分割やライツ・プランなどの買収防衛策を導入する企業が増えてきている。

　金融商品取引法上の公開買付制度は，1971年に証券取引法上の制度として導入されたものである。公開買付制度においては，証券取引所の市場外において株券等の大量な買付けが行われる際に，株主や投資者に対してあらかじめ情報開示を行うとともに，株主等に平等に株券等の売却の機会を与え，取引の透明性を確保するため，所要の開示規制および取引規制が設けられている。

　具体的には，一定の例外にあたる場合を除き，多数の者からの株券等の買付け（60日間に10名超の者から行う買付け）であって，買付け後の所有割合が議決権の5％を超える場合には，公開買付者は，公開買付開始公告を行うとともに，**公開買付届出書**を内閣総理大臣（関東財務局長に権限委任）に提出することが義務付けられている。公開買付届出書には，買付け等をする株券等の種類，公開買付けの目的，買付けの期間，買付価格，公開買付者の状

況等が記載される。また，著しく少数の者からの株券等の買付け（60日間に10名以下の者から行う買付け）であっても，買付け後の所有割合が議決権の3分の1を超える場合には，公開買付けの手続によることが義務付けられている。

そのほか，東京証券取引所の**ToSTNeT取引**などの立会外取引についても，市場外の相対取引と類似した性格を有しているため，買付け後の所有割合が議決権の3分の1を超える場合には，公開買付けの手続を行うこととされている。また，脱法的な態様の取引に対応するため，市場内外における買付けを組み合わせた急速な買付けの後，買付け後の所有割合が議決権の3分の1を超える場合についても，公開買付規制の対象とされている。

なお，株券等の所有割合は，買付者の所有割合にその特別関係者（①買付者と一定の親族関係や資本関係を有している者，②買付者と共同して株券等を取得・譲渡し，または議決権その他の権利を行使することに合意している者）の所有割合を合算して算出することになる。

公開買付制度においては，公開買付期間の制限（20営業日〜60営業日），買付価格の均一，別途買付けの禁止，買付条件の変更の制限，公開買付けの撤回の制限などの取引規制が設けられている。また，対象会社が株式分割などの買収防衛策を発動した場合には，公開買付けの撤回や一定の基準に従った買付条件の変更が認められている。

公開買付けは，発行者が短期間に大量の自己株式の買付けを行う，いわゆる**自社株買**いの場合にも行われるが，証券取引所の市場外で上場株券等の発行者が自社株買いを行う場合には，会社支配権の獲得等とは直接関係ないため，買付数量にかかわりなく，原則として，公開買付規制が課される。

発行者以外の者により株券等の公開買付けが行われる場合，対象会社がいかなる意見を有しているかは，株主が公開買付けに応じるか否かを判断するうえで重要な情報である。このため，対象会社は，公開買付開始公告が行われた日から10営業日以内に意見表明報告書を内閣総理大臣（関東財務局長に権限委任）に提出することが義務付けられている。意見表明報告書には，公開買付けに対する賛否，意見の根拠および理由等のほか，敵対的なTOBに対して買収防衛策を導入している場合または導入する予定がある場合には，その内容も記載される。また，公開買付者に対する質問を記載することも認められている。

(KK)

22 大量保有報告制度

【関連する用語】
●大量保有報告書　●変更報告書　● EDINET　●敵対的買収
●投資ファンド

　近年，経営への参加，取引関係の強化，高値による売却等の目的で，上場会社の発行する株券や新株予約権証券，新株予約権付社債券などの株券関連有価証券を大量に買い集める事例が増加している。

　金融商品取引法上の大量保有報告制度は，経営に対する影響力等の観点から，重要な投資情報である上場株券等の大量保有に関する情報（上場株券等の取得，保有および処分に関する情報）を投資者に対して迅速に提供することにより，市場の公正性および透明性を高め，投資者の保護を図ることを目的として，1990年の証券取引法の改正により導入された制度である。

　具体的には，上場会社および店頭登録会社の株券，新株予約権証券，新株予約権付社債券などの株券関連有価証券の5％を超えて保有することになった者（大量保有者）は，大量保有者となった日から5営業日以内に**大量保有報告書**を内閣総理大臣（財務（支）局長に権限委任）に提出することが義務付けられている。大量保有報告書には，大量保有者の概要，保有目的，保有株券等の内訳，最近60日間における取得または処分の状況，取得資金に関する事項等が記載される。

　また，大量保有報告書の提出後において，株券等の保有割合が1％以上増減した場合や，大量保有報告書に記載すべき重要な事項に変更があった場合には，その日から5営業日以内に，変更内容を記載した**変更報告書**を内閣総理大臣（財務（支）局長に権限委任）に提出することが義務付けられている。

　なお，株券等の買い集めは，複数の者が共同して行うことが少なくない。このため，共同保有者（他の保有者と共同して株券等を取得・譲渡し，または議決権その他の権利を行使することに合意している者）がいる場合には，その者の保有分も合算して株券等の保有割合を算出することになる。また，夫婦，50％超の資本関係で繋がっている親子会社など，保有者と一定の関係

にある者は，保有者との間に共同保有の合意がなくても，共同保有者とみなされる。

大量保有報告制度は，株券等の大量保有による会社の支配権への影響を投資者に対して開示させることが目的であるため，議決権を有しない無議決権株式（議決権付株式が交付される取得請求権付株式などを除く）等は規制の対象から除外されている。他方，不動産投資信託證券（REIT）など，投資法人の発行する上場投資証券については，大量保有報告制度が適用される。

大量保有報告書，変更報告書およびこれらの訂正報告書については，証券市場の効率性向上等の観点から，EDINET（電子開示システム）による提出が義務付けられている。

大量保有報告制度は，市場外での株券等の取得のみでなく市場内での株券等の取得についても適用される。このため，同制度は，対象会社の経営陣の同意を得ないで実施される**敵対的買収**の局面において，株券等の発行会社が，その事実を早期に察知し，対策を適切に講じることにも資するものといえる。

なお，日常の営業活動等において反復継続的に株券等の売買を行っている証券会社，銀行，信託銀行，保険会社，投資信託委託業者，投資顧問業者等の機関投資家については，事業活動を支配することを目的とせずに株券等を保有しており，株券等所有割合が10％を超えないときは，従来，大量保有報告書及び変更報告書を基準日の属する月の翌月15日までに，3カ月ごとに提出することができるという特例報告が認められていた。しかしながら，近時，投資顧問業者が運営する**投資ファンド**が特例報告を利用することにより情報開示を行わないままに株券等を買い集めた事例がみられ，特例報告のあり方について見直しを求める声が高まった。投資ファンドの中には，物言う株主として株主権を積極的に行使しているものもみられる。

このため，2006年の証券取引法の改正により，機関投資家を対象とした特例報告について，毎月2回以上基準日を設定し，基準日から5営業日以内に大量保有報告書および変更報告書を提出することとされ，報告期限の短縮・頻度の増加が図られた。また，事業活動に重大な変更を加え，または重大な影響を及ぼす行為を行うこと（重要提案行為等）を保有の目的とする場合には，特例報告を利用できないこととされた。

(KK)

23 上場規制

【関連する用語】
●有価証券報告書　●適時開示　●種類株式　●上場廃止
●コーポレート・ガバナンス原則

　証券取引所に株券が上場されると，以下のようなメリットがあるといわれている。(1)取引所市場における高い流動性を背景に，公募による時価発行増資，新株予約権・新株予約権付社債の発行等，直接金融の道が開かれ，資金調達能力が増大することにより財務体質の改善・充実を図ることができる。(2)上場会社となることによって社会的に認知され，また将来性のある企業というステイタスが得られ，取引先・金融機関等の信用力が高くなる。(3)株式市況欄をはじめとする新聞報道等の機会が増えることにより，会社の知名度が向上するとともに，優秀な人材を確保できる。(4)企業情報の開示を行うこととなり，投資者をはじめとした第三者のチェックを受けることから，個人的な経営から脱却し，組織的な企業運営が構築され，会社の内部管理体制の充実が図られる。(5)パブリックカンパニーとなることにより，役員・従業員のモチベーションが向上する。

　以上のようなメリットを享受できる一方で，上場会社の発行する有価証券は，不特定多数の投資者の投資対象となるため，投資者保護の観点から，金商（法）で求められる**有価証券報告書**などの開示に加えて，証券取引所の上場規制に基づき**適時開示**を行い，有価証券の投資判断に重要な影響を与える会社の業務，運営または業績等に関する情報を公表することが要求されるなど，新たな社会的責任や義務も生じることになる。

　新たに株券を上場しようとする新規上場申請会社は，証券取引所の上場規制における数値基準（形式基準）に適合していることが必要とされている。証券取引所は，この基準に適合したものについて，企業内容などの開示を適切に行うことができる状況にあるか否か，事業を公正かつ忠実に遂行しているか否かなどについて実質審査を行っており，その結果，上場が適当と認められた株券が上場されることになる。

上場株券には内国株券と外国株券があり，東京証券取引所では，市場第一部銘柄と市場第二部銘柄に区分されている。このほか，新興企業を対象とする「マザーズ」に上場する銘柄もある。また，東京証券取引所は，議決権種類株式を利用した資金調達ニーズの高まりを受け，多様な投資対象を提供しつつ株主の権利の保護を図る観点から，2008年7月，**種類株式**の上場制度を整備し，普通株に加えて，無議決権株式等の上場を可能とした。

　証券取引所は，上場有価証券の適切な管理を行うために，上場規制において，投資判断に重要な影響を与える事実が発生した場合の会社情報などの適時・適切な開示を上場会社に義務づけることにより，投資者に会社情報が正確，迅速かつ公平に開示されるようきめ細やかな上場管理を行っている。

　上場株券の絶対流通量が不足し公正な価格形成が困難になったときや上場会社がいわゆる倒産の状態となったとき等は，当該株券は，上場廃止基準に該当することとなり，**上場廃止**となる。証券取引所は，上場株券が上場廃止基準に該当するおそれがある場合には，当該株券を監理銘柄に指定し，その事実を周知する。また，上場廃止が決定された場合には，当該株券を整理銘柄に指定し，一定期間（原則として1カ月間）整理取引を行う。

　近年，証券市場において，上場企業にコーポレート・ガバナンスの充実を求める声が日増しに高まってきている。東京証券取引所では，1999年のコーポレート・ガバナンスの充実に関する上場会社に対する要請を皮切りに，決算短信におけるコーポレート・ガバナンス関連情報の開示の義務化など，上場会社におけるコーポレート・ガバナンスの向上のための施策を進め，2004年には，上場会社による自発的な取組みと株主・投資者による諸行動とが一体となって上場会社のコーポレート・ガバナンスの充実に結びついていくために必要と思われる共通する認識の基盤を提供することを目的として，**上場会社コーポレート・ガバナンス原則**を策定した。その後も，コーポレート・ガバナンスに関する報告書制度の創設や，株式や機関に関する事項について定めた企業行動規範の策定，上場審査におけるコーポレート・ガバナンスおよび内部管理体制の有効性に関する観点を明確化するなど，東京証券取引所は，上場会社のコーポレート・ガバナンス向上のための環境整備のための施策を進めている。

(KTu)

24 新規株式公開(IPO)

【関連する用語】
●証券取引所　●募集　●売出し　●ブックビルディング
●有価証券届出書

　IPO (Initial Public Offering) ともいう。株式会社がオーナーなど少数の株主により所有され，自由な株式譲渡が制限されている状態（非公開会社）から，不特定の多くの株主により所有され，株式市場において自由に売買が可能となる状態（公開会社）となることを新規株式公開という。新規株式公開の方法には，証券取引所市場への上場と店頭登録市場への登録の2つの方法がある。証券取引所市場への上場には，東京，大阪等の証券取引所の市場への上場のほか，新興企業を対象とした「マザーズ」市場，大阪証券取引所の「ヘラクレス」市場への上場，ジャスダック市場への上場などの選択肢がある。また，2007年，東京証券取引所およびロンドン証券取引所は，ロンドン証券取引所のAIM市場の柔軟な規制・制度を参考に，新興企業向けの新たな市場を共同で創設することに合意している。

　証券取引所に株券が上場されると，以下のようなメリットがあるといわれている。(1)取引所市場における高い流動性を背景に，公募による時価発行増資，新株予約権・新株予約権付社債の発行等，直接金融の道が開かれ，資金調達能力が増大することにより財務体質の改善・充実を図ることができる。(2)上場会社となることによって社会的に認知され，また将来性のある企業というステイタスが得られ，取引先・金融機関等の信用力が高くなる。(3)株式市況欄をはじめとする新聞報道等の機会が増えることにより，会社の知名度が向上するとともに，優秀な人材を確保できる。(4)企業情報の開示を行うこととなり，投資者をはじめとした第三者のチェックを受けることから，個人的な経営から脱却し，組織的な企業運営が構築され，会社の内部管理体制の充実が図られる。(5)パブリックカンパニーとなることにより，役員・従業員のモチベーションが向上する。

　以上のようなメリットを享受できる一方で，上場会社の発行する有価証券

は，不特定多数の投資者の投資対象となるため，投資者保護の観点から，金商（法）で求められる有価証券報告書などの開示に加えて，証券取引所の上場規制に基づき適時開示を行い，有価証券の投資判断に重要な影響を与える会社の業務，運営または業績等に関する情報を公表することが要求されるなど，新たな社会的責任や義務も生じることになる。

新たに株券を上場しようとする新規上場申請会社は，証券取引所の上場規制におけるにおける数値基準（形式基準）に適合していることが必要とされている。上場規制における形式基準は，株式の円滑な流通と公正な株価形成の確保，企業の継続性・財政状態・収益力等の面からの上場適格性保持，適正な企業内容の開示の確保，株券の流通に係る事故防止，円滑な流通を目的として，(1)株主数，(2)流通株式，(3)上場時価総額，(4)事業継続年数，(5)純資産の額，(6)利益の額または時価総額などの項目が掲げられている。証券取引所は，この基準に適合したものについて，(1)企業の継続性および収益性，(2)企業経営の健全性，(3)企業のコーポレート・ガバナンスおよび内部管理体制の有効性，(4)企業内容等の開示の適正性などの項目について，企業内容などの開示を適切に行うことができる状況にあるか否か，事業を公正かつ忠実に遂行しているか否かなどについて実質審査を行っており，その結果，上場が適当と認められた株券が上場されることになる。

株式上場時においては，通常，新株を発行して株式市場から新たな資金調達を行う**募集**や，既存株主が保有株式を売却する**売出し**が行われる。新株の発行時の価格決定の際に用いられる発行条件は，主に**ブックビルディング**方式により決定される。ブックビルディング方式では，まず，発行会社は証券投資への専門性が高い機関投資家等からの意見をもとに価格帯（「仮条件」）を設定，投資家に提示する。その後，発行会社は「仮条件」を基に投資家からの需要を把握し，市場動向にあった発行価格を決定する。

また，1億円以上の有価証券の募集（新規発行）または売出しを行う際には，当該有価証券の発行者は，金融商品取引法に基づき，当該有価証券の発行者の営業および経理の状況その他の事業の内容に関する重要事項および当該有価証券の発行条件などが記載された**有価証券届出書**を内閣総理大臣に提出することが義務づけられている。

(KTu)

25 インサイダー取引規制

【関連する用語】
●内部者　●重要事実　●適時開示　●短期売買差益

　インサイダー取引（内部者取引）とは，株式を公開している会社の役職員など会社関係者（**内部者**）が，一般に知られていない当該会社の株価に大きく影響を与えるような情報（未公表の**重要事実**）に基づき，当該会社の株式を売買する行為であり，金融商品取引法で禁じられている。内部者から直接重要事実の伝達を受けた者や職務上伝達を受けた者が所属する法人の役職員で職務に関し重要事実を知った者（これらを情報受領者という）も規制の対象となるが，情報受領者からさらに伝達を受けた者（二次情報受領者）は規制を受けない。違反者には，5年以下の懲役もしくは500万円以下の罰金，またはその併科，法人の場合5億円以下の罰金が科される。

　インサイダー取引規制における重要事実は，取引所の求める**適時開示**（タイムリー・ディスクロージャー）の対象となる事項とほぼ重なっている。適時開示は速やかに行うべきものとされるが，会社の経営上の判断から開示を遅らせることが容認される場合もあり得る。しかし，開示が遅れているのであれば，内部者は当該情報に基づく取引を禁じられる（開示または断念）。もちろん内部者であっても未公表の重要事実がなければ取引は自由である。

　インサイダー取引が禁じられるのは，特別な情報を入手できる立場にある者が，当該情報を利用して一般の投資家が獲得できないような利益を得たり損失を免れたりしたのでは，証券市場に対する投資家の信頼が維持できないからである。このためインサイダー取引は，不公正な取引として各国の法令で厳しく禁じられている。もっとも，インサイダー取引は相場操縦など他の不公正取引とは異なり，直接損害を被る投資家がいないこと，インサイダー取引が行われれば未公表情報に基づく価格の形成が進み市場の機能が高まること，などから規制の必要性を疑問視する見解もある。

　かつての日本法には，インサイダー取引を明確に禁止する規定は設けられておらず，一般的な不公正取引禁止規定（金商（法）157条）のほか，予防

的な規制として，上場会社の役員や議決権の10％以上を保有する主要株主が6ヵ月以内に当該会社の株式を売買して得た利益について，当該会社が返還を請求することができるとする**短期売買差益**返還請求に関する規定（金商（法）164条）があるのみであった。

しかし，1987年に先物取引に失敗して多額の損失を被った上場会社の株式を取引先金融機関等が損失の公表前に売り抜けたことが明るみに出たのを契機として，翌年の法改正でインサイダー取引が明示的に禁止されることになった（金商（法）166条）。同時に，株式公開買付（TOB）などによる株式大量取得に関する未公表情報を利用した取引（外部者によるインサイダー取引ともいうべき類型）についても同様の禁止が及ぼされることとなった（金商（法）167条）。

当初，インサイダー取引に対する罰則は最高でも懲役6ヵ月と軽かったが，証券市場の果たす経済的役割に対する認識が高まり，不公正な取引に対する見方が厳しさを増すにつれて罰則が強化された。2004年に導入された，行政上の措置として違反行為の抑止のために金銭的な負担を科す課徴金制度の対象にもなっており，2008年改正では課徴金額の水準が引き上げられた。

課徴金制度の導入後は，従来，刑事責任を問うほど重大ではないとして見過ごされてきたような軽微な違反も含め，インサイダー取引の摘発件数が増加している。これには，証券取引所の取引監視システムの強化や証券会社における本人確認の徹底などで不審な取引の発見が容易になってきたことも寄与している。もちろん，課徴金制度導入後も，取引によって得た利益の額が大きいなど悪質な事案については，証券取引等監視委員会による刑事告発が行われ，刑事罰が科されている。

諸外国の法制と比較すると，日本のインサイダー取引規制の特色の1つは，罪刑法定主義の観点から，重要事実となる情報が詳細に定義されるなど構成要件がきわめて厳格に定められている点にある。もっとも判例は，第三者割当増資の決定といった重要事実に関して取締役会決議が行われない段階でも決定があったものと解したり，いわゆるバスケット条項（投資判断に著しい影響を及ぼすもの）を活用するなど柔軟な解釈を通じて，実質的に市場の公正さを損なうような行為を排除しようとする傾向を示している。　　　　（SO）

26 課徴金

【関連する用語】
●独占禁止法　●不公正取引　●インサイダー取引　●不実開示
●公認会計士・監査法人

いわゆる課徴金制度は，違反・違法行為を抑止するという行政目的を達成するために，法令上の刑事罰に加え，行政上の措置として違反者に対して金銭的な負担を課す制度である。

わが国における課徴金制度としては，金融商品取引法に基づく課徴金制度のほか，**独占禁止法**に基づく課徴金制度などがある。独占禁止法に基づく課徴金制度は1977年に導入されており，カルテル，談合等の違反行為が課徴金制度の対象行為となっている。

金融商品取引法に基づく課徴金制度は，証券市場の信頼を害する違法行為に対する規制の実効性確保のための新たな手段として，2004年6月に公布された改正証券取引法により，2005年4月より導入された。

すなわち，課徴金制度は，刑事罰についてとられる抑制的な運用等から，刑事罰を科するに至らない程度の違反行為が放置されることになりかねないことから，違反行為の程度や態様に応じ，適切な手段による対応が可能になるよう導入されたものである。

対象となる違反行為は，(1)**不公正取引**（**インサイダー取引**，相場操縦，風説の流布又は偽計）と**不実開示**（(2)有価証券届出書等の虚偽記載である発行開示義務違反，(3)有価証券報告書等の虚偽記載である継続開示義務違反）である。

課徴金の金額は，違反者の不当な経済的利得を基準として，違反行為の類型ごとに法定されており，(1)インサイダー取引等については，「重要事実公表日の翌日の株式等の最終価額」から「重要事実公表前に購入した株式等の価額」を控除する方法等により算出，(2)発行開示義務違反の場合には，募集・売出額の1％（株式は2％），(3)継続開示義務違反の場合には，300万円と株式の市場価額の総額等の0.003％のいずれか多い方，となっている。な

お，継続開示義務違反の場合の開示書類が半期報告書，臨時報告書などの場合には，課徴金の金額は，(3)の1/2となっている。

課徴金納付命令までの手続としては，証券取引等監視委員会が調査を下に課徴金の対象となる法令違反行為があると認める場合には，金融庁長官等に対し勧告を行い，金融庁長官は，所定の審判手続を経た後，課徴金納付命令の決定を行うことになる。2005年４月～2007年６月までの間に不公正取引で39件，不実開示で14件の課徴金納付命令の決定がなされている。

公認会計士監査をめぐる不適切な事例が相次ぎ，**公認会計士・監査法人**による違反行為を適切に抑止する観点から，2007年６月に公布された改正公認会計士法により，公認会計士・監査法人に対する課徴金制度が創設され，2008年４月より導入された。

対象となる違反行為は，公認会計士・監査法人が会社等の財務書類について，(1)故意又は(2)相当の注意を怠ったことにより虚偽証明をした場合である。また，課徴金の金額は，(1)故意の場合は認定した虚偽証明期間に係る監査報酬額の1.5倍，(2)相当の注意を怠った場合は認定した虚偽証明期間に係る監査報酬額の１倍となっている。課徴金納付命令までの手続としては，金融庁長官が調査を行い，課徴金の対象となる事実があると認める場合には，所定の審判手続を経た後，課徴金納付命令の決定を行うこととなる。

金商（法）等に基づく課徴金制度のあり方については，違反抑止の実効性を一層確保する観点から，その対象や課徴金額の水準などについて，金融庁に置かれた金融審議会第一部会において検討が行われ，所要の見直しを行うことが適当であるとの金融審議会第一部会報告が2007年12月に公表された。

本報告を踏まえ，2008年６月に成立した改正金融商品取引法により，対象範囲や課徴金の算定方法など，課徴金制度の見直しが行われた。すなわち，発行開示書類，継続開示書類や大量保有報告書等の不提出を課徴金の対象に追加するとともに，インサイダー取引に係る課徴金の金額の算定方法を「重要事実公表日の翌日の株式等の最終価額」から「公表後２週間の最高（安）値」とし，発行開示義務違反の金額を募集・売出額の2.25％（株式は4.5％），継続開示義務違反の金額を600万円または時価総額の0.006％のいずれか高い方（四半期，半期報告書等はその半分）とする課徴金の水準の見直しが行われた。

(AN)

27 外国会社・外国業者

【関連する用語】
●疑似外国会社　●SPC　●IOSCO　●金融商品取引業者
●外国銀行

　世界経済のグローバル化にともない，日本の金融・資本市場の国際化も急速に進展しており，日本企業が外国において事業活動を行うだけでなく，外国企業も日本において事業活動を多く行うようになってきている。そこで，日本国内の投資者や会社債権者等の利害関係者を保護するためには，日本で事業活動を行う外国企業に対する法規制が求められなければならない。

　まず，国際的な社会情勢を反映して制定された会社法（2006年5月施行）においては，外国会社を「外国の法令に準拠して設立された法人その他の外国の団体であって，会社と同種のもの又は会社に類似するもの」と規定し（会社（法）2条2号），外国会社が日本において取引を継続して行う場合には，日本における代表者を定め（同817条1項），かつ外国会社の登記をしなければならない（同933条1項，2項）。通信取引やインターネット取引などを想定して営業所設置は任意であるが，その代表者は日本に住所を有しなければならず，日本における業務に関する一切の裁判上または裁判外の権限を有し（同817条2項），その職務遂行上で第三者に加えた損害を賠償する責任を負わなければならない（同817条4項）などの規制がなされている。

　しかし，日本の法規制を回避する目的で，外国で会社を設立し，外国会社を利用して脱法・潜脱しようとする行為に対して，その防止も必要である。そこで，**擬似外国会社**については，「日本に本店を置き，又は日本において事業を行うことを主たる目的とする外国会社」と規定し，擬似外国会社であると認定されると，日本において取引を継続して行うことができなくなる（同821条1項）。これに違反して取引をした者は，相手方に対し，当該擬似外国会社と連帯して，当該取引によって生じた債務を弁済する責任を負わなければならない（同821条2項）。したがって，近年拡大している資産の流動化，証券化等において利用される外国法人の **SPC**（Special Purpose

Company：特別目的会社）が擬似外国法人として認定される場合には，日本において継続して取引をすることができなくなる。擬似外国会社として認定されるか否かは，当該外国会社にとっても，当該外国会社と取引をする者にとっても大きな問題となるため，「会社（法）第821条については，本法施行後における外国会社に与える影響を踏まえ，必要に応じ，見直しを検討すること」とされている（参議院附帯決議16）。

近時，金融取引のボーダーレス化が急速に進行するなかで，金融取引規制に関する原則や指針，基準等の国際的ルールの策定等を行っている **IOSCO** の活動は，日本の金融取引規制にも大きな影響を与えている。日本は，IOSCO の原則等を適切な法規制を設けて具体化するために，2006年6月に証券取引法を土台として，これまでの金融商品に関する法律を統括的，横断的に整理統合した金融商品取引法を新たに制定した。この金融商品取引法では，IOSCO による国際会計基準のコア・スタンダード承認（2000年5月）に伴い，外国会社が国際会計基準で作成した有価証券報告書等の継続開示書類の提出を英文で認める英文開示制度（金商（法）24条8項）や，**金融商品取引業者**として登録した外国法人に対する事業年度の特例（同49条）などが設けられている。

他方，金融商品取引法には，外国業者に対する規制も設けられている。すなわち，原則として，外国の法令に準拠し外国に本店置く外国業者に対しては，金融商品取引業者としての登録を受けなければ，日本で金融商品取引業を行うことができないと規定されている（同29条）。この規定は，外国業者が国内に営業所等の拠点を設置するか否かに関わらず，金融商品取引業に該当する行為の相手方が日本の居住者であれば適用されることになっている。ただし，一般の投資者等を保護する必要性がないような場合までも外国業者を規制する必要がないので，その場合には外国業者には種々の特例が認められている（同3章5節等参照）。なお，金融商品取引法には銀行業や保険業は含まれないものの，**外国銀行**や外国保険会社はそれぞれ銀行法や保険業法の法規制を受けなければならない。例えば，外国の法令に準拠して外国で銀行業を営む者（銀行等を除く）が日本で銀行業を営む場合，当該外国銀行は銀行法によって日本における銀行業の本拠となる主たる外国銀行支店を定め，免許を受けなければならない（銀行法47条1項）。 (KK)

28 SEC（日本版も含む）

【関連する用語】
●証券法　●法執行　●FASB　●EDGAR　●日本版SEC

　SECは，米国において証券取引に関する行政を担当する行政機関であり，証券取引委員会と訳されている。米国では，1929年の大恐慌により証券市場が崩壊し，その信頼回復のために，**証券法**（Securities Act of 1933）および証券取引所法（Securities Exchange Act of 1934）が立法された。SECは，証券取引所法に基づき1934年に創設され，證券関連法令を所管している。

　SECは，大統領が任命する5名の委員から構成され，その中から大統領が委員長を指名する。委員は5年任期で順次交代するが，法律上，3人を超えて同一の政党に属することはできず，通例では，政権党に属する委員が委員長を含め3名となる。SECの初代委員長は，ジョセフ・P・ケネディ（ジョン・F・ケネディ大統領の父）である。SECの本部はワシントンDCに置かれており，本部および国内11の地方事務所において約3500人の職員を擁している。

　SECの役割は，(1)証券取引に関連する連邦法の解釈，(2)ルールの新設や改正，(3)証券会社，証券ブローカー，投資顧問，格付機関の監督，(4)証券，会計，監査に係る民間の基準設定機関の監督，(5)証券規制に関する内外の機関との調整を行うこととされている。

　SECの事務局には，証券発行および発行者等の企業情報の開示等に関する届出や年次報告書のレビュー，開示規制に関するガイダンスの提供および会計基準の作成機関の監視などに関する事項を担当する企業財務課（Division of Corporation Finance），証券市場の監督および証券取引の監視等に関する事項を担当する流通市場課（Trading and Markets），ファンドなどの投資管理業者の監督等に関する事項を担当する投資管理課（Division of Investment Management），法律違反に対する強制調査および民事訴訟や刑事訴訟の提訴等の**法執行**に関連する事項を担当する法執行課（Division of Enforcement）の4つの課がある。

課のほかに19の室があるが，企業情報の開示における会計・監査に関しては，企業財務課とともに主任会計官室（Office of Chief Accountant）が担当している。主任会計官は委員長から任命され，会計および監査に関する問題を扱うとされている。米国は会計基準の設定を民間団体であるFASBに委ねており，主任会計官がFASBにおける会計基準の設定プロセスの監督を行っている。さらに，監査基準等の設定主体であるPCAOBの作成する監査基準の承認やその活動全般の監督を行う役割を担っている。また，電子情報処理により開示書類の受理や縦覧を行うシステム（EDGARと呼ばれるシステムで金融庁のEDINETに類似する電子システム）を管理運用するIT室（Office of Information Technology）が置かれている。

　わが国では，金融商品に係る規制を横断的に行うため証券行政は金融庁が担当しているが，証券取引に関する検査および犯則事件の調査を行うことを目的として証券取引等監視委員会が金融庁に置かれている。同委員会は国家行政組織法第8条に基づく合議制の機関として，内閣総理大臣および金融庁長官から独立して職務を行うこととされており，**日本版SEC**ともいわれる。同委員会は，強制調査権限，内閣総理大臣および金融庁長官に行政処分を勧告する権限を有するが，行政処分権自体は金融庁が行う点などはSECと異なっている。

(MT)

ガバナンス編

29 IOSCO

【関連する用語】
●越境取引 ●エンフォースメント ●監査人 ●信用格付機関
●金融安定化フォーラム

　IOSCO (International Organization of Securities Commissions, 証券監督者国際機構) は，世界の主要国・地域における191（2008年8月末現在）の証券監督当局・証券取引所等から構成される国際機関で，1974年発足した米州証券監督者協会の改組により，1986年に設立された。2001年からはマドリッドに事務局が置かれており，公正で効率的かつ透明な証券市場を育成・維持するために，証券取引に関する国際的ルールの策定，監視，情報交換等の活動を通じて，国際的な協力体制と信頼関係の構築を目指している。

　現在，わが国からは，金融庁（普通会員），証券取引等監視委員会，経済産業省，農林水産省（以上は準会員），日本証券業協会，東京証券取引所，大阪証券取引所，JASDAQ（以上は協力会員）がIOSCOに加盟している。

　現代では，金融市場の国際化・統合化とインターネットによる電子取引の普及によって，**越境取引**（国境を越えた金融商品の取引）が飛躍的に増加し，取引規制や監視を1国単位で行うことが困難になっている。こうした現状を背景にして，IOSCOは1998年に「証券規制の目的と原則」を公表し，越境取引の存在を前提とした証券規制のあり方に関する基本原則を提示した。

　その中で，投資家保護，公正で効率的かつ透明な市場の確立，システミック・リスクの削減を証券規制の目的として掲げ，その達成のために，適切な法的枠組みの下で履行すべき事項として，規制当局，自己規制，証券規制の執行（**エンフォースメント**），規制における協力，発行体，集団投資スキーム，市場仲介者，流通市場の8領域にわたる30原則を明らかにした。

　また，エンロン事件を契機として表面化した制度上の欠陥に対処するために，これまで様々な課題についての原則や報告書を公表している。

　たとえば，**監査人**の独立性問題について，各国規制当局が監査人への規制強化に際して遵守すべき諸原則を，2つのステートメントにまとめている。

第1のステートメントは「監査人の監督に関する原則」で，監査人に対する適切な資格・能力水準の要求と維持メカニズム，監査人に対する独立性の要求，監査基準，独立性基準，倫理基準に関する品質管理メカニズム，独立した監査監督機関による監査人の監視，監査監督機関による懲戒手続の実施権限保持を，効果的な監督を行う際の必要事項として明らかにしている。

　第2のステートメントは「監査人の独立性およびその監視における企業統治の役割に関する原則」で，監査人の実際上・外観上の独立性，独立性に関する国内基準・国際基準の強化，監査法人の内部管理体制の強化と外部評価，独立した企業統治機関による外部監査人の選任等が要請されている。

　また，市場ルールとその実効性を担保するのに不可欠な強力なエンフォースメント手段を確保するために，2002年2月に「各国証券監督当局間の協議・協力および情報交換に関する多国間覚書」を公表して，証券取引の監督とエンフォースメントに必要な多国間の情報交換枠組みを創設した。

　さらに，市場に有用で信頼性のある情報を提供することが期待される**信用格付機関**に対しても，規制に関する原則を策定している。

　その1つは2003年9月の「信用格付機関の活動に関する原則」で，格付プロセスの品質と誠実性，独立性と利益相反，格付開示の透明性と適時性，秘密情報の4領域について，信用格付機関の行動原則を取りまとめている。

　また，同原則の具体的な実施方法として，2004年12月に「信用格付機関の基本行動規範」を公表し，格付プロセスの品質と公正性，信用格付機関の独立性と利益相反の回避，信用格付機関の一般投資家および発行体に対する責任，行動規範の開示と市場参加者への情報提供の4領域について，詳細なガイドラインを示した。

　最近の活動には**金融安定化フォーラム**との連携がある。金融安定化フォーラムは，2008年4月の7ヵ国財務大臣・中央銀行総裁会議において，サブプライム問題に起因した金融市場の混乱に関する要因分析と今後の対応についての提言を報告し，『市場と制度の強靭性の強化に関する金融安定化フォーラム（FSF）報告書』を公表した。これを受けて，IOSCOは，同フォーラムから与えられた課題に対処するためのタスクフォースを立ち上げ，金融市場のリスク管理強化策を検討している。その中で，2008年5月には，「信用格付機関の基本行動規範」も改訂された。

(YKo)

ガバナンス編

30 公認会計士法

【関連する用語】
●監査法人　●独立性　●公認会計士・監査審査会
●有限責任監査法人　●課徴金

　公認会計士法（昭和23年法律第103号）は，公認会計士の資格，責任，業務およびその監督等に関する事項を定めた法律である。

　第二次世界大戦後の証券民主化の一環として1948年4月に証券取引法（現在は金融商品取引法に改正）が制定された。証券取引法では，一定の有価証券の募集・売出しに際して開示する財務書類は監査証明を受けることが予定された（1950年改正により義務付け）。このため，財務書類の監査証明業務の担い手が必要とされた。わが国では1927年に計理士資格が制定されていたが，会計および監査に関するより高度な知識や資質を有する資格者として，新たに公認会計士が創設された。公認会計士法が公布された1948年7月6日にちなみ，日本公認会計士協会では7月6日を「公認会計士の日」としている。

　公認会計士法は，公認会計士の資格試験や行為規制を定めるのみならず，公認会計士および監査法人の独占業務の根拠法ともなっている。すなわち，公認会計士（監査法人）の業務は，他人の求めに応じて報酬を得て財務書類の監査または証明をする業務（監査証明業務）と，公認会計士（監査法人）の名称をもって行う監査証明業務以外の業務（非監査証明業務）に区別されている（第2条，第34条の5）が，法律に定めのある場合以外は，公認会計士および監査法人でない者は監査証明業務を行うことが禁止されている（第47条の2）。

　公認会計士法は，総則（使命，業務等を規定），公認会計士試験等，登録，公認会計士の義務，公認会計士の責任，監査法人，有限責任監査法人の登録に関する特則，外国監査法人等，審判手続等，公認会計士・監査審査会，日本公認会計士協会，雑則，罰則の各章から成る。公認会計士法は制定以来数次の改正を経ており，主要なものとして次のような改正があった。

1965年の山陽特殊製鋼事件など上場企業の粉飾決算が明らかになる事件が多発したこと等を背景に，組織的監査による監査機能の強化が求められた。このため，1966年の改正において，5人以上の公認会計士が社員となって設立する**監査法人**制度が導入された。また，それまで社団法人であった日本公認会計士協会を公認会計士法に基づく特別な法人とし，公認会計士に対する指導機能などを有する自主規制組織として，公認会計士の登録と加入を義務付けることとした。

　2003年には，公認会計士の**独立性**の強化および監督体制の整備，公認会計士試験制度等の大幅な改正が行われた。監査証明業務においては，その信頼性を確保するため独立性が最も重要となる。このため，公認会計士法では，一定の身分的関係および経済的利害関係を有する相手に対しては監査証明業務を禁止している。これに加え一層の独立性の向上を図るため，上場会社等の監査においては，非監査証明業務の同時提供の禁止，業務執行社員等の継続的監査の制限，単独の公認会計士による監査の禁止措置が講じられた。さらに，総則に公認会計士の使命に関する規定が設けられ，一般則として，公認会計士の独立性が明記された（2007年改正で職責にも明記）。また，従来，公認会計士試験の実施と懲戒処分の審議を行っていた公認会計士審査会が**公認会計士・監査審査会**として改組され，従来の役割に加え，監査法人等への立入検査権や行政処分の勧告権を付与され，監査法人等の監査証明業務の監視・監督体制が強化された。なお，この改正において，公認会計士試験制度が1段階の短答式および論文式試験に改革された。

　監査法人は社員が無限責任を負うこととされているが，監査法人の大規模化による社員数の増加等を踏まえ，2007年の改正において，**有限責任監査法人**制度が導入された。有限責任監査法人では，業務執行社員が当該業務に関して無限責任を負い，他の社員は出資金の範囲で責任を負うこととなるが，一定金額の財産の供託を必要とするなど監査法人の財政基盤の確保も求められている。また併せて，虚偽証明に係る**課徴金**納付命令や監査法人に対する業務改善命令の導入など，監視・監督の一層の強化も図られた。　　　　（MT）

●事 例

　本編では，これまでの会計，監査およびガバナンスの各編で取り上げてきた用語解説の背景ともなっている，21世紀の国内外における代表的な会計および監査不祥事例を選定して，その概要等を説明している。ただ，実際には，枚挙に暇のないほどに数多くの不祥事例が続発していることも事実であり，ここで取り上げた事例は，そうした中でのほんの一部に過ぎないものである。しかし，その後の制度の見直しに対して大きな影響を与えることとなった事例であるといえる。なお，具体的に取り上げた事例は，その発生順に，海外においては，Enron, WorldCom, Parmalat および Royal Ahold の4社の事例であり，日本においては，ダスキン（大肉まん訴訟），足利銀行，西武鉄道，カネボウ，ライブドアおよび日興コーディアルグループの6社の事例である。

　これらの不祥事例が，21世紀の会計および監査環境における課題のすべてを網羅しているというわけではない。しかし，少なくとも，これらの事例は，国内外において，21世紀における会計・監査およびガバナンスの見直しおよび変革をもたらす引き金となった，歴史に刻むべき事例である。たとえば，海外における事例によってもたらされた変革としては，米国では，SOX法の制定，あるいは，国際的な監査規制の強化等が挙げられる。一方，日本では，内部統制報告制度の導入，監査の品質管理制度の強化，監査法人制度の見直し，さらには，資本市場規制等が挙げられる。

　「失敗から学ぶ」の譬えもあるように，こうした実際の事例の概要と，その結果講じられた対応等に関する説明から，21世紀の会計・監査およびガバナンスの改革をもたらした事例における課題を学ぶことで，現在の制度や会計，監査およびガバナンス問題の背景についての理解を深めることが出来るであろう。

　なお，それぞれの事例には，読者の便宜のため，略年表をつけているので参考にされたい。また，今後，本書が版を重ねることがあれば，ここに記載した事例に新たな事例が追加されることもあるであろう。

1 Enron

【関連する用語】
●不正な財務報告問題　●SOX 法　●循環取引　●連結外し
●アーサー・アンダーセン　●非監査業務の同時提供

　1990年代後半「全米で最も革新的な企業」(フォーチュン誌)と賞賛されたエンロンは、会計不正発覚により2001年12月2日に破綻。同社の名前は、一転して企業不祥事の代名詞となり、その後に発覚した**不正な財務報告問題**とともに、米国証券市場の信頼回復に向けた **SOX 法**の制定の契機となった。

　「尊敬、誠実、コミュニケーション、卓越」を基本的価値観とした同社がなぜ長年市場を欺き続け、巨額の会計スキャンダルを引き起こしたのか。直接的な原因は、「マーク・トゥ・マーケット」すなわち「実際に取引されている市場価格での資産評価」による過度にアグレッシブな会計処理ならびに特別目的事業体(以下「SPE」)を濫用した資産・負債の不適切なオフバランス化やリスクヘッジが、財務データの不実開示を招いたためとされている。

　マーク・トゥ・マーケットは、COO、CEO としてエンロンを率いたジェフリー・スキリングが、エンロン入社の際にその導入を条件にしたもので、彼は自らが考案したガス・バンク取引(エンロンがガス生産者から大量にガスを購入し、固定／変動価格スワップなどのデリバティブを駆使して顧客の調達ニーズに合わせて販売するサービス)から生じる超長期のキャッシュ・フローを現在価値に引き直し、契約締結期の収益として一括計上した。この手法によりエンロンは、財務諸表上は毎期大幅な増収を達成していたが、10年以上先のキャッシュ・フローを一括計上するのは適正性に問題があり、また、現在価値算出の根拠となる「市場価格」はエンロン自らが算出することから、収益が恣意的に計上され、さらには電力の架空**循環取引**により売上が水増しされる温床となった。

　SPE の濫用は、財務部門を統括し、後に CFO となったアンドリュー・ファストウが主導した。その背景には、旺盛な資金需要がありながら、借入金増大による格付け低下は絶対に回避しなければならないというジレンマがあ

った。ファストウは、3000以上といわれるSPEを駆使して、エンロン本体の資産・負債のオフバランス化（いわゆる**連結外し**）や資産価値変動リスクのヘッジを試みた。しかし、SPEをエンロンの連結対象外とする要件が充足されないまま実施され、またエンロンの株価が上昇し続けることを前提にしていたために、ほとんどのスキームが頓挫し、破綻の引き金となった巨額の過年度決算修正を迫られる事態を招いた。さらに、ファストウや彼の部下がSPEへの出資者兼ファンドマネジャーになるという利益相反行為により、エンロンから多額の不当な報酬を得たことなども破綻後に大きな問題となった。

これらの不適切な処理が横行した背景には、当事者の倫理観や誠実性の問題に加えて、経営者の意向（Tone at the Tops）や収益至上主義的評価制度などが醸成した不健全な統制環境およびガバナンスの脆弱性がある。まず、経営者の意向の問題は、レイやスキリングが「見せかけの」好業績を吹聴して従業員やアナリスト、投資家を欺きつつ、自らは業況悪化を見越して自社株を売り抜けていた点に端的に表れている。また、目標達成度により毎期従業員を5段階評価し、最低ランクの従業員の一定数が容赦なく解雇されるという厳しい評価システムは、「麻薬中毒患者が次の注射液を手に入れるために何でもする」（Peter C. Fusaro他著，橋本碩也訳『エンロン崩壊の真実』93頁）組織風土を醸成した。

ガバナンスの脆弱性の背景には、経営への牽制機能を発揮すべき取締役会、外部監査人、顧問法律事務所、金融機関、アナリストなどが「黄金の卵を産む鵞鳥」（黒木亮著『青い蜃気楼 小説エンロン』94頁）であるエンロンとの関係悪化を恐れて、毅然とした行動を取らなかったことがあげられる。厚遇された取締役たちは、ファストウらの利益相反行為を見過ごした。また、エンロン事件がきっかけとなり破綻した外部監査人の**アーサー・アンダーセン**は、**非監査業務の同時提供**により莫大な報酬を得ていたために、SPEスキームの問題を黙認したといわれている。金融機関は手数料収入を求めて問題含みのSPEに積極的に投融資し、自社のアナリストがエンロン株に対するネガティブなコメントをするのを許さなかった。さらに驚くことに、SPE問題を内部告発したシェロン・ワトキンスは「エンロンには内部監査部門は存在せず、1990年代半ばにアーサー・アンダーセンに外部委託された」（ACFE JAPAN『FRAUDマガジン』Vol.3）と指摘した。

(KA)

年月	経緯
1985年	ヒューストン天然ガスとインターノースが合併。翌年エンロンと改称
1989年3月	マッキンゼーのジェフリー・スキリング創案による「ガス・バンク」の事業を開始。「ガス・スワップ」などの新機軸を実現
1990年6月	スキリング，アンドリュー・ファストウが入社
1996年	フォーチュン誌がエンロンを「全米で最も革新的な企業」に選出
12月10日	スキリングが社長兼COOに昇進
1998年3月	ファストウがCFOに昇進
1999年	新会社を設立し，ブロードバンド事業に本格参入
6月28日	ファストウCFOがエンロンとのヘッジ取引用ファンド「LJM」に出資することを取締役会が了承（SPE濫用のきっかけに）
11月29日	インターネット上の商品取引市場「エンロン・オンライン」がスタート
2000年	年間売上高が1,000億ドルを超え全米第7位に。8月には株価も最高値（90ドル）を記録。一方，経営陣はエンロン株の売却を活発化
2001年2月	スキリングがCEOに就任，レイは会長に留任
8月14日	スキリングが突然CEOを辞任。レイがCEOに復帰
8月15日	エンロンの従業員シェロン・ワトキンスが，レイCEOあてに匿名のレターを送り，SPE取引等の危険性を指摘
9月18日	レイCEOは一連のSPEを清算し，エンロン本体に連結することを決断。それにより，エンロンの自己資本は12億ドル減少
10月10日	外部監査人としての責任追及をおそれたアーサー・アンダーセンの本部がヒューストン事務所に関連書類の破棄を指示
10月16日	レイCEOが，2001年第3四半期決算の説明会において，10億1,000万ドルの特別損失発生，12億ドルの自己資本減少を発表
10月22日	SECがエンロンの調査を開始すると発表
10月24日	ファストウCFOを解任（SPE関連の不当利得により）
10月25日	エンロンがダイナジー社との合併交渉を水面下で開始
11月8日	SPE関連の会計処理を1997年に遡って修正。純利益が5億800万ドル減少，負債は6億2,800万ドル増加
11月28日	相次ぐ決算修正により，ダイナジーとの合併が破談に。格付け各社が一斉にエンロンを投資不適格に格下げ。株価は61セントまで下落
12月2日	エンロンは連邦破産裁判所に破産法11章の適用を申請

2 WorldCom

【関連する用語】
● SOX法　●不正の手口　●エンロン事件との対比
●監査人の責任　●内部監査部門の役割

2002年7月21日ワールドコムのシジモアCEOは，ニューヨーク連邦破産裁判所に連邦破産法第11章（会社更生手続）の適用申請を行うと発表し，連結総資産額では前年12月のエンロンを上回る米国史上最悪の企業破綻として世界を震撼させた。

エンロン破綻以降も，グローバル・クロッシング，アデルフィア・コミュニケーションズなどの会計不正が相次ぎ，2002年7月には**SOX法**が上院委員会において可決された。ワールドコムの破綻は，同法制定に拍車を掛け，7月末に大統領が署名するという異例の早さで成立した。

ワールドコムにおける会計**不正の手口**は「費用の過小計上による利益水増し」であり，特別目的事業体（SPE）やデリバティブを駆使した**エンロン事件との対比**においては，単純なものといえる。

具体的には「ラインコスト」（自社ネットワークに直接接続できない顧客へのサービス提供に伴って支払う他社回線接続手数料）の過小計上が問題となった。まず，当期のラインコストを未払い回線使用料や繰延税金債務などの負債勘定と相殺することにより，2000年第3四半期：約828百万ドル，第4四半期：約407百万ドルの費用が過小計上された。その後，相殺可能な負債残高がなくなると，次にラインコストを資本支出として資産計上し，費用計上を遅らせる手口を用いた（2000年第4四半期：約771百万ドル，01年第1四半期：約560百万ドル，01年第2四半期：約743百万ドル，01年第3四半期：約941百万ドル，01年第4四半期：約818百万ドルの合計約38億ドル）。

これらの不正を摘発した内部監査人シンシア・クーパー氏の著書には，2000年10月，損益計画大幅未達の報告を経理責任者から受けたCFOのスコット・サリバンが，ラインコストの過小計上を指示し，同責任者が部下数名を巻き込んで実行した経緯が，当事者の心理的葛藤とともに記されている。

CEOのバーナード・エバーズは，積極的な合併戦略によりワールドコムをミシシッピ州の零細企業から米国有数の情報通信企業に成長させた。しかし，成長の維持には，株価上昇が不可欠であり，社内には毎期収益予測を上回りアナリストの期待に応え続けるという強いプレッシャーが常に存在した（裁判においてサリバンは，自分自身もエバーズから損益目標達成のプレッシャーを受けていたと証言した）。2002年11月4日付の米国連邦破産裁判所検査官ソーンバーグ氏による第1次中間報告では，「ワールドコムの経営陣，システム，内部統制，他の従業員が同社の急激な成長に対応し切れなかった」との所見を示している。

　エンロンと同様，ワールドコムの問題の根底には，経営陣の倫理観や収益・株価至上主義の経営姿勢が招いた不健全な統制環境およびガバナンスの脆弱性の問題がある。経営者の倫理観・姿勢については，エバーズの公私混同ともいえる行為が指摘されている。例えば，ワールドコムはソロモン・スミスバーニーに2002年までの6年間に1億ドルの手数料を払ったが，その見返りに，エバーズが未公開株購入などの個人的な恩恵を受けたといわれている。

　ガバナンスの欠陥については，エバーズが個人的な株式証拠金取引で苦境に立たされた際に，取締役会がエバーズ個人に対する合計4億1,500万ドルもの救済融資・保証を承認し，その一部が個人的な出費に流用されたことが問題視され，SECの調査を受けるに至った。

　監査人の責任を問われたアーサー・アンダーセンは，会計方針の変更について経営陣から開示を受けられず，不正は認識していなかったと主張した。しかし，内部資料から，同監査法人がワールドコムを「最もリスクの高い」顧客と位置づけていたことが判明しており，リスクを十分認識しながら相当の注意を払わなかったのではないかと非難された。

　内部監査部門の役割は業務監査に偏っており，財務数値のチェックは外部監査人に任されていたという。また，ラインコストの処理を疑問視したクーパーに対してサリバンが内部監査を遅らせるよう威圧するなど，内部監査部門の独立性は維持されていなかったとみられる。上述のソーンバーグ氏の報告書では，監査委員会が内部監査計画の策定に効果的に関与しておらず，そのような状況下では経営幹部が微妙な問題から内部監査部門を遠ざけることは容易であったとも指摘されている。

(KA)

年月	経緯
1983年9月	バーナード・エバーズが，長距離電話会社 LDDS 社（Long-Distance Discount Service）を設立，85年に CEO に就任
1989年8月	買収戦略により業容を急拡大し，ナスダックに株式を公開
1995年5月	社名を LDDS ワールドコム，さらにワールドコムに変更
1997年11月10日	同業大手 MCI を370億ドルで買収することを発表
1998年9月15日	社名を MCI ワールドコムに変更
1999年	株価が最高値64.5ドルを記録
10月5日	同業大手スプリント社と合併に合意，金額は1,290億ドル
2000年2月	1999年第4四半期決算の純利益13億ドル（前年同期比3倍）
3月	いわゆるドットコム・バブルが崩壊，通信業界株価にも悪影響
4月	スプリント社との合併に備え，社名を再度ワールドコムに変更
6月27日	米司法省がスプリントとの合併差し止めを提訴。翌月断念
10月1日	2000年第3四半期の収益計画大幅未達成。粉飾本格化
10月5日	エバーズ CEO，個人借入返済のために自社株大量売却の危機に（取締役会はエバーズ個人への総額約4億ドルの融資，債務保証を決議）
11月2日	2000年第4四半期の損益見込みの下方修正を発表
12月1日	株価が14ドルに下落
2001年4月26日	2001年第1四半期の利益が前年同期比38％減と発表
2002年3月11日	SEC がワールドコムに対し，会計，役員融資関連資料を要求
4月29日	エバーズが CEO を辞任（後任は副会長ジョン・シジモア）
5月	内部監査部門が資本支出の帳簿精査作業を開始
5月9日	ムーディーズがワールドコムの長期債務格付けを投資不適格に
6月11日	サリバン CFO，内部監査部門に資本支出監査の延期を指示
6月14日	シジモア CEO が1万6,000人の人員削減を発表
6月20日	内部監査部が監査委員会にてラインコストの不適切処理を指摘
6月24日	監査委員会がサリバン CFO を解雇
6月25日	38億5,000万ドルの収益過大計上の事実を公表
6月26日	ワールドコム株の取引停止，SEC が同社を詐欺容疑で告発
7月21日	連邦破産法第11章の適用申請（負債総額410億ドル）
2005年7月13日	エバーズに懲役25年の実刑判決，サリバンは懲役5年

3 Parmalat

【関連する用語】
●監査事務所のローテーション　●共同監査　●不正経理
●エンロン事件　●同族経営　●法定監査指令

　パルマラットは，イタリア北部の地方都市パルマに本社を置く大手乳製品会社である。1961年にカリスト・タンツィ氏によって設立された当初は家族経営の牛乳工場であったが，2003年12月の破産までにイタリアで第8位を誇る巨大企業へと成長した。

　同社の不正が発覚したきっかけは，2003年12月8日が償還期限の1億5,000万ユーロの社債を償還できなかったことにある。政府・銀行の支援により12日にこの社債は償還され，15日には会長であったカリスト・タンツィ氏の辞任を発表したが，19日になって，パルマラットの子会社であるボンラットがバンク・オブ・アメリカに預けていたとされる39億5,000万ユーロの預金が実在しないことが同行によって公表され，これによってパルマラットの信用不安が一気に拡大し，24日に破産申し立てを行い，27日に破産宣告を受けることとなった。

　パルマラットの監査を担当していた監査事務所はグラント・ソントンであったが，上場企業については9年で監査事務所が交代しなければならないとする規制を受け，1999年からデロイト・アンド・トゥシュに変更された。しかしながら，グラント・ソントンはその後も，ボンラットをはじめとするパルマラットの子会社の監査人にとどまった。ここに，イタリアにおける**監査事務所のローテーション**規制の1つの盲点が見いだせる。

　また，イタリアにおける**共同監査**においては，監査責任との関係で自らの担当箇所以外にはあまり関与しない慣行があり，これが，ボンラットの親会社の監査人であったデロイト・アンド・トゥシュがボンラットの架空資産を発見できなかった要因であることが指摘される。

　本件では，カリスト・タンツィ元会長をはじめ，ボンラットの役員，グラント・ソントンの会計士2名を含む11名が逮捕されている。

パルマラットは米国預託証券（ADR）の発行会社であったことから，SECが法的措置に乗り出した。SECの調査によれば，パルマラットの**不正経理**の手口は，(1)保有する債権の価値下落分を隠蔽，(2)事業子会社の損失を穴埋めするため架空の金融取引を捏造，(3)グループ会社間の融資を偽装，(4)子会社による架空収益の計上，というものであった。

　こうした不正のために利用されたのが特別目的会社である。連結の範囲に含まれない特別目的会社を多数設立し，これを利用して損失を隠蔽する不正経理の手口は**エンロン事件**の場合と共通している。また，積極的な事業展開，強い権力を持つCEOの存在，有効な内部統制の不在などの特徴もエンロンと類似している。一方，エンロンとの相違点としては，同族経営であったこと，株価の維持・向上が直接の目的ではなかったこと，共同監査が行われていたことなどをあげることができる。

　パルマラットはイタリア経済を支配する典型的な同族会社であり，13人の取締役会メンバーのうち4名はカリスト・タンツィ氏の親族で，残りは従業員か会社と営業上の関係を有する者であった。取締役会の独立性は全く確保されておらず，外部の公正な目が入りにくい**同族経営**の弊害により，適切なコーポレート・ガバナンスが機能していたとはいい難い。

　また，パルマラットは1989年にミラノ証券取引所に上場していたが，株式の51％は同族で所有しており，実際は株式の一部が売買されていたに過ぎず，公開企業といえるような状況ではなかったといわれる。こうしたことから財務体質としては，外部資金調達の大部分を社債発行や銀行借入に依存せざるを得なかったと考えられる。

　イタリアでは，ベルルスコーニ首相が経済活性化のために企業不正に対する緩和政策をとったことから，世界的なコーポレート・ガバナンス強化の動きに逆行するかのような政治姿勢が問題視された。

　パルマラットの不正会計事件を受け，EUでは2006年6月に**法定監査指令**が公布され，同月発効した。これは従来からの法定監査に関する第8次指令（1984年）を強化したもので，監査人がEU域内で法定監査を行うためにはEU加盟国から認定を受け，登録を行うこと，連結財務諸表を監査する監査人は連結財務報告のすべてについて責任を負うこと，上場会社等は監査委員会を設置することなどが盛り込まれた。

（YMo）

年	経緯
1961年	カリスト・タンツィ氏がパルマに小規模な牛乳工場を設立
1989年	ミラノ証券取引所に上場
1992年	EC市場統合を契機に企業買収と海外進出の方針をとる
1999年	ケイマン諸島に子会社ボンラットを設立
	監査事務所交代規制によりデロイト・アンド・トゥシュが新たな監査人となるが従来からの監査人であるグラント・ソントンは子会社の監査人としてとどまる
2002年	世界的な競争激化から初めて対前年で減収
2003年9月15日	3億5,000万ユーロの7年債を発行
11月7日	イタリア監督当局が貸借対照表の詳細を提出するよう要求
11月12日	ファンドのエピキュラムへの出資金を回収すると発表
12月8日	償還期限を迎えた1億5,000万ユーロの社債を償還できず
12月12日	銀行や政府の援助により1億5,000万ユーロの社債償還実施
12月15日	創業者カリスト・タンツィ氏の会長辞任とエンリコ・ボンディ氏の会長就任を発表
12月19日	バンク・オブ・アメリカがボンラットが同行の口座に保有しているとする39億5,000万ユーロは実在しないことを発表
12月21日	すでに償還済みとしていた30億ユーロの社債について償還されていなかったことが判明
12月24日	パルマ地方裁判所に破産法の適用を申請
12月27日	パルマ地方裁判所から破産宣告を受け上場停止
12月27日	イタリア警察がカリスト・タンツィ氏を拘束
12月29日	カリスト・タンツィ氏が不正会計と約5億ユーロの不正流用を認める
2004年1月26日	プライスウォーターハウス・クーパースが2003年9月時点の純債務額が143億ユーロであったことを発表
3月16日	EU欧州委員会が「法定監査指令」の案を公表
2005年6月28日	ミラノ地方裁判所が逮捕された11名に対して有罪判決
10月6日	ミラノ証券取引所に再上場
2006年4月25日	EU閣僚理事会が「法定監査指令」を採択
6月9日	EU官報で「法定監査指令」公布
6月29日	「法定監査指令」発効

4 Royal Ahold

【関連する用語】
●現地化経営 ●不正経理 ●監査人の責任 ●外国監査法人
●エンロン事件

　アホールドはオランダのアムステルダムに本社を置く大手食品雑貨小売会社で，最盛時にはアメリカのウォルマート，フランスのカルフールに次ぐ世界第3位の規模を誇った。1887年にアルバート・ハインが父親から小さな食料雑貨店を引き継いだことをもって会社創業としている。創業100周年にあたる1987年にはオランダ女王からロイヤルの称号を与えられた。

　同社はオランダ国内の食品小売市場で高い占拠率を誇るが，1990年代以降は国内のみならずヨーロッパ，アメリカ本国，中南米，アジアに進出し，M&Aを繰り返すことによって急速に勢力を拡大して，小売業の売上高ランキングでは1999年度の世界第9位から2001年度の世界第3位にまでのぼりつめた。その経営戦略は，進出先の地域の消費者が店舗に違和感を持たないようそれぞれの地域の習慣に沿った運営方針を採用するなどの**現地化経営**を推進するものであった。しかしながら，その急成長の裏には不正のからくりが存在した。

　アホールドの株式は米国預託証券（ADR）によりニューヨーク証券取引所で取引されていた。SECの調査によれば，アホールドは1999年度から2002年度の第3四半期にかけて虚偽の財務報告を行った。アホールドの**不正経理**の手口は，主として(1)完全子会社であるUSフードサービスで売上割戻（いわゆるリベート）の不正計上を行ったこと，および(2)合弁会社（ジョイント・ベンチャー）を不正に連結の範囲に含めることにより，売上高および利益の水増しをはかったことの2つである。

　USフードサービスの経営者は，同社が納入業者から受け取った売上割戻を過大に計上するとともに，アホールドの監査人が期末監査において行う納入業者に対する確認の監査手続において，多くの納入業者の社員に対し，水増しされた売上割戻について問題ないと回答させ，監査人に対して虚偽の情

197

報を提供した。2001年度から2002年度にかけて過大に計上された売上割戻は総額7億ドルに及び、これらの期間についてアホールドは虚偽の営業利益と純利益を公表した。

また、アホールドは複数の合弁会社につき、過半数の議決権持分を所有していないにもかかわらず、これらを完全連結した。この完全連結を正当化するため、アホールドは監査人に対し、アホールドが実質的に合弁会社を支配しているとするアホールドと共同経営者の双方の署名が入った文書を提出した。しかしながらその文書作成とほぼ同時に、アホールドは共同経営者との間で、アホールドが支配しているとする文書は無効であるとする裏文書を再度取り交わしていたが、アホールドの上級幹部は、これらの裏文書をアホールドの監査人の目にふれぬよう隠匿した。

1997年に、アホールドの監査人であるデロイト・アンド・トゥシュのオランダ事務所は、アメリカのデロイト・アンド・トゥシュと協議のうえ、アホールドは合弁会社を完全連結するための要件を満たしていないとする見解を表明していたが、オランダとアメリカのデロイトは、その後、アホールドが支配しているとする共同経営者の署名入り文書を受け取ったことで、合弁会社の連結を引き続き承認したものである。かかる不正の実態から、**監査人の責任**を追及する動きは出ていない。

2002年の秋に、アホールドの内部監査部長が裏文書の存在に気づいたことがきっかけとなり、合弁会社を利用した不正の存在が明るみに出た。この不正により、営業利益は1999年度に約2億2,200万ユーロ、2000年度に4億4,800万ユーロ、2001年度に4億8,500万ユーロそれぞれ過大に計上された。

グローバル化された資本市場のもとでは、アホールドの例にもみられるように不正は国境を越えるとの考えから、PCAOBはアメリカに上場している外国企業を監査する**外国監査法人**についてもPCAOBによる検査対象とし、PCAOBへの登録を義務づけた。

本件を**エンロン事件**の場合と対比すれば、類似点として積極的な事業展開を行ったこと、高い株価を維持する必要があったこと、有効な内部統制が存在していなかったことなどがあげられる。一方、相違点としては、連結外しではなく連結取り込みにより利益の水増しをはかったこと、監査人の不正への関与は疑われずむしろ会社関係者の共謀による監査の限界を指摘しうる事件であることなどをあげることができよう。

(YMo)

年	経緯
1887年5月7日	アルバート・ハインが父親から食料雑貨店を引き継ぐ
1920年4月29日	会社としてのアルバート・ハイン設立
1948年	アムステルダム証券取引所に上場
1973年	アホールドを創設しアルバート・ハインはその子会社となる
1977年8月22日	バイローを買収することで初のアメリカ市場進出
1981年10月	ジャイアント・フードを買収
1987年	オランダのベアトリックス女王からロイヤルの称号を授与される
1992年	ポルトガルで食品小売・卸業を営む合弁会社に出資
1994年5月3日	レッド・フード・ストアを買収
1995年6月21日	メイフェアを買収
1996年11月	ブラジルでスーパーマーケットを運営する合弁会社に出資
3月29日	ストップ・アンド・ショップを買収
1997年	デロイトが合弁会社の完全連結に疑念を表明
1998年11月	南米でスーパーマーケットチェーンを運営する合弁会社に出資
	アホールドが合弁会社を支配している旨の文書を作成予定であることをCFOが経営委員会に伝える
1999年	グァテマラでスーパーマーケットなどを運営する会社の支配権を有する合弁会社に出資
	ブラジルの合弁会社を支配している旨の文書をデロイトに提出
2000年	スカンジナビアでスーパーマーケットなどを運営する合弁会社に出資
	デロイトがブラジルの合弁会社以外の合弁会社につき支配している旨の文書がない限り連結は認められないとする見解を表明
	複数の合弁会社を支配しているとする文書をデロイトに提出
4月13日	USフードサービスを買収
2001年12月	ブルーノを買収
2002年	内部監査部長がスカンジナビアの合弁会社に対する支配が無効である旨の裏文書の存在に気づきこれが監査委員会とデロイトに通知される
2003年	複数の合弁会社に対する支配が無効である旨の裏文書の存在が明らかになる
	売上割戻と合弁会社を用いた2つの不正に関する内部調査の結果を受けて以前の財務諸表の訂正を行うとともに2002年度の連結財務諸表の提出が遅れることを表明
	PCAOBがアメリカ国内外の監査法人に登録を義務づける規則案を発表
2004年7月19日	PCAOBへの外国監査法人の登録締切

5　ダスキン（大肉まん訴訟）

【関連する用語】
●取締役会および業務管轄外の取締役の責任
●大和銀行事件　●クライシスマネジメント

　ダスキン株式会社のフードサービス事業，ミスタードーナツ（MD）が，食品衛生法上，未認可の添加物が混入した「大肉まん」を販売した事実に関連して株主代表訴訟が提起された事案である。訴訟は途中から MD 事業を管轄した取締役2名と，管轄外の取締役・監査役に分離され審理が行われた。

　MD 事業を管轄していた取締役2名については，第一審，控訴審の両裁判所とも，未認可添加物混入の事実を知りながら，外部の業者に口止め料を払う等その事実を隠蔽し，かつ取締役会に報告せず販売を継続した事実を重く見て，第一審で約106億円，控訴審で約53億円の損害賠償を認定している。

　他方，管轄外の取締役・監査役については，第一審は，販売終了直後に事実を知った取締役1名のみ約5億円の損害賠償を認め，その他の取締役・監査役については賠償請求を棄却した。しかし，控訴審は，賠償を免れた他の取締役・監査役についても，未認可添加物混入の事実を知った後に，速やかに事実関係を公表してダスキンの損害等を最小限に留めるための対応を講じなかったとして，各々約5億円または約2億円の賠償額を認定した。本訴訟は最高裁において，上告棄却・不受理となり，控訴審で判決が確定している。

　この事件・判決の意義は，いくつかのポイントに分けることができよう。第1は，MD 事業担当の取締役に対する損害賠償額が約53億円と巨額に上ることである。大和銀行事件（当時の為替レートで約830億円），ヤクルト株式会社のデリバティブ取引による巨額損失事件（約530億円）にも見られるように，近年，裁判所は取締役の責任を非常に厳格に解するようになっている。

　第2は，**取締役会および業務管轄外の取締役の責任**である。本来，取締役会は，各取締役の職務執行を監督する義務がある。近年の裁判例では，業務管轄外の取締役についても，取締役会で特に反対の意思表示をしなければ責任を負うとすることが多い。ダスキン事件においても，取締役会で未認可添

加物の混入の大肉まんの販売について調査し，事実関係を明らかにしたにもかかわらず，その事実を公表しなかった。これによって，控訴審は業務管轄外の取締役と監査役について賠償責任を認めた。

第3は，内部統制の整備による免責である。**大和銀行事件**をはじめ，それまでの内部統制に係る司法判断では，適切な内部統制の整備・運用が取締役の善管注意義務に属することが確認されており（その他として神戸製鋼所事件），2005年制定の会社法で初めて条文に規定された。もっとも，内部統制は本来，経営者の裁量の下，その企業の事業や事業環境の特殊性を反映しながら時とともに進化する。したがって，法的判断になじまない側面もあることから，経営判断原則を適用し，特に内部統制に不備が見られない限り免責されることもある（例えば雪印牛肉偽装事件）。ダスキン事件は，内部統制に関して2つの観点から分析できる。ひとつは日常の業務における内部統制であり，これについて裁判所は，ダスキンの事業の特殊性，経理状況等を勘案したうえで，内部統制に不備があるとは認めず，取締役の責任を否定した。もうひとつは，ガバナンスである。取締役会は，MD事業を担当した取締役を監視する義務があったが，ダスキンでは，経営に関する重要事項を取締役会への報告事項と定めていたため，MD事業を管轄する取締役が事実を隠蔽し取締役会に報告しなかった以上，他の取締役・監査役の善管注意義務に違反はなかったとして裁判所は責任を否定した。もっとも，事実関係の調査終了後，未認可添加物混入の事実を「公表しない」という取締役会の意思決定について，各取締役・監査役に損害賠償が認定されていることから，この点においてガバナンス上，責任が問われたと理解することができる。

第4は，ダスキン事件において，裁判所が「**クライシスマネジメント**」に言及している点である。裁判所は，参天製薬（目薬へ異物混入について，速やかにその事実を公表して製品の回収に努め，結果，社会的な批判が大きくならなかった）等の事案，国民生活センターの実態調査を勘案し，日々の業務におけるリスクマネジメントに加えて，リスクが顕在化した後であっても，その損害を最小限にとどめる，クライシスマネジメントの必要性を示したものとして注目される。

(HT)

年月	経緯
2000年9月20日	大和銀行事件判決。大阪地裁は，取締役11名に対して総額約830億円の賠償支払いを命じる（翌年，大阪高裁で2億5,000万円の支払いで和解）
2002年4月5日	神戸製鋼所の総会屋への利益供与事件で株主と経営者との間で和解が成立。神戸地裁は，取締役に内部統制システムの構築義務があるとの見解を示す
2004年12月22日	ダスキン大肉まん訴訟事件，第一審判決
2005年2月10日	雪印食品の牛肉偽装事件の判決。取締役の内部統制義務違反を否定し，免責
6月29日	会社法成立。内部統制の整備・運用義務が法文化される
2006年6月9日	ダスキン大肉まん訴訟事件，控訴審判決
2008年2月12日	ダスキン大肉まん訴訟事件，上告棄却・不受理。これにより控訴審で判決が確定

6 足利銀行

【関連する用語】
●金融庁検査 ●繰延税金資産 ●みすず監査法人
●監査の品質管理 ●監査に関する品質管理基準

　足利銀行は，1895年に設立された栃木県宇都宮市に本店を置く地方銀行である。同行は，1980年代のいわゆるバブル経済期に急成長し，1990年には預金量で地銀第5位となった。しかしバブル経済崩壊後は一転して不良債権を抱えることとなり，1999年以降，3回にわたり総額1,350億円の公的資金の注入を受けた。

　足利銀行は，2003年3月期決算にあたって，710億円の赤字決算，自己資本比率は4.54％と発表した。これを受け，金融庁は同行に業務改善命令を出すとともに金融検査に入り，その結果，2003年3月期にはすでに債務超過に陥っており，自己資本比率はマイナス0.7％であったとした。

　足利銀行がこの検査結果を受け入れたことにより，同行の監査を行っていた中央青山監査法人は，**金融庁検査**の結果を同年9月中間決算に反映させることとした。すなわち，監査法人は，この中間決算で予定されていた5年分計1,208億円の**繰延税金資産**の計上を認めず，同年3月期決算で計上されていた1,387億円の繰延税金資産の全額を取り崩すことを求めた。この結果，同行の9月中間決算は，1,862億円の赤字，1,023億円の債務超過となった。

　これを受けて政府は，足利銀行を特別危機管理（一時国有化）とすることを決定，同行は事実上破綻した。なおその後同行は，2008年に，野村ホールディングスを中心とする企業連合に1,200億円で譲渡され，特別危機管理体制から脱却している。

　足利銀行の破綻にあたっては，中央青山監査法人に対する数件の損害賠償請求訴訟が起こされていることが特筆される。第一に，株主からは，2004年に栃木県経済同友会会員企業の株主らを中心としたもの（経済同友会訴訟）と，個人，企業株主らが設立した「足利銀行出資被害者の会」によるもの（被害者の会訴訟）の2件の訴訟が提訴されている。いずれも，1999年と

事例

203

2002年に足利銀行が実施した第三者割当増資に応じた結果,損害を被ったとするものである。原告は,1999年3月期に計上されていた繰延税金資産1,489億円は日本公認会計士協会の実務指針に照らしても過大であり,同時期に同行はすでに債務超過状態にあったにもかかわらず,監査法人がこれを黙認したと主張した。また,2003年3月期には継続企業の前提(ゴーイングコンサーン)について注記が付されていなかったにもかかわらず,同9月期中間決算で判断を変えて債務超過に陥らせたことに注意義務違反があると主張した。

これに対し,監査法人側は法的責任を否定し,全面的に争うこととした。両訴訟のうち,経済同友会訴訟については,2006年,監査法人の注意義務違反を原告が立証し得ていないとして,宇都宮地裁により棄却された。被害者の会訴訟については,2008年8月現在引き続き係争中である。

第二に,2005年,一時国有化された足利銀行が,中央青山監査法人と当時の監査役4人を相手取って,損害賠償請求訴訟を提訴している。これは2001年3月期に繰延税金資産の過大計上,貸倒引当金の過少計上による粉飾決算があったにもかかわらず,監査法人がこれを看過し,11億3,580万円の違法配当に加担したと主張するものである。

この訴訟は2007年に和解が成立し,旧中央青山監査法人(当時の**みすず監査法人**)は2億5,000万円,監査役4名は計1,200万円を支払うこととしたが,監査法人の責任については,みすず監査法人側は認めていない。

足利銀行の事例は,**監査の品質管理**のあり方について問題を提起した。2004年に発覚した,東北文化学園大学の架空寄付,虚偽記載による補助金不正受給事件でも,同大学の監査を担当した新日本監査法人の地方事務所の監査の品質が問題となったが,足利銀行の場合にあっても,地元の担当会計士と同行との関係,監査法人本部による全国的な類似事例情報の伝達が不備だったことが問題となった。これらを踏まえ,2005年10月,企業会計審議会は,**監査に関する品質管理基準**を公表し,監査法人の審査体制や内部管理体制監査等の監査の品質管理を具体化,厳格化することとし,同基準は2007年3月期決算から適用されている。

(HYo)

年月	経緯
1895年9月	株式会社足利銀行設立
1996年3月	不良債権処理により創業以来初の赤字決算（919億円の損失）
1998年3月	劣後債による公的資金300億円投入。289億円の赤字決算
1999年3月	1,182億円の赤字決算
9月	1,050億円の公的資金注入を申請
2002年3月	1,280億円の赤字決算
2003年3月	持株会社「株式会社あしぎんフィナンシャルグループ」を設立し、同社の子会社に。710億円の赤字決算
8月1日	金融庁から業務改善命令を受ける
9月2日	金融庁、2003年3月期決算についての金融検査に入る
11月21日	金融庁、2003年3月期は債務超過との検査結果を出す
11月29日	中央青山監査法人、金融庁の判断に沿って繰延税金資産を認めず、2003年9月中間決算は1,862億円の赤字に。政府、特別危機管理（一時国有化）を決定
12月1日	特別危機管理開始決定、預金保険機構が全株式を取得し一時国有化
2004年5月28日	栃木県経済同友会会員企業の株主らが国と中央青山監査法人を相手取り、損害賠償請求訴訟を提訴（経済同友会訴訟）
8月3日	個人、企業株主らによる「足利銀行出資被害者の会」が中央青山監査法人を相手取り、損害賠償請求訴訟を提訴（被害者の会訴訟）
2005年1月26日	金融庁、中央青山監査法人に戒告処分
9月16日	足利銀行、中央青山監査法人と当時の監査役4人を相手取り、損害賠償請求訴訟を提訴
2006年12月7日	宇都宮地裁、同友会訴訟を棄却（被害者の会訴訟は継続）
2007年7月2日	足利銀行、旧中央青山監査法人（当時のみすず監査法人）と和解成立、みすず側は和解金2億5,000万円の支払に応じる。旧監査役4人との和解も成立
2008年3月14日	金融庁により、足利銀行を野村ホールディングスを中心とする企業連合に1,200億円で譲渡する方針が示される
7月1日	野村グループ連合が設立した足利ホールディングスの子会社となる。特別危機管理体制から脱却

7 西武鉄道

【関連する用語】
●持株比率と上場廃止基準　●インサイダー取引
●金融庁の自主点検要請　●内部統制報告制度

　2004年10月13日,西武鉄道は2000年3月期から2004年3月期の有価証券報告書の訂正報告書を関東財務局に提出したことを開示した。これにより東京証券取引所は,同日,同社株式の監理ポスト割当てを決定,その後11月16日には上場廃止の決定を下している。ここで問題となったのが**持株比率と上場廃止基準**であった。東証の上場廃止基準の中の1つとして少数特定者持株数比率の割合が80%を超える場合に上場が廃止されるという規定（現在は75%に変更）,いわゆる「株主の分布状況」の基準が存在しているが,西武鉄道はこの規定に長年にわたって違反していたのである。

　東証の上場廃止理由の説明において,その筆頭株主であるコクドおよびコクドの子会社であるプリンスホテル等が実質的に所有する個人名義株式の存在により,少数特定者の実質所有比率が80%を超えていたことが明らかにされた。またそこでは,このような名義株式の存在が少なくとも1957年頃から継続して存在しており,投資判断の基礎となる情報に重大な誤りがあったことを認めたのである。また上場廃止に至る過程の中で,株式事務を外部の代行会社に委託せず自社内で行ってきたことなど,長年にわたる内部管理体制等についての組織的問題点もそこで明かになったのである。

　その後2005年3月22日には,証取法違反（有価証券報告書の虚偽記載）の疑いで西武鉄道が,またこれに加え虚偽記載公表前に取引先企業72社に対して,虚偽記載を隠したまま西武鉄道株を売却したとして,コクド元会長堤義明氏が同法の**インサイダー取引**規制により告発されるという刑事事件へと発展していくことになった。

　ところでこれと同様の事案として,同時期に発覚した伊豆箱根鉄道,日本テレビのケースをあげることができる。伊豆箱根鉄道は,2004年10月26日において,2000年3月期から2004年3月期までの有価証券報告書について訂正

の必要性が生じている旨開示した。これにより東証は，同日において同社株式を監理ポストに割り当て，その後11月25日には同社株式の上場廃止を決定している。ここでもその上場廃止理由においては，同社のグループ会社が実質的に所有する個人名義株式の存在が判明したことや，その状態が確認できる限りでは1976年から続いていたこと，さらには過去において実際に上場廃止基準に抵触する状態であったこと，また長期間にわたり投資者の投資判断を誤らせていたことが明らかにされたのである。ここでも東証はそれが内部管理体制等組織的な問題に起因するものであることを明確に指摘している。

一方，日本テレビについても同様の事案ではあるが，こちらは上場廃止を免れる結果となっている。2004年11月5日，同社は2000年3月期から2004年3月期までの間の有価証券報告書の訂正報告書を関東財務局に提出したことを開示した。これにより東証は，同日，同社株式を監理ポストに割り当てることを決定している。しかしながら，東証は11月19日に，以上2社のケースとは異なり，翌20日より同社株式の監理ポスト割当てを解除することを発表した。この上場廃止とならなかった理由についてだが，仮に問題となった名義株を実質保有者の保有分に訂正したとしても「株主の分布状況」の基準に抵触しない，また大量保有報告書では正しい株式保有者を報告している，そして保有株式売却に伴うインサイダー取引の問題が生じていない，ことなどをあげることができる。

このような状況の中，2004年11月16日より，全上場会社4500社を対象として，「株主の状況」を中心とした**金融庁の自主点検要請**が実施されることになった。その結果，同年12月22日までに「株主の状況」以外の訂正個所も含む形で訂正報告書を提出した会社は525社（翌年1月末には600社超）に上ったのである。

この異例の事態に対して，金融庁の金融審議会は，同年12月24日に「ディスクロージャー制度の信頼性確保に向けた対応（第二弾）について」を公表，その中において「財務報告に係る内部統制の有効性に関する経営者による評価と公認会計士等による監査のあり方」についての検討を要請した。この要請に従う形で，翌年1月には，**内部統制報告制度**の導入に向け企業会計審議会に内部統制部会が新設され，具体的な基準策定作業に入ることになったのである。

(TKo)

年月	経緯
2004年10月13日	コクド傘下の西武鉄道は2000年3月期から2004年3月期の有価証券報告書の訂正報告書を関東財務局に提出。東証はこれを受け，西武鉄道株式の監理ポスト割当てを発表。またコクドの堤義明会長は記者会見を行い，コクド会長など西武鉄道グループの全役職を同日付で辞任したことを発表
10月15日	西武鉄道は有価証券報告書の訂正報告に伴い，鉄道事業法に基づいた営業報告の内容を訂正
2004年12月17日	西武鉄道株式上場廃止
2005年3月3日	堤義明氏が証券取引法違反（有価証券報告書虚偽記載並びにインサイダー取引）容疑で逮捕
2005年3月22日	証券取引等監視委員会は証券取引法違反の容疑で，堤義明氏，および法人としての西武鉄道，コクドを東京地検特捜部に告発
2005年3月23日	東京地検特捜部は，堤義明氏を証券取引法違反（有価証券報告書虚偽記載並びにインサイダー取引）の罪で，また法人としての西武鉄道は有価証券報告書の虚偽記載で，コクドはインサイダー取引でそれぞれ起訴
2005年6月16日	堤義明被告は，東京地裁で開かれた初公判の罪状認否にて起訴事実を全面的に認める。ここで検察側は，同被告が西武鉄道の有価証券報告書の虚偽記載を1973年から認識していたことを明らかにした
2005年10月27日	一連の西武鉄道事件における判決公判が東京地裁で開かれ，堤義明被告には懲役2年6月，執行猶予4年，罰金500万円（求刑懲役3年，罰金500万円），虚偽記載に問われた西武鉄道は罰金2億円（求刑同），またインサイダー取引に問われたコクドは罰金1億5,000万円（求刑同）が言い渡された（判決通りに有罪が確定）

8　カネボウ

【関連する用語】
●会計士逮捕　●監査法人の処分　●一時監査人問題
●継続監査期間　●監査事務所のローテーション　●不正経理
●公認会計士法

　2004年2月，カネボウは経営再建を目指し，産業再生機構に支援を要請した。その後8月には，経済産業省と厚生労働省に産業活力再生特別措置法（産業再生法）の適用を申請している。その間，同社が同年4月に設立した経営浄化調査委員会では様々な調査を行い，10月にその結果を報告書の形で公表している。そこでは同年3月に辞任した旧経営陣の裏金捻出行為，および長期にわたる粉飾決算の事実等が判明することになった。

　2005年4月13日，同社は2000年3月期から2004年3月期まで5期分の決算訂正を発表したが，その粉飾額は5年間で2000億円に上ることが明らかとなり，その結果，連結ベースでは1996年3月期から2004年3月期まで9期にわたって債務超過となった。これを受ける形で，東京証券取引所は，産業再生機構が関与する銘柄については，3期連続（通常は2期）で債務超過の場合はその上場を廃止するという規定の下，その検討に入ることになった。上場維持という産業再生機構の強い要請はあったものの，その後，東証はカネボウの上場廃止を決定，2005年6月13日，同社は上場廃止となった。

　2005年7月29日には，証取法違反（有価証券報告書の虚偽記載）の疑いで，元社長を含む役員3人が逮捕され，同年9月13日には同じく証取法違反の容疑で，カネボウの監査を行っていた中央青山監査法人（当時）の担当者4人の**会計士逮捕**という事態に至ったのである。

　2006年5月10日，金融庁公認会計士・監査審査会は，中央青山監査法人に対して，7月1日から2カ月間の業務停止命令を行った。これにより同法人のクライアントとの監査契約は7月1日でもって解約となることから，ここに**監査法人の処分**と**一時監査人問題**が生じることになった。これは会計監査人が2カ月間不在になる「監査の空白」の問題を意味しており，これについて会社法346条の規定では，会計監査人が欠けた場合に遅滞なく後任の監査

人が選任されない場合には、一時監査人を選任すべきと定めているのである。この規定によるなら、同法人が会社法監査を行っているクライアントについては、もしも監査人が変更されない場合には、一時監査人を選任することが求められたのである。

ところでカネボウ事件で特に問題となったのが「監査人の独立性」への疑義の問題である。逮捕された会計士はその後の公判の中で、カネボウ経営陣の粉飾工作を十分認識した上で、監査報告書において「適正意見」を表明していたことを明らかにしている。そこでは企業と会計士の長年にわたる馴れ合いがあったことが見て取れる。カネボウの監査は中央青山監査法人の前身でもある中央監査法人時代から30年間続いており、逮捕された会計士はその誰もが長期間（主任会計士については12年間）にわたり当該監査に従事していた。この事実を受ける形で、**継続監査期間の見直しと監査事務所のローテーション**問題についての議論が高まることとなり、その後の会計士法改正の契機ともなったのである。

カネボウ事件のその具体的な**不正経理**の手口と会計士の加担については、同社が設置した経営浄化調査委員会の調査および東京地検特捜部の捜査で明らかにされていった。判明したところによると、カネボウは本社と販社で商品を回遊させるなどの方法で売上を過大計上、また発生主義を逸脱した販管費の繰延計上、連結子会社の不合理な連結外し、投融資等の過大評価を行っていた。また逮捕された会計士は粉飾についての相談を役員から受け、それに対する具体的助言まで行っていた事実も公判で明らかにされたのである。

これら一連の事実を踏まえ、監査人の不正行為に対する罰則規定を大幅に強化した2007年改正**公認会計士法**が6月20日に参議院本会議で可決成立し、2008年4月1日より施行されることになった。同法により当局は、監査に問題がある場合、当該監査法人に業務改善命令を出したり、あるいは違反行為に重大な責任を有すると認められる社員について、一定期間、当該監査法人の業務及び意思決定の全部または一部に関与することを禁止する命令を下せることになった。また違反行為を適切に抑止する観点から、特に故意の場合、顧客企業から受け取った報酬の1.5倍の課徴金を科すことができる（相当の注意を怠った場合1.0倍の課徴金）こととなった。また大規模監査法人が上場会社の監査業務を行う場合の主任会計士の継続監査期間についても、7年から5年に短縮することが法定化されたのである。

(TKo)

年月	経緯
2005年4月13日	カネボウは2000年3月期から2004年3月期まで5期分の決算訂正を発表。この結果,同社は連結ベースで1996年3月期から2004年3月期まで9期連続で債務超過となった
2005年5月2日	カネボウは有価証券報告書の訂正報告書を関東財務局に提出
2005年6月13日	カネボウ株式上場廃止
2005年7月29日	証券取引法違反(有価証券報告書虚偽記載)の容疑で,元社長を含む役員3人が逮捕
2005年8月18日	2003年3月期までの2年間の連結決算で800億円超の粉飾をしたとして,元社長と元副社長の両容疑者を証券取引法違反(有価証券報告書虚偽記載)の容疑で起訴
2005年9月13日	証券取引法違反(有価証券報告書虚偽記載)の容疑で,カネボウの監査を行っていた中央青山監査法人(当時)の担当会計士4人が逮捕
2005年10月3日	逮捕された担当会計士4人のうち3人を証券取引法違反の疑いで起訴
2006年3月27日	カネボウ元社長,元副社長に対する判決公判が東京地裁で行われ,元社長に懲役2年,執行猶予3年(求刑懲役2年),元副社長に懲役1年6月,執行猶予3年(求刑懲役1年6月)が言い渡された(判決通りに有罪が確定)
2006年5月10日	金融庁公認会計士・監査審査会は中央青山監査法人に対して,同年7月1日から2カ月間の業務停止命令を出したことを発表
2006年8月9日	カネボウ担当会計士3人に対する判決公判が東京地裁で行われ,粉飾に主体的に関わったとされる被告に懲役1年6月,執行猶予3年(求刑1年6月),残る2人にはそれぞれ懲役1年,執行猶予3年(求刑懲役1年)が言い渡された(判決通りに有罪が確定)
2006年9月1日	中央青山監査法人がみすず監査法人に改称
2007年7月31日	みすず監査法人は業務を終了し解散

9 ライブドア

【関連する用語】
●偽計取引,風説の流布および有価証券報告書虚偽記載
●刑事責任 ●資本市場へ重大な影響 ●エンロン事件

 2006年1月,東京地検特捜部がライブドアを強制捜査,同社の代表取締役社長兼最高経営責任者である堀江貴文を逮捕,その後次々とライブドアの役員が逮捕,起訴された。罪状は,**偽計取引,風説の流布および有価証券報告書虚偽記載**である。

 ライブドアが投資事業組合を通じて他社を買収する際,自らの評価と異なる評価額によって交換比率を設定し,しかもそれを第三者機関による評価として公表したこと(実際にはライブドアファイナンスの従業員が算定した),また,投資事業組合を通じて買収していた会社(非連結)を利用して,実態のない取引により架空売上を計上し業績を公表したことが,偽計取引,風説の流布(証券取引法違反)とされた。また,投資事業組合を通じてライブドア株式を売却し,その売却益を売上として計上(本来は親会社株式の売却益で売上ではない)していたことが有価証券報告書虚偽記載とされたのである。

 東京地方裁判所は,2007年3月,証券取引法違反によりライブドアの元役員ら5名に懲役刑,ライブドアを含む2社に対して総額3億2,000万円の罰金刑を宣告した。

 さらに,機関投資家数社が,ライブドアの有価証券報告書の虚偽記載発覚により,株価が下落して損害を被ったとしてライブドアを訴え,東京地裁はライブドアHDに95億4,400万円の損害賠償の支払いを命じた。

 この事件により,ライブドアの監査を担当していた公認会計士2名が**刑事責任**を問われ,うち1名は実刑判決を宣告された。公認会計士に対する実刑判決は,本件が初めてである(その後の控訴審で,実刑は破棄,執行猶予付きとなった)。金融庁は,この公認会計士の登録を抹消するなど,厳しい処分を下した。また,この事件を契機として,公認会計士・監査審査会は,会計事務所が行う監査について,厳しい検査体制をとることになった。

ライブドア社に東京地検が入り，堀江貴文が逮捕されたことにより，株式市場は大暴落，さらに海外の**資本市場へ重大な影響**を与えた（ライブドア・ショックと呼ばれる）。また，時間外取引によるニッポン放送株の大量取得に始まり，株式分割による株価の吊り上げといった潜脱行為，刑事責任を問われた偽計取引や有価証券報告書虚偽記載など，ライブドアの一連の行為は，わが国における資本市場の規制が，いかに脆弱であったかを露呈した。

　当時，政府は海外の資本市場との競争のため，自由化・規制緩和政策を進めていたが，他方，資本市場のルール違反に対する監視体制，厳しい制裁などの施策が立ち遅れていた。この事件を契機として，証取法（金商法）で，罰則強化が図られ，投資ファンドに対する規制も強化されることになった。

　また，ライブドアが時間外取引によりニッポン放送株を大量取得したことにより，わが国の企業が，敵対的買収に狙われ易い状況にあることが明らかになった。当時は，わが国の企業の特徴である株式の持ち合い構造が崩れ始めており，また，同時に市場規制が自由化・緩和されていたことから，買収防衛策が盛んに議論され始める端緒ともなった。

　ライブドア事件とよく対比されるものとして**エンロン事件**がある。いずれも規制緩和の波に乗って，買収・合併によって急速に拡大した企業が起こした不祥事である。政財界を巻き込んだ大スキャンダルに発展した点，また，会計と監査に対する社会の信頼を揺るがせ，市場が大混乱に陥る契機となったことが共通する。また，両事件とも，厳しい市場規制への端緒となった（エンロン事件はSOX法制定の契機となり，ライブドア事件は，潜脱行為を防止，罰則を強化する方向に法改正を行う契機となった）。

　もっとも，エンロンは，ガス・電力に始まり，数多くのデリバティブ取引によって巨大企業となったが，ライブドアは，独自のテクノロジーから出発したわけではなく，株式分割による株価の吊り上げで得た資金で数多くの企業を買収し巨大企業となった点が異なる。　　　　　　　　　　　　　　（HT）

年月	経緯
2005年2月8日	ライブドア，ニッポン放送の株式を35%取得したと発表
2月23日	ニッポン放送がフジに大量の新株予約権の発行を決定
24日	ライブドア，ニッポン放送の新株予約権発行の差し止めを東京地裁に申請
3月11日	東京地裁，新株予約権の発行の差し止めを決定（その後，東京高裁も抗告を棄却）
4月18日	ライブドア，フジテレビと和解
2006年1月16日	東京地検，証券取引法違反の容疑で，ライブドアを家宅捜索
1月23日	堀江貴文他役員3名，証券取引法違反の容疑で逮捕
4月14日	ライブドア株式上場廃止
2007年3月16日	東京地裁，堀江貴文被告に懲役2年6月の実刑判決（即日控訴）
3月22日	東京地裁，元財務担当取締役の宮内亮治に懲役1年8月の実刑判決（即日控訴）。他の役員3名にも執行猶予付きの懲役刑を宣告
3月23日	東京地裁，法人としてのライブドア社に対して罰金2億8,000万円，メディアイノベーションに罰金4,000万円の判決。また，公認会計士2名にそれぞれ，10月（実刑），1年（執行猶予4年）の懲役刑を宣告
2008年7月25日	東京高裁，堀江貴文被告の控訴を棄却。堀江は即日上告
9月12日	東京高裁，宮内亮治被告について，「犯行の主導的立場にあり刑事責任は重いが，原判決後にライブドア株主らとの民事訴訟の解決に努力している」として，一審（東京地裁）を破棄し，懲役1年2月の実刑に減刑した
9月17日	宮内亮治被告，最高裁に上告
2009年1月7日	宮内被告，上告を取り下げ。二審，東京高裁判決が確定

10 日興コーディアルグループ

【関連する用語】
●証券取引等監視委員会　●不正会計　●課徴金
●監査法人の責任　●みすず監査法人　●課徴金制度

　株式会社日興コーディアルグループは，2001年に旧日興證券株式会社を母体に転換した持ち株会社であり，傘下に旧日興證券株式会社の業務を継承した日興コーディアル証券株式会社を持つ。

　2006年12月18日，**証券取引等監視委員会**は，調査を行っていた日興コーディアルグループの2005年3月期連結決算について，連結対象とされるべきグループ子会社が設立したSPC（特別目的会社）を連結から外すことにより，約187億円の利益の水増しがあったとした。また同年11月にこの決算書に基づき社債500億円を発行しており，投資家の判断を誤らせた可能性があるとして，証取法第172条第1項第1号に基づき，金融庁に対して同グループに5億円の追徴金を課すように勧告した。この勧告は，有価証券報告書虚偽記載を理由としたものではない。このため，一般に本件は「粉飾決算」ではなく，「**不正会計**」のケースであるとされている。

　同グループは，これに対して連結決算を訂正すると発表したが，証券取引等監査委員会が指摘した組織的関与については，子会社社員のミスであるとして否定した。以上の経緯より，東京証券取引所は同グループ株を監理ポストへ割り当てた。

　しかし，12月25日には，証券取引等監査委員会の指摘を全面的に受け入れ，日興コーディアルグループ社長（日興コーディアル証券社長を兼任）と会長が引責辞任することとなった。同社が事実関係を認める答弁書を提出したため，2007年1月6日に，金融庁は同社に**課徴金**5億円の納付を命令した。2007年1月30日には，日興コーディアルグループが設置した特別調査委員会が調査報告書を発表した。この報告書では，SPCを用いた利益の水増しが意図的，組織的な法令違反行為であったとしている。また同報告書では，同社の監査委員会が連結範囲について疑問を呈していたにもかかわらず，監査

事例

にあたっていた中央青山監査法人（当時）が問題はないとして適正意見を付していたことも指摘し，**監査法人の責任**についても言及している。なお同報告書では，監査委員会については一定の役割を果たしたとしており，非難を加えることは難しいとしている。

これに対して，**みすず監査法人**（旧中央青山監査法人）は当時の監査に問題はないとするとともに，訂正有価証券報告書の監査の依頼に対してもその訂正理由の説明を求めて難色を示した。旧中央青山監査法人の金融部門は2006年6月にあらた監査法人に移っていたこともあり，訂正報告書の監査はあらた監査法人が受嘱し，同法人は，2月27日に提出されたSPCを連結した2005年3月期決算の訂正報告書に対して適正意見を表明している。また，金融庁および日本公認会計士協会は，それぞれ旧中央青山監査法人の監査に問題がなかったか調査を行ったが，結果として監査法人の過失は軽いと判断し，処分等は行われていない。

みすず監査法人は，足利銀行，カネボウの粉飾決算により業務停止命令を受け，2006年9月に中央青山監査法人から改称していたが，日興コーディアルグループの事例はその3カ月後に発生したことになる。さらに2007年2月にはやはり監査を担当していた三洋電機にも不正会計疑惑が生じ，同法人は存続を断念することとなり，2007年7月末に解散した。

金融庁は，カネボウ，ライブドア，そして日興コーディアルグループの不正会計を受けて，監査法人に対する規制を強化することにより厳格な監査を維持しようとした。具体的には，公認会計士法を改正し，従前は戒告，業務停止，解散命令のみであった監査法人への行政処分に，業務改善命令，課徴金，不正関与会計士の業務従事禁止命令を加えて多様化した。このうち**課徴金制度**は，企業の不正会計を幇助または容認した監査法人には報酬の1.5倍，注意義務に違反して不正を看過した場合には報酬の同額を課徴金として課すというものである。また，関与先の不正を発見した場合に，金融当局に通報することも義務づけられることになった。

(HYo)

年月	経緯
1944年4月	川島屋證券株式会社と日本興業銀行が設立した日興證券株式会社が合併,日興證券株式会社設立
2001年10月	日興コーディアル証券株式会社(日興證券株式会社の業務を継承)および持ち株会社の株式会社日興コーディアルグループを設立
2006年12月18日	証券取引等監視委員会,日興コーディアルグループの2005年3月期連結決算において,約187億円の利益の水増しがあり,同年11月にこの決算書に基づき社債500億円を発行したと指摘。証券取引法第172条第1項第1号に基づき,金融庁に対して同グループに5億円の追徴金を課すように勧告。同グループはこれに対して決算訂正を発表。証券取引等監査委員会が指摘した組織的関与は否定。東証は同グループ株を監理ポストへ割り当て
2006年12月25日	証券取引等監査委員会の指摘を全面的に受け入れ,日興コーディアルグループ社長(日興コーディアル証券社長を兼任)と会長が引責辞任
2007年1月6日	金融庁,日興コーディアルグループに課徴金5億円の納付を命令
1月9日	日興コーディアルグループ,課徴金5億円を納付
1月30日	日興コーディアルグループが設置した特別調査委員会,調査報告書を発表
1月31日	日興コーディアルグループの監査を担当したみすず監査法人(旧中央青山監査法人)の前理事長が辞職
2月20日	みすず監査法人,7月末での解散を決定
2月27日	2005年3月期決算の訂正報告書を提出
2月28日	『日本経済新聞』,日興コーディアルグループは上場廃止の方向と報道
3月12日	東証が日興コーディアルグループの上場維持を発表
3月13日	東証,日興コーディアルグループ監理ポスト割当を解除
6月20日	監査法人に課徴金納付,業務改善命令等の行政処分を加える等の改正公認会計士法が成立
7月31日	みすず監査法人解散。金融庁,同監査法人の処分見送り
2008年1月23日	三角合併を用いて,シティグループの完全子会社となることにより上場廃止

事例

凡　　例

略　称	正式名称	邦語訳
AICPA	American Institute of Certified Public Accountants	米国公認会計士協会
ASBJ	Accounting Standards Board of Japan	企業会計基準委員会
CAG	Consultative Advisory Group	諮問助言グループ
CCSA	Certification in Control Self-Assessment	内部統制評価指導士
CESR	Committee of European Securities Regulators	欧州証券規制当局委員会
CIA	Certified Internal Auditor	公認内部監査人
COSO	Committee of Sponsoring Organizations of the Treadway Commission	トレッドウェイ委員会支援組織委員会
CPE	Continuing Professional Education	継続的専門研修
EBR	Enhanced Business Reporting	事業報告の向上
EDGAR	Electronic Data Gathering, Analysis, and Retrieval System	エドガー
EDINET	Electronic Disclosure for Investors' NETwork	エディネット
EU	European Union	欧州連合
FASB	Financial Accounting Standards Board	財務会計基準審議会
GAO	Governmental Accountability Office (2004年7月までは General Accounting Office)	会計検査院
IAASB	International Auditing and Assurance Standards Board	国際監査・保証基準審議会
IAESB	International Accounting Education Standards Board	国際会計教育基準審議会
IAS	International Accounting Standards	国際会計基準
IASB	International Accounting Standards Board	国際会計基準審議会
IASC	International Accounting Standards Committee	国際会計基準委員会

IDEA	Interactive Data Electronic Applications	アイデア
IESBA	International Ethics Standards Board for Accountants	国際倫理基準審議会
IFAC	International Federation of Accountants	国際会計士連盟
IFIAR	International Forum of Independent Audit Regulators	国際監視機関
IFRS	International Financial Reporting Standards	国際財務報告基準
IIA	Institute of Internal Auditors	内部監査人協会
ISA	International Standards on Auditing	国際監査基準
ISAE	International Standards on Assurance Engagements	国際保証業務基準
ISRE	International Standards on Review Engagements	国際レビュー業務基準
ISRS	International Standards on Related Services	国際関連サービス基準
ISQC	International Standards on Quality Control	国際品質管理基準
JA	Joint Arrangements	共同事業契約
JV	Joint Venture	ジョイント・ベンチャー
LLC	Limited Liability Company	有限責任事業会社（合同会社）
LLP	Limited Liability Partnership	有限責任事業組合
MD&A	Management's Discussion & Analysis	経営者による財務・経営成績の分析
MOU	Memorandum of Understanding	覚書
NPAE	Non-Publicly Accountable Entities	公的責任のない企業
PCAOB	Public Company Accounting Oversight Board	公開会社会計監視委員会
PIOB	Public Interest Oversight Board	公益監視審議会
POB	Public Oversight Board	公共監視委員会
SAS	Statements on Auditing Standards	監査基準書（米国）
SEC	Securities and Exchange Commission	証券取引委員会

SFAC	Statement of Financial Accounting Concepts	財務会計概念ステイトメント
SFAS	Statement of Financial Accounting Standards	財務会計基準書
SME	Small and Medium-sized Enterprise	中小規模企業
SMO	Statements on Membership Obligation	加盟団体が遵守すべき義務
SOX	Sarbanes-Oxley Act of 2002	企業改革法
XBRL	eXtensible Business Reporting Language	拡張可能な事業報告言語

略　称	正式名称
会社（法）	会社法
会社規	会社法施行規則
会社計算 （あるいは計規）	会社計算規則
金商（法） （証取（法））	金融商品取引法 （証券取引法）
金商令 （証取令）	金融商品取引法施行令 （証券取引法施行令）
開示府令	企業内容等の開示に関する内閣府令
内部統制府令	財務計算に関する書類その他の情報の適正性を確保するための体制に関する内閣府令
四半期財務諸表等規則	四半期財務諸表等の用語，様式及び作成方法に関する規則
四半期連結財務諸表規則	四半期連結財務諸表の用語，様式及び作成方法に関する規則
中間財務諸表等規則	中間財務諸表等の用語，様式及び作成方法に関する規則
中間連結財務諸表規則	中間連結財務諸表の用語，様式及び作成方法に関する規則
財務諸表等規則	財務諸表等の用語，様式及び作成方法に関する規則
連結財務諸表規則	連結財務諸表の用語，様式及び作成方法に関する規則
監査証明府令	財務諸表等の監査証明に関する内閣府令

会社関係者取引規制府令	会社関係者等の特定有価証券等の取引規制に関する内閣府令
取引規制府令	有価証券の取引等の規制に関する内閣府令
開示用電子情報処理組織手続府令	開示用電子情報処理組織による手続の特例等に関する内閣府令
企業内容等開示ガイドライン	企業内容等の開示に関する留意事項について（企業内容等開示ガイドライン）
特定有価証券開示ガイドライン	特定有価証券の内容等の開示に関する留意事項について（特定有価証券開示ガイドライン）
電子開示手続等ガイドライン	開示用電子情報処理組織による手続の特例等に関する留意事項について（電子開示手続等ガイドライン）
英文開示ガイドライン	外国会社報告書等による開示に関する留意事項について（英文開示ガイドライン）
財務諸表等規則ガイドライン	「財務諸表等の用語，様式及び作成方法に関する規則」の取扱いに関する留意事項について（財務諸表等規則ガイドライン）
中間財務諸表等規則ガイドライン	「中間財務諸表等の用語，様式及び作成方法に関する規則」の取扱いに関する留意事項について（中間財務諸表等規則ガイドライン）
連結財務諸表規則ガイドライン	「連結財務諸表の用語，様式及び作成方法に関する規則」の取扱いに関する留意事項について（連結財務諸表規則ガイドライン）
中間連結財務諸表規則ガイドライン	「中間連結財務諸表の用語，様式及び作成方法に関する規則」の取扱いに関する留意事項について（中間連結財務諸表規則ガイドライン）
監査証明府令ガイドライン	「財務諸表等の監査証明に関する内閣府令」の取扱いに関する留意事項について（監査証明府令ガイドライン）
四半期財務諸表等規則ガイドライン	「四半期財務諸表等の用語，様式及び作成方法に関する規則」の取扱いに関する留意事項について（四半期財務諸表等規則ガイドライン）
四半期連結財務諸表規則ガイドライン	「四半期連結財務諸表の用語，様式及び作成方法に関する規則」の取扱いに関する留意事項について（四半期連結財務諸表規則ガイドライン）

| 内部統制府令ガイドライン | 「財務計算に関する書類その他の情報の適正性を確保するための体制に関する内閣府令」の取扱いに関する留意事項について（内部統制府令ガイドライン） |

索　引

A-Z

COSO モニタリング・ガイダンス　117
CPE　65
EBR コンソーシアム　59
EDGAR　54, 181
EDINET　54, 169
FASB　181
IAASB　118
IAES　118
IASB　52
IDEA　54
IFAC　118
IFAC の倫理規程　65
IFIAR　79
IOSCO　179
LLC　75
LLP　75
MD&A　61
MOU　53
NPAE　56
PCAOB　79
PIOB　119
SEC　79
SEC 業務部会　81
SME 会計基準　56
SMO　119
SOX 法　84, 162, 164, 188, 191
SPC　178
ToSTNeT 取引　167
XBRL　54, 59

ア行

アーサー・アンダーセン　189
アクティビスト　149
委員会設置会社　130, 132, 138
意見不表明　108
意思決定権の共有　43
一時監査人問題　209
一部資産計上の要件　33
違法行為と不正との間　100
インサイダー取引　160, 176, 206
インスタンス文書　54
インセンティブのねじれ　123
インターバル期間　84
売出し　173
越境取引　182
エンフォースメント　182
エンロン　164
エンロン事件　195, 198, 213
黄金株　147
オーバーオールテスト　99
オペレーティング・リース取引　48
親会社　152
親会社説　40
親会社の取締役の責任　155
親子会社　158
親子上場　155

カ行

海外との監査報酬額の格差　123
会計監査　135
会計監査人　135, 137, 138
会計基準準拠性　106

223

会計基準において見積り項目が増加　98
会計参与の行動指針　141
会計参与報告　141
会計士逮捕　209
会計事務所登録制度　81
会計専門職業人　71
会計専門職大学院制度　71
会計方針の統一　41
外見的独立性　68
外国監査法人　198
外国銀行　179
開示　15
会社分割　156
確定給付企業年金法　149
課徴金　73,185,215
課徴金制度　216
合併　156
カネボウ事件　84
ガバナンス責任者とのコミュニケーション　101
株式移転　156
株式会社　74
株式交換　151,156,158
カルパース　128,149
監査委員会　136
監査意見　106
監査業務担当責任者　84
監査計画の意義　86
監査契約の法的性質　82
監査時間の見積り　123
監査事務所の国際的提携関係　120
監査事務所の品質管理　76
監査事務所のローテーション　194,210
監査証拠　94
監査証明業務とその他の業務からの報酬　122
監査責任との関係　105
監査訴訟に対する保険料　121
監査チームにおける品質管理　77
監査チームの編成　87

監査調書　94
監査手続および監査証拠としての意義　105
監査手続の種類と内容　87
監査とレビューとの相違　113
監査に関する品質管理基準　76,204
監査人　182
監査人の交代時の引継ぎ　83
監査人の責任　192,198,216
監査人の責任の過重　89
監査人の独立性　164
監査人のローテーション　84
監査の計画と実施　103
監査の品質管理　204
監査の有効性　91
監査範囲の制約　108
監査プロセスのすべての局面での懐疑心の保持　67
監査報告　103
監査報酬　138
監査報酬の開示　122
監査法人　185
監査法人の処分　209
監査法人の責任　216
監査法人のローテーション　85
監査マニュアル　121
監査役　130
監査役会　132,139
監査役（会）・監査委員会　153,163
監査約款　82
監査要点　94
間接法　7
簡素化　57
簡略化　56
関連情報の開示　45
関連当事者との取引　46
関連当事者の存在　46
関連当事者の範囲　46
関連当事者の判定　46
企業および企業環境の理解　90
企業年金連合会　129
企業の社会的責任　126

偽計取引, 風説の流布および有価証券
　　報告書虚偽記載　212
擬似外国会社　178
期首からの累計会計期間の情報　51
期待ギャップ　102
期待結果再評価アプローチ　23
基本的所有アプローチ　23
キャッシュの定義　6
キャッシュ・フロー計算書　4
キャッシュ・フロー計算書の区分
　　6
キャップ・アンド・トレード　17
行政処分　72
強制的追記情報　111
業績連動報酬　142
共同監査　194
共同事業契約　43
共同支配　42
業務および財産状況を調査する権利
　　141
業務監査権限　135
共用資産とのれんの減損の取扱い
　　31
金融安定化フォーラム　183
金融商品　10
金融商品会計　10
金融商品取引業者　179
金融商品取引法　162
金融商品取引法における代表者による
　　確認書制度　105
金融商品の評価　11
金融商品の表示　11
金融庁　79
金融庁検査　203
金融庁の自主点検要請　207
金融派生商品　12
クライシスマネジメント　201
繰延税金資産　203
グループ経営　154
経営者確認書における未訂正の誤謬の
　　確認　97
経営者確認書の記載事項　104

経営者の主張　94
経営者の誠実性　66
経営方針　60
経済的単一体説　40
計算書類　140
刑事責任　72,212
継続監査　83
継続監査期間　84,210
結合当事企業の株主に係る会計処理
　　39
研究開発費の範囲　32
研究と開発の定義　32
現在出口価格モデル　27
現在出口価値　9
減損損失の測定　31
減損損失の認識　31
減損損失の戻入れ　31
減損の兆候　30
現地化経営　197
限定的保証業務　115
公開会社会計監視委員会　164
公開買付け　161
公開買付届出書　166
工事完成基準　34
工事契約から損失が見込まれる場合の
　　取扱い　35
工事進行基準　34
工事進捗度　34
公正価値測定の原則　8
公正価値の定義　8
構成要素　2
購入のれん　41
公認会計士・監査審査会　79,185
公認会計士・監査法人　177
公認会計士試験　70
公認会計士の独占的業務　70
公認会計士法　84,210
「合理的」の意味　96
合理的な基礎　94,108
合理的な保証　67
合理的保証業務　115
ゴーイング・コンサーン手続　113

コーポレート・ガバナンス原則　171
子会社　152
子会社の取締役の責任　155
顧客対価額モデル　27
国際教育基準　65
国際的 M&A　159
国連のグローバル・コンパクト　127

サ行

(サーベインズ＝オクスリー法→ SOX 法)
財政状態および経営成績　61
財政状態計算書　4
差異調整表の撤廃　53
財務諸表全体レベルの評価および財務諸表項目レベルの評価　91
財務諸表の一体性の原則　5
財務報告に係る内部統制　93
ジェンキンズ報告書　58
仕掛研究開発　32
事業と財務　29
事業分離の意義　38
事業報告　131,144
事業報告の向上に関する特別委員会　58
試査の意義と内容　87
資産除去債務に対応する除去費用　21
資産除去債務の見積りの変更　21
資産・負債アプローチ　26
自社株買い　167
市場　8
実現・稼得過程アプローチ　26
執行役　136
実質的独立性　68
実質的の判断が導入された背景　88
実績主義　112
質的重要性　97
質的特性　2

指定社員制度　75
指定証明　75
指導的機能　109
四半期会計期間の情報　51
四半期株主資本等変動計算書の取扱い　51
四半期財務諸表の範囲　50
四半期特有の会計処理　51
四半期報告制度　112
資本　22
資本（株主持分）変動計算書　4
資本市場へ重大な影響　213
資本連結手続　41
指名委員会　136
社外監査役　132,134
社会的責任投資　127
社外取締役　132,138
収益の認識に関するリスク対応手続　101
十分な証拠　94
重要事実　174
重要性の値　96
重要性の基準値　96
受注制作ソフトウェアの会計処理　35
主任監査担当パートナー　84
種類株式　171
循環取引　188
消極的報告形式　115
常勤監査役　134
証券アナリスト規制　165
証券取引所　172
証券取引等監視委員会　215
証券法　180
上場会社監査事務所登録制度　80
上場会社コーポレート・ガバナンス原則　129
上場廃止　171
情報提供機能　110
消滅の認識　10
除外事項　109
除去費用の費用配分額　21

職業専門家としての懐疑心という用語
　　の起源　66
初年度監査　83
所有決済アプローチ　23
新株予約権　24
新株予約権付社債　24
新株予約権付社債の会計処理　25
新株予約権の会計処理　24,145
新株予約権の表示　24
心証形成　94
信用格付機関　183
ストック・オプション　142,144
ストック・オプションの会計処理
　　25
ストック・オプションの費用認識の論
　　拠　25
正当な注意義務　67
西武鉄道事件　85
セグメント情報の開示項目　45
積極的報告形式　115
説明責任　127
全額費用処理　33
全体として重要な虚偽の表示がない
　　107
全部のれん　41
測定　14
その他の包括利益　29

タ行

第1項業務　115
対価の柔軟化　158
第三者割当増資　146
退職慰労金　142
第2項業務　69,115
大量保有報告書　168
大量保有報告制度　161
ダイレクト・レポーティング　163
大和銀行事件　201
タクソノミ文書　54
他の専門家の利用　99
段階取得の会計処理　37

短期売買差益　175
単元未満株　150
担保提供命令　150
中間監査との違い　113
注記　39,46
注記事項　7,21,35
中小会社　140
中小企業の会計に関する指針　57
直接法　7
追記情報　103
定性的情報　60
適格機関投資家　148
適時開示　170,174
適正意見　88,106
適正性と会計基準準拠性の関係　89
適正性の要件　106
適切な証拠　94
敵対的TOB　166
敵対的買収　169
デリバティブ会計の将来　13
当期純利益の表示の是非　29
統合規範　129
投資ファンド　169
同族経営　195
同等性評価　53
時の経過による資産除去債務の調整額
　　21
独占禁止法　176
特定組織再編成　159
特に有利な払込金額　144
独立性　185
独立的評価　116
独立取締役　133
特記事項　110
取締役報酬　131
取締役会および業務管轄外の取締役の
　　責任　200
取締役の報酬等　144

ナ行

内部監査関連資格　117

内部監査部門の役割　192
内部者　174
内部創出のれん　14
内部統制　116,131,153,161
内部統制監査　162
内部統制の運用状況の評価　93
内部統制の運用評価手続と実証手続　91
内部統制の整備状況の評価　93
(内部統制の) 6つの基本的要素　92
(内部統制の) 4つの目的　92
内部統制報告　165
内部統制報告制度　207
日常的モニタリング　116
日本内部監査協会　117
日本における品質管理の特徴　77
日本版SEC　181
任意の追記情報　111
認識　14
認識と測定　2,56
ネットワークファームの運営　121
ノーウォーク合意　53
のれん　37

ハ行

パーチェス法　36
排出クレジット　16
排出権　16
排出負債　17
パイロット・テスト　83
発生の認識　10
非監査業務の同時提供　69,189
非公開化　147
非財務情報　61
批判的機能　109
比例連結　43
品質管理審議会　81
品質管理と内部統制の相違　77
品質管理レビュー　78,80
ファイナンス・リース取引　48
ファイナンス・リース取引とオペレーティング・リース取引の区分の撤廃　49
フォローアップ・レビュー　81
複合的かつ多岐にわたる未確定事項　108
不公正取引　176
負債　22
不実開示　176
不正・違法行為の通報義務　101
不正会計　215
不正経理　195,197,210
不正な財務報告問題　188
不正の手口　191
不正リスク要因　101
ブックビルディング　173
不提訴理由書　151
不適正意見　106,109
不適切な事項　109
負ののれん　37
フレームワーク・アプローチ　65
フレッシュ・スタート法　37
分析的実証手続　99
分離元企業の会計処理 (株式保有)　39
分離元企業の会計処理 (現金等受領)　38
米国における決算宣誓 (SOX法302条および906条)　105
ヘッジ会計　11
変更報告書　168
包括的事業報告モデル　58
包括的で首尾一貫した収益認識基準　26
包括利益計算書　4,28
報告企業　3
報告セグメント　45
法執行　180
報酬委員会　136,143
報酬等の開示　143
法定監査指令　195
保険会社　148

募集　173
保証機能　110
保証業務には該当しない　115
保証業務の種類　114
保証業務のフレームワーク　114
保証の水準　107
ホワイトナイト　147

マ行

マネジメント・アプローチ　44
みすず監査法人　204,216
3つのヒエラルキー　9
見積りに対する監査手続　98
民事責任　72
無形資産　17
メセナ　126
持株会社　157
持株比率と上場廃止基準　206
持分法　43

ヤ行

有価証券届出書　173
有価証券報告書　144,160,170
有限責任監査法人　75,185
友好的TOB　166
予測主義（見積主義）　112

ラ行

ライツプラン　146

リース料総額　49
利益相反　154
リサイクリング　29
リスク・アプローチ　90
リスク開示主義　102
リスク情報　61
リスクとの関係　96
リスクに対応する手続　91
リスクの評価手続とリスク評価に対応
　した手続　87
リスク評価主義　102
リスク評価に対応した監査手続　91
利息相当額　49
離脱規定　89
量的基準　45
倫理規則　64,121
連結財務諸表　152
連結の範囲　40
連絡外し　189
ローテーション　69

ワ行

割引前の将来キャッシュ・フロー
　20
割引率　21

執筆者（所属，イニシャル）

東 誠一郎（監査法人トーマツ，SA）
甘粕　潔（日本公認不正検査士協会，KA）
伊豫田隆俊（甲南大学，TI）
浦崎直浩（近畿大学，NU）
大崎貞和（野村総合研究所，SO）
小俣光文（東京経済大学，MO）
梶川　融（太陽ASG有限責任監査法人，TKa）
片山英木（青山学院大学，HK）
蟹江　章（北海道大学，AK）
金田　勇（金田公認会計士事務所，IK）
川村義則（早稲田大学，YKa）
兼田克幸（北海道大学，KK）
上妻義直（上智大学，YKo）
小西範幸（青山学院大学，NK）
小宮山賢（あずさ監査法人，SK）
紺野　卓（千葉商科大学，TKo）
桜井久勝（神戸大学，HS）
篠原　真（新日本有限責任監査法人，MS）
柴 健次（関西大学，KS）
白田佳子（筑波大学，YS）
杉本徳栄（関西学院大学，TS）
関根愛子（あらた監査法人，AS）
高田敏文（東北大学，TT）
高原利栄子（近畿大学，RT）
多賀谷充（青山学院大学，MT）
瀧　博（立命館大学，HT）
武井一浩（西村あさひ法律事務所，KTa）

土本清幸（東京証券取引所，KTu）
中野貴之（法政大学，TN）
中東正文（名古屋大学，MN）
中村直人（中村・角田・松本法律事務所，NNk）
那須伸裕（新日本有限責任監査法人，NNu）
野村昭文（金融庁，AN）
橋本　尚（青山学院大学，THt）
林 隆敏（関西学院大学，THs）
久持英司（駿河台大学，EH）
古庄　修（日本大学，OF）
堀江正之（日本大学，MH）
牧野二郎（牧野総合法律事務所，JM）
町田行人（西村あさひ法律事務所，YMy）
町田祥弘（青山学院大学，YMd）
松井隆幸（青山学院大学，TM）
松本祥尚（関西大学，YMo）
向伊知郎（愛知学院大学，IM）
持永勇一（新日本有限責任監査法人，YMg）
森田佳宏（駒澤大学，YMa）
弥永真生（筑波大学，MY）
山﨑秀彦（専修大学，HYa）
山田辰己（IASB，TY）
吉見　宏（北海道大学，HYo）
頼廣圭祐（KPMG LLP，KY）

■ 編者紹介

八田 進二（はった しんじ）

1949年 愛知県名古屋市生まれ
1973年 慶應義塾大学経済学部卒業
1982年 慶應義塾大学大学院商学研究科博士課程単位取得
現　在 青山学院大学大学院会計プロフェッション研究科教授
　　　 金融庁企業会計審議会委員（内部統制部会部会長）・日本監査研究学会会長・会計大学院協会理事長・国連内のガバナンス改革運営委員会委員ほか

■ 21世紀 会計・監査・ガバナンス事典　　〈検印省略〉

■ 発行日──2009年7月26日　初版発行
■ 編　者──八田進二（はったしんじ）
■ 発行者──大矢栄一郎
■ 発行所──株式会社　白桃書房（はくとうしょぼう）

〒101-0021 東京都千代田区外神田 5-1-15
☎03-3836-4781　Ⓕ03-3836-9370　振替 00100-4-20192
http://www.hakutou.co.jp/

■ 印刷／製本──藤原印刷

Ⓒ Shinji Hatta 2009　Printed in Japan
ISBN978-4-561-44164-9　C3534

JCOPY ＜㈳出版社著作権管理機構委託出版物＞
本書の無断複写は著作権法上での例外を除き禁じられています。複写される場合は、そのつど事前に、㈳出版社著作権管理機構（電話03-3513-6969, FAX03-3513-6979, e-mail：info@jcopy.or.jp）の許諾を得てください。
落丁本・乱丁本はおとりかえいたします。

好評書

アメリカ会計検査院【著】八田進二・橋本尚・久持英司【共訳】
GAO監査事務所の強制的交代 本体 1905 円
―公開会社監査事務所の強制的ローテーションの潜在的影響に関する
両委員会の要請に基づく調査

ＫＰＭＧ【著】八田進二【監訳】ＫＰＭＧビジネスアシュアランス【訳】
企業価値向上の条件 ターンバルガイダンス 本体 1600 円
―イギリスに見る内部管理態勢ガイドライン

投資管理調査協会【著】八田進二・橋本尚【共訳】
21世紀の財務報告 本体 2500 円

合衆国会計検査院【著】藤田幸男・八田進二【監訳】
アメリカ会計プロフェッション 本体 3200 円
―最重要問題の検証：改革の経緯と今後の課題

トレッドウェイ委員会組織委員会【著】鳥羽至英・八田進二・高田敏文【共訳】
内部統制の統合的枠組み〔理論篇〕 本体 3200 円

トレッドウェイ委員会組織委員会【著】鳥羽至英・八田進二・高田敏文【共訳】
内部統制の統合的枠組み〔ツール篇〕 本体 3400 円

アメリカ公認会計士協会・職業行為基準特別委員会 アンダーソン委員会【著】
八田進二【訳】
会計プロフェッションの職業基準 本体 1942 円
―見直しと勧告

南アフリカ・キング委員会【著】八田進二・橋本尚・町田祥弘【共訳】
コーポレート・ガバナンス 〔在庫僅少〕本体 2500 円

キャドベリー委員会・グリーンベリー委員会・ハンペル委員会【著】
八田進二・橋本尚【共訳】
英国のコーポレート・ガバナンス 〔在庫僅少〕本体 3200 円

――――――― 東京 **白桃書房** 神田 ―――――――

本広告の価格は本体価格です。別途消費税が加算されます。